中华状元逸趣

孙自筠 孙迅 著

黄山书社

图书在版编目(CIP)数据

中华状元逸趣 / 孙自筠,孙迅著. —合肥 :黄山书社,2018.2

ISBN 978-7-5461-7377-1

Ⅰ.①中… Ⅱ.①孙… ②孙… Ⅲ.①状元-史料-中国-古代-通俗读物 Ⅳ.①D691.46-49

中国版本图书馆 CIP 数据核字(2018)第 028623 号

中华状元逸趣

ZHONGHUA ZHUANGYUAN YIQU

孙自筠 孙迅 著

出品人 王晓光
选题策划 赵国华 汤吟菲
责任编辑 刘 春
装帧设计 观止堂 - 刘俊
出版发行 时代出版传媒股份有限公司(http://www.press-mart.com)
黄山书社(http://www.hspress.cn)
地址邮编 安徽省合肥市蜀山区翡翠路 1118 号出版传媒广场 7 层 230071
印 刷 安徽联众印刷有限公司
版 次 2018 年 2 月第 1 版
印 次 2018 年 2 月第 1 次印刷
开 本 700mm × 1000mm 1/16
字 数 320 千
印 张 19.75
书 号 ISBN 978-7-5461-7377-1
定 价 48.00 元

服务热线 0551-63533706

销售热线 0551-63533761

官方直营书店(http://hsssbook.taobao.com)

目录

状元——科举竞技场上的冠军

序

孙自花

那些年我家生活困苦,我小时就学会了放牛、放羊。有天正放着羊,忽然天空乌云滚滚,瓢泼大雨夹着冰雹劈头盖脸砸下来。我就近赶着羊逃进孙家祠堂里躲雨。

祠堂年久失修,太残破,门楼围墙早已倒塌,剩下的正堂墙壁歪歪倒倒,屋顶的腐朽椽子上稀稀拉拉几片破瓦在风雨中乱晃,眼看就要掉下来。我躲在墙角处。一个炸雷响过来,震落屋顶上的木渣瓦砾和墙土,掺和着雨点往我身上、脸上打。天,真像是要垮下来一样,我眼看着椽子、砖瓦一块一块地往下掉。

时光荏苒,岁月匆匆。多少年过去了,那惊心动魄的一幕始终让我难以忘怀。每逢雷雨天气,椽子砖瓦下掉的场景历历在目。

不过如今的孙家祠堂早已旧貌换新颜,新修建的祠堂高大宽敞,结实气派,有亭阁,有回廊。花草满园,绿树成荫,还被评为国家3A级景点。我为我们孙家有这么美好的祠堂而高兴,也为我能为修建这么美好的祠堂尽一份绵薄之力而欣慰。

孙氏宗祠还有一个名称是“孙家鼐纪念馆”,里面供奉着前清状元、孙家祖先孙家鼐的牌位和塑像,每次回家,我都去座前上香跪拜。我为我是状元后代感到无比自豪。

但是也有自豪不起来的时候。知道自己是状元子孙,免不了有人向你请教状元的相关常识,简单的,尚能回答两句;稍深点的,就回答不上来了。心里很是歉然。

终于有一天,我读到一本《中华状元奇闻大观》,里面写的全是关于状元知识,比如:中国从哪朝哪代开始有状元?报考状元有哪些条件?自从兴考状元以来一共考了多少状元？考状元有没有弄虚作假请客送礼走后门？状元中有哪些忠臣良相、诗人作家？以及有关状元的各种逸闻趣事都有，读起来长知识长学问又轻松愉快，特别是里面写到的武状元考试，怎么比气力、比武功、使枪弄棒、骑马射箭，看得入迷。我从小爱练武功习枪棒。电视里常见到“穿越”，要是真有什么“时光隧道”，我一定要穿越过去报个名一试身手，说不定还真能考个武状元当当呢。

这本书的编著者孙自筠，也是我们寿州老孙家嫡传子孙，祖屋在寿县状元街。我问他这书在哪儿能买到，我想买些来送人。他说这本书是他 20 多年前出版的，早已绝版，他正在考虑再版哩。我立即说：好，我支持！我俩一拍即合。于是便有了这本经过修订改了名的《中华状元逸趣》。

书出版前，他让我写几句，我推托不过，放胆写了以上这些。

是为序。

2017 年 7 月 31 日于上海

楔　子

从20世纪80年代中期以来，神州大地开始掀起一阵阵“文化热”。数十年来，热浪滚滚，经久不息，热浪过后，一派葱茏，无论什么事物在镀过一层文化之金后，立刻焕然一新。不要说本属文化范畴的佛教、道教、《易经》，不要说与文化挨边搭界的服饰、饮食、气功，就连男女之事也因被蒙上一层文化的朦胧轻纱而变得神秘乃至神圣起来。

这好像把我们领进了大观园。里面的楼台亭阁、小桥流水、怡红院、潇湘馆、暖香坞，我们处处看个遍，还把玩了贾政打宝玉的竹板，品尝了刘姥姥进贾府吃的“小巧鸡蛋”，乃至检视了贾宝玉的“通灵宝玉”、林黛玉的真丝乳罩，甚至还未忘记把王熙凤的裹脚布拾起来闻一闻。

当我们完成这次轻松的文化之旅，正跨步走出园门时，才突然想起忘了去看看那大门口的两座石狮子。那才是大观园的门面和象征。只有看了它，才算不虚此行，才算真正到了大观园。

让我们折转身去，仔仔细细地瞧瞧那对由汉白玉雕凿的，既威武雄壮气势夺人，又蕴含丰富、包罗万象的石狮子。

一

现在，我们该回到状元的话题了。

可以这样说，状元，就是我们民族文化殿堂门口的那对石狮子，它是我们民族文化的标志和象征。不了解状元，就等于不了解中国文化，不了解中国历史，甚至可以说不了解中国的现在。因为“状元”已不只是个历史的概念，它早已进入现代生活，“高考状元”“植树状元”“养猪状元”“科技状元”

……已成了人们对各行各业拔尖人物的最高赞誉。更莫说作为文化概念的“状元”，经过千百年的潜移默化，已融入我们民族的血液精魄之中，成了我们民族精神的有机部分，而且是最精华的部分。

我们不妨举几个最能说明问题的数字：自从兴科举以来，一共选拔了文武状元778名（肯定有所遗漏），其中在历朝任宰相的就有四五十人之多，其余绝大部分都在国家行政管理的重要岗位上任职。此外，状元中的作家、学者的比例要占总数的三分之一。除了极少数的国贼败类外，状元中的绝大多数都堪称民族的精英与表率。他们个个学富五车，满腹经纶，是中华文化的嫡传子孙。他们中的陈子昂、王维、贺知章、张九龄、柳公权、陈亮、文天祥、翁同龢、孙家鼐、张謇等等，在政治、文学、学术、实业各个领域做出卓越贡献，为历史留下了灿烂的篇章。

可是，就是这些最具文化魅力的人物，在长达几十年的“文化热”中却被冷落在一边，而那些与文化文明毫不沾边的野蛮、愚昧、丑陋、畸形的事物，竟冠以文化的名义热了一遍又一遍。原先，我对此百思不得其解，后来，经人点拨，才恍然大悟，原来，正因为他们的“文化”味太浓了。

因为在人们的感觉中，一谈到状元，想到的就是那“头悬梁、锥刺股”的枯坐苦读，就是那庄严肃穆的考场。已经被各种作业各类考试压得喘不过气来的孩子们对此早就厌烦；就是大人，也因激烈的生存竞争和人际纠葛心力交瘁，他们要偷闲，要松弛，要舒口气。

其实这种类似沉重的感觉对选择状元题材的作者同样存在，作者们所接触的多是些艰涩难懂的古文，有时为一个标点，为一个字义，为一个典故，弄得头昏脑胀。看来，无论对读者还是作者，都希望这是一个轻松的话题。

那现在就让我们放松下来，去“状元世界”进行一次轻松的漫游吧！

二

说状元必先说科举，因为状元是科举考试考出来的。而一提到科举，人们就联想到范进、孔乙己。他们一个是成功的不幸者，一个是失败的不幸者，他们的不幸都是科举制度造成的。不过，他们的悲剧都发生在科举制度行将灭亡弊端丛生的晚期；再说，其悲剧一半还得归咎于他们自身的脆弱，幸亏范进考上的只是个举人，离状元还差十万八千里，要是考上了状元，必定会高兴得晕死过去，老丈人就是打他几十巴掌恐怕也无济于事了；至于孔乙己，只不过多读了些“子曰”“诗云”，就再也脱不下那象征“上层社会”的长衫，把架子看得比肚子还重要，活该他挨饿。他读了那么多书，该晓得《史记》里“东陵瓜”的故事。秦东陵侯召平，秦亡以后种瓜为生，种出的瓜又甜又沙，人称“东陵瓜”。他以王侯之尊，在世道变了后甘当种瓜的农民。你孔乙己不过是个破落户子弟，就那么尊贵？既然那么尊贵，就不该偷丁举人的书；偷了书还死要面子，创立一套“窃书不算偷”的哲学，害得至今家家书店都挂上“偷书罚款十倍”的醒目标语，使读书人一进门就脸红心跳。

其实科举制度的弊病一开始就有，不过那时封建社会处于上升时期，统治者有力量把它控制在最小范围之内；而且，随着实践，制度不断改进、完善，再辅之以严刑苛法，让那些试图通过不正当手段获得功名的考生身败名裂，让那些想发科举财的考官丢官丢命。历代帝王都重视抓科场作弊案，清顺治、康熙、乾隆都亲自处理过科场作弊案，大开杀戒，绝不宽贷。搞一次，科举考场要清净好一阵子。还有明朝的开国皇帝朱元璋，不惜制造一个“南北榜”科场冤案，借考官的人头来警戒作弊者。

尽管如此，科场作弊仍然不断，尤其是每个王朝的后期，随着政治的腐败，科场上徇私舞弊、作奸犯科之事大量发生，甚至逐渐公开化。这时，莫说皇上没有心思管，就是想管也管不了了。所以有不少状元的来路往往经不住追究，甚至像清末有名人物张謇的状元桂冠的得来都有一段隐情。

就是硬碰硬考上去了，主考把前十名试卷呈在御案之上请皇上“钦点”时，也还有很大的随意性。因为皇上的思想修养、兴趣爱好、情绪变化，对谁当状元谁不当状元起着决定性作用。宋代，宋郊、宋祁兄弟俩同时应殿试，弟弟宋祁考第一，哥哥宋郊考第三，按说，状元该宋祁的，可主政的章献太后说：“应该长幼有序嘛！”一句话宋郊便成了状元，宋祁被压到了第十名。宋太祖定状元办法最简单，谁先交卷谁是状元。有次王嗣宗、陈识两个考生同时交卷，这也难不倒善于用简单办法解决问题的赵匡胤。他叫两人比武，谁打赢了谁是状元。顿时，考场变成拳击场，双方使出吃奶气力，一阵厮打后，王嗣宗取胜，捧走状元冠军杯。

其他还有以貌取状元、以字取状元、以姓名取状元，等等，不一而足。

考状元应该说是件再严肃不过的事情了，就中竟然隐藏着这么多奇闻趣事，似乎有些不可思议。然而，更不可思议的事还有的是：比如自点状元，也就是说自己给自己点状元，一切由自己代劳，不用考官操心，自己把自己的名字写到状元榜上就是。这种例子在唐朝出现过两次。一次是公元791年的尹枢，考完后主考官叫他提个进士名单，他提了，却把第一名留下。主考官问他谁该第一，他回道："非我莫属。"他还真的把自己的名字写上。另一起是公元886年的状元陆康，因为他与宰相、与主考官都是熟人，考务就全权由他负责，在制榜时他就毫不客气地把自己写在进士第一名。

即使是科举考试制度尚不严格的唐代，出现这类考场笑话，也是很不应该的。

科举考试没有年龄限制，"在年龄面前人人平等"，80岁的老翁与乳臭未干的小伙子同场考试毫不稀罕。年纪最大的考生恐怕要算清道光六年（1826年）由广州赴京参考的陆从云，那年他103岁。在状元中，有18岁考中的汪应辰，还有82岁考中的梁灏。他们都是宋代人。梁灏当了状元后不无感慨地说："也知年少登科好，怎奈龙头属老成。"其实，他还算是幸运儿，在风烛残年最后闪了道耀眼的光亮，更多的人考到终老也一无所获。

仅仅是什么人能当状元、怎样当上状元的有趣话题，在古书和民间传说中就多到俯拾皆是，把一部状元野史装得鼓鼓囊囊，几乎撑破。

三

考场联系着情场。关于状元的最多也最有意思的话题莫过于他们的爱情。

有位名叫杜羔的考生，因久试不第准备回家，妻子来信附诗一首说："良人的的有奇才，何事年年被放回？如今妾面羞君面，君若来时近夜来。"杜羔无奈，只有留在京城继续攻读准备再考。但没过两天，妻子又来一信，信中又附一诗说："长安此去无多路，郁郁葱葱佳气浮。良人得意正年少，今夜醉眠何处楼?”杜羔妻子的心情是复杂的、矛盾的,既怕丈夫考不上不光彩,又怕丈夫考上了另觅新欢。她处在两难的境地。

杜羔妻子的担心并非多余,高中状元就抛弃糟糠、另攀高门的戏剧如《铡美案》《王魁负心》《状元打更》等等,在舞台上演了一出又一出,哪个有夫君在外赶考的女子看了心里不急?

我们的老祖宗不乏爱凑热闹的“追星族”。那时没有影星、没有歌星、没有体育明星可捧,三年捧一次状元的机会绝不放过。状元一放榜,全国一片欢腾。“状元追星族”们在一片狂热中到处搜集、传播、编造状元的种种轶闻趣事,特别是有关状元的私情部分,更是热门话题。当时虽没有报纸杂志,没有电视广播,但有茶馆酒楼、书场戏院。于是作家、艺术家们便忙了起来,编出一本本、一台台关于状元的小说和戏剧,而且一代代刊行和演出。据初步统计,唐以来取自状元题材的小说、戏剧、弹词有不下百种之多,其中涉及状元“桃色新闻”的占相当比例。几百年来久演不衰、一版再版的就有《铡美案》《玉堂春》《再生缘》《霍小玉传》《枕中记》《金莲记》《荆钗记》《破窑记》《琵琶记》《张协状元》《拜月亭记》《活捉王魁》,等等。

其实,这些小说、戏剧绝大多数是艺术家的虚构,里面的状元如王金龙、王魁,历史上并无其人;或有其人,如李白、苏轼,又不是状元;是状元的,如吕蒙正、王十朋,戏中的故事又与他们不挨边。或移花接木,或张冠李戴,任意虚构,没有一部经得起史实的检验,却能打动一代又一代读者和观众,人们觉得比史实还真实。

比如《铡美案》,史书上不但找不到名叫陈世美的状元,也未发现如陈世美那种考上状元后不认前妻,还要杀妻灭子的可怕记载。根据已有的材料看,情况恰恰相反,多数状元家庭稳定、夫妻和睦、爱情美满。即使有所放浪,也在当时礼法容许的范围之内。只不过是那时是男性中心社会,对状元们放得宽松罢了。

状元在政治上往往是些大起落大荣辱的人物,这反映在他们的婚姻、爱情上往往是经历了更多的大悲欢、大波折。比如明代状元杨升庵与其妻诗人黄娥。杨升庵因“议大礼”冒犯皇上被充军云南边疆三十余年,与妻子两地相思,鸿雁传诗,互诉衷曲,为后世留下一曲最为动人的爱情悲歌。又比如清代状元洪钧与妓女赛金花。婚后不久洪钧被任命为驻欧洲四国大使，一首浪漫曲从东方唱到西方，被当时的“媒体”炒得火红，一段历史都因之发烫，让中国古代任何一出状元与妓女的戏剧都会在他们面前黯然失色。

四

然而关于状元的话题更多的是方正庄严的，甚至是崇高悲壮的。据不完全资料统计，文武状元死于国难、牺牲于沙场的就有文天祥、陈文龙、李齐、黄观、马全等十余人之多。其中最著名的是文天祥，他那种“人生自古谁无死，留取丹心照汗青”的忠于祖国、威武不屈的人格精神，为中华民族树立了一块不朽的丰碑。

科举制度本是选官制度，一旦高中状元，立刻进入官场，而且升任很快，要不了多久，有的就身居枢要，位列首辅；有的掌管礼、刑、吏、户各部；有的任省、道、州、府地方官员，他们中的常衮、张九龄、吕蒙正、王十朋、徐元文、谢迁、张孝祥、邹应龙、宋本、毕沅、翁同龢、孙家鼐，等等，都是有名的贤臣良相。

科举考试为唐以后各个朝代选拔了一大批有高度文化素质的行政管理人才，这对整个国家民族文明程度的提高大有好处。加之这个考试制度在一定程度上体现了公平竞争的原则，这对维持社会稳定、调和阶级矛盾、避免动乱，都起了一定的作用。

但是随着时代的发展，科举制度的弊害也越来越明显、突出地暴露出来，比如考试内容僵化死板，固定不变，重文轻理，重理论轻实践，大大制约了我国科学事业和经济建设；其在制度上还有许多漏洞，特别是对状元的确定，随意性成分很大，在不少情况下没有把象征最高荣誉的状元桂冠戴在历史上最顶尖的人物头上。这个遗憾若干年后被富于想象的作家艺术家们弥补了，他们在作品里，把李白、苏轼、包拯、岳飞等，一一点成状元，算是多少给历史一点安慰。

这本关于状元的书，主要根据史实写成，必要时也穿插一些传说和虚构，这也是为了使这个学究的话题变得轻松愉快些。

科举

中国古代的第五大发明

一、科举，一个伟大的发明

状元，科举皇冠上的明珠

状元，产生于科举考试。

科举制度起始于隋末隋炀帝当政时。隋炀帝在历史上名声很不好，但他创建的科举考试制度影响深远，存在了一千多年。

隋炀帝大业二年（606年）设进士科，采取“开科取士”的办法选拔人才，授以官职，取消了以前主要由州郡地方官荐举的任命制，翻开了“读书做官”的第一页。

唐代承袭并发展了科举制，为了使考试科目与学校设置的课程配套，“常贡之科”考明经、明法（法律）、明字（文字）、明算（算术）等；“特设科”考道举（玄学）、三史（《史记》，前、后《汉书》）、三礼（《礼记》《周礼》《仪礼》）、三传（《左传》《春秋公羊传》《春秋穀梁传》）等。唐高宗时增考“杂文”，即表、赋、铭之类的文体。考试方式有五种：1.帖经，即填空，选经书中语“掩其两端，中间开”，由考生填写；2.墨义，如今天之问答题；3.口义，即口试；4.诗赋，命题写诗赋；5.策，通称“时务策”，出有关当代政策措施得失的试题，由考生回答。

武则天当政时，特别重视科举。她亲自出考题，亲自面试考生，从此有了“殿试”这种由最高统治者皇帝在金殿上主持考试的形式。武则天还让习武的人参考，由兵部主持，叫作“武举”。考上的授以武职。看来武则天网罗人才确实有一套，难怪她在男尊女卑的封建社会里竟能把持朝政甚至当上皇帝，而且前前后后稳坐五十年之久。

唐玄宗时，改“杂文”为“诗赋”。从此应试诗、应试赋盛行，对唐代文学的繁荣起了不可估量的作用。

在唐代，参考的人中有各地各级学校经过考试合格的学生，叫“生徒”；有经过郡县考试合格的社会青年，叫“乡贡”，他们通称“举人”。最关键的一次考试是在中央的尚书省，称“省试”。具体考务由吏部或礼部负责官员主持，考中者为“进士”，称“进士及第”。因录取名额少，只占应考人数的百分之一二，自然光彩非凡，人们赞之为“登龙门”。进士中头名称“状元”，二名称“榜眼”，三名称“探花”，他们所得到的荣誉和实惠，当然更为辉煌、丰厚了。至于状元还往往是皇亲国戚、朝廷权贵招赘的对象，有这样的后台，其荣华富贵是可想而知了。中国历史上第一个状元是唐武德五年(662 年)由高祖李渊亲点的孙伏伽。

唐代开始，大兴科举，从平民百姓中选拔人才，委以官职，把许多知识分子都吸引到这条道路上来。他们一心一意寒窗苦读，博取功名，死而后已。后来有人写诗道：

太宗皇帝真长策，赚得英雄尽白头。

一张密匝的科举之网在宋代织成

到了宋代，科举考试制度趋于完善，规定进士分三等：一等“进士及第”，二等“进士出身”，三等“同进士出身”。而且增加了名额，从唐代每次录取不过二三十人增到二三百人；又正式确立州试、省试、殿试三级考试制度，皇帝亲自主持和控制考试成了不可少的环节，于是考生成了“天子门生”。对考取进士的，皇帝亲自办招待，在琼林苑设御宴。参加“琼林宴”的进士们个个喜上眉梢，好不荣耀。

宋神宗时，王安石变法，提出改革科举的主张。他认为以诗赋取士把读书人引向闭门专学诗赋,即使考试及格,也无益于处理国家正事。他还反对死记硬背帖经、墨义,强调通经致用,以经义取士。宋神宗批准了他的主张,规定进士考试考四场:一场考大经(《易经》《诗经》《书经》《周礼》《礼记》);二场考兼经(《论语》《孟子》);三场考论,即写议论文;四场考策,问立国安邦之策;最后是殿试,也只考策,字数应在千字以上。

从王安石改革考试内容的思路看,前两场考试要求熟读经书,死记硬背;后两场考试则在于开发思维,检验能力。

王安石这种注重实际运用的设想无疑是很好的,但遭到了守旧派的极力反对,其中反对得最起劲的要算那位著名的词作家苏轼。苏轼主张仍按唐代老办法以诗赋取士。他举例说唐朝以诗赋取士以来,出了不少著名人物,没有必要改。他还说,经书很难懂,且理解不一,“异论纵然”。学生不好学,考官不好评,所以经义取士的弊病要比诗赋取士严重得多。不过他也承认诗赋对处理政事没有实际价值,但在没有找到更好的办法前,最好不要废掉。他的意见没有被采纳。到后来,王安石变法失败,考试内容变幻不定,有时考诗赋,有时又考经义,故有所谓“诗赋进士”“经义进士”的说法。

宋朝历代皇帝对科举考试都十分重视,认为这是选举贤才的最好办法。全国读书人就在这根指挥棒下拚命苦读,积极参考,考生数量急剧增加。太宗雍熙二年(985 年)参加中央一级礼部考试的达到一万多人,至于地方考生则不可计数。人多了,又都想考中,于是作奸犯科、徇私舞弊的事不断发生。为了严格考试,防备夹带传递拉关系走后门,取消了唐时的投“行卷”拉关系陋习,严禁考题泄漏;同时,采取考生进考场前“搜身”,考卷“糊名封印”等措施,杜绝弊端,力求做到考试的“公平”与“公正”。

为了照顾落后地区,中央政府对州县“解试”的名额分配上有特别安排。所谓“解试”,指州县考试实行解额,由政府规定每个地区赴京城参加省试的人数。对落后地区,解额较宽,保障了这些地区有一定数量的人参考和被录取。现在的高考制度对各省各地划不同录取线,还特别关照老、少、边、穷地区,也就是这个用意。

另外,考虑到一些屡试不第或年纪大的考生的特殊情况,为了显示朝廷的仁慈和人情味,鼓励他们不要对科举考试绝望,宋代还制定了“特奏名”的办法。从宋太祖起多次下特别诏,颁赐给这种人以“本科出身”的待遇。

在科举考试年限上,宋初尚未固定,后来规定三年举行一次。从宋英宗治平二年(1065年)正式确定到清光绪三十一年(1905年)科举废止的八百年间,除因战乱等特殊原因外,三年一次的科举考试从未中断,实在还有一股“奥林匹克”精神。

更值得一说的是从唐代开始的武科考试,到宋时已逐渐成型,也是三年一次。考试内容除骑射步射、拳脚刀枪等武功外,还考兵法韬略、行军布阵、时务边防等。

宋神宗颐宁十年(1077年),福建兴化人薛奕在武举考试中名列第一,是我国有史可考的第一位武状元。同年,文状元点的是福建莆田人徐铎。因为同时同地点了文、武两状元,神宗皇帝十分兴奋,写诗云:

一方文武魁天下,四海英雄入彀中。

此后,整个宋代举行武科考试43次,现在能查到的有名有姓的武状元42人。

元代以武立国,且善征战,却未设武举科,就连文举考试也犹豫了大半个世纪才开设。

明清两代,武举考试照常进行,而清代更为重视,二百余年间共举办武举考试109次。且体制更为完备,文武并重,与文科一样,分童试、乡试、会试、殿试四级,三年一次,考试科目更具体细致,其基本思路都沿袭宋代。

宋代,是科举制度完善成熟时期,也是中华全民族全社会为选才大动员大发动大参与的鼎盛时期,许多关于状元郎的有趣故事,往往都是从“话说大宋年间”开始的。宋朝以后,九州大地成了科举赛场,这个隆重的比赛甚至改朝换代也不中断。

科举考试与种族歧视

元朝是少数民族蒙古人为统治者,他们在武力征服的过程中,曾试用科举制,元太宗九年(1237年)考了一次。元朝建立后,统治者大概发现这种考试对他们那些惯于马上使刀弄枪的人很不利,就中断了。经过大半个世纪的研究酝酿,直到皇庆二年(1313年)才颁发了有关科举的政策。两年后的廷祐二年(1315年)开科取士。而这时已进入元朝的中后期了。

其在考试程序上采取乡试(行省考试)、会试(礼部考试)和御试(殿试)三级制,在考试内容上规定以朱熹的《四书集注》作为出题、答题的标准。从此,朱熹理学观点与科举相结合,在人民中广为流传。

元朝为蒙古人统治,蒙古人最高贵,其次是色目人(即北方少数民族),再次是汉人(灭金以后归服的人),最贱的是南人(灭宋以后即最后归服的人)。当时把参考的人分两组:蒙古人、色目人为一组,考中较容易;汉人、南人为一组,考中较难。对考中的人,也按民族划分两榜:蒙古人、色目人列一榜,叫"右榜"(蒙古人以右为上);汉人、南人列一榜,叫"左榜"。两榜录取名额最多100人,最少仅50人。看来,这只不过是个敷衍汉族知识分子的点缀而已。汉人、南人想通过科举做官是很难的。

八股文为科举制送终

明清两代全盘继承了科举制,如果说有什么发展的话,那就是"发明"了八股文,确立了八股取士。八股文是专为科举考试设计的一种特殊文体,每篇由破题、承题、起讲、入手、起股、中股、后股、束股等八部分组成。"破题"用两句话点破题目要义;"承题"用三五句话承接破题的意思加以说明;"起讲"为议论的开始;"入手"为起讲后入手之处;"起股""中股""后股""束股"才是正式的论。其中,"中股"是全篇的中心。八股文重视对偶,文中往往有八次对偶，所以称为“八股”。初采用八股文，意在便于把握评卷标准，以示公正。久之，形成套式，钻牛角，抠字眼，限制了自由发挥，把考试引向了死胡同。清代著名学者顾炎武说：“愚以为八股之害，甚于焚书。”康有为则说：“国之弱，民之贫，皆由八股害之。”有一首讽刺八股文的诗写道：

> 读书人，最不济，背时文，烂如泥。国家本为求才计，谁知变作欺人技。三句破题，两句承题。摆尾摇头，便道是圣门高弟。可知道三通①、四史②是何等文章，汉祖、唐宗是哪朝皇帝？案头放高头讲章，店里买新科利器。读得来背高肩低，口角嘘唏。甘蔗渣儿嚼了又嚼，有何滋味？辜负光阴，白白昏迷一世。就叫他骗得高官，也是百姓朝廷的晦气。

对八股取士的弊病，统治者也有觉察。早在清康熙年间朝廷就下诏废八股，却因一时间找不到更好的形式替代，只好作罢。这样一反复，反倒使八股文火爆起来，致使八股速成之类的书籍及短训班广为流行，造成文风的严重破坏。毛泽东有一篇写于20世纪40年代的著名文章叫《反对党八股》，列举“党八股”八条罪状，其中“空话连篇”“言之无物”“语言无味、像个瘪三”等等就是来自八股文的真传，可见其贻害之长之深。清末维新运动反对科举制，就是从揭露八股文的弊害开始的。科举制以八股文创造了最后的辉煌，也因八股文而走向败落。

值得提及的是，清朝也是少数民族入主中原，立国后就全盘承接科举制度，开国皇帝顺治亲自抓这个工作。考试中也搞过民族歧视，分满、汉两榜取士，对满人特殊照顾，但远不及元代那么明显、露骨。这正是清朝统治者精明的地方。

明清两朝，还各有一个关于科举考试的历史小插曲。

明末，张献忠领导的农民起义建立的大西国，于大顺元年（1644年）举行第一次科举考试，录进士120人，状元为龚济民。以后每年开科取士，连试

---

① 三通：《通典》《通志》《文献通考》简称。

② 四史：《史记》、前后《汉书》《三国志》简称。

两科。

清朝晚期的1851年，洪秀全领导的农民革命建立的太平天国一共存在14年，就举行了8次科举考试。已知姓名的状元4人，其中还有一名叫傅善祥的女状元，这也是我国历代状元中唯一的女状元。这在中国科举历史上，倒是一段值得一提的佳话。

清光绪三十年（1904年），我国历史上最后一次科举考试举行。从此，绵延了1300年的科举制度宣告终结。这次考试中第一名进士刘春霖，是我国历史上的最后一名状元。

根据有姓名可考的统计，自从科举考试以来，共点了文状元604名，武状元174名，二者相加为778名。但关于状元的人数自来众说不一。1995年6月中央电视台《正大综艺》第266期，主持人程前说文状元554人，而据1992年萧源锦著《状元史话》统计，文状元596人，武状元115人。这个统计有朝代、科分、姓名、籍贯，有根有据，真实可信，但也有所遗漏，如有史可查的贺知章、张九龄未计入，女状元傅善祥未计入，等等。据统计，历朝举行文科考试745榜，却只查到604个状元姓名；武科考试190榜，只查到174个武状元姓名。可见，更准确完全的状元人数，还有待于查证。

二、科举制度的正负二极

从范进和孔乙己说起

在20世纪生活的人差不多都是从范进和孔乙己身上去认识评价科举制度的，我们从他们身上确实看到了科举制度的荒唐和残酷，虽然他们是文学形象，却实实在在地反射着历史。但是，如果仅仅用这些艺术形象来概括对整个科举制度的判断，未免太轻率、太缺乏理性。

试想，如果中国历史上没有科举制，不通过考试来选拔治理国家的人才，那将是什么状况？

我们的老祖宗早就试验过。

比如说采用世袭制，那时叫“世卿世禄”，即通过血缘关系来确定官员的任用，还在娘肚子里，乌纱帽就给他准备好了。这种办法虽然简单，可惜弊病太多，当官是要有才能、智慧的，而才能、智慧不能完全遗传。古往今来不少“衙内”的口碑都欠佳，不是平庸之辈就是逞强之徒，国家交给他们治理，老百姓不服，统治者自己也不放心。再说父位子袭，成了铁交椅，等于剥夺了皇帝对官吏的任免权，不利于政令的贯彻，有碍中央集权的统治。

于是出现了招贤纳士制度。这种办法战国时代最流行，各国君主为了在动荡中保持和扩大自己的势力，做出“礼贤下士”的姿态，不分出身贵贱，广揽人才。如秦孝公革新内政，下令求贤；燕昭王筑黄金台，礼聘天下贤士；平原君、信陵君、孟尝君各有食客数千。各国用这种办法确也网罗了不少人才，商鞅、蔺相如都是通过这个途径显示才干登上将相高位的。但招贤养士的随意性很大,缺乏严密的考核程序和制度保障,鱼龙混杂,泥沙俱下,鸡鸣狗盗之徒、滥竽充数之辈混迹其间,漏洞不小。

后来又实行“察举”制,即由州郡等地方官员通过考察向朝廷举荐人才。为了慎重,由中央派“中正官”分赴各地,将举荐的人物分为上上、上中、上下、中上、中中、中下、下上、下中、下下等九品,根据这些等级来决定任命官阶的高低。这就是两晋南北朝时通行的“九品中正”制。这个制度看起来比较完整严密,如果能认真执行,也不失为一种较好的选才办法。但具体操作起来,毛病也不少。首先是那个“中正官”不中正,往往以门第出身作为唯一标尺。“高下逐强弱,是非随兴衰”。“强者”“兴者”当然是豪门世族出身,哪有一般平民百姓的份儿?这就必然形成了“上品无寒门,下品无势族”的局面。

从原始社会的“选贤授能”,到魏晋南北朝的“九品中正”,两千多年间,统治者在选才问题上费尽了心思,想尽了办法,也没有找到一个没有漏洞、没有弊端的制度。最后,终于选择了科举考试制。

这实在是个无奈的选择,但这也是个正确的选择。

科举考试的实行,首先打破了豪门世族对政治权力的垄断,把执掌政治管理大权的官吏职务向普通民众开放。“学而优则仕”,只要你能考上,就有官做;不分地区,不分年龄,不分民族,不分出身,一律机会均等。唐代有个姓毕的人想参加科举考试,为了图吉利,请人为他取了个“诫”的单名。毕诫也不见怪,发愤读书去参考。后来考中,官至宰相。可见科举制做到了唯贤是求,不分贵贱,在考试面前人人平等。南宋绍兴年间有个名叫陈修的人高中第二名榜眼,宋高宗接见时见他年纪不小,问他好大岁数了,他答道七十三岁;问他有几个儿子,他说还未娶妻。高宗就把宫女施氏嫁给他。洞房花烛时,有人写诗戏曰:“新人若问郎年纪,五十年前二十三。”还有比他年岁更大才考得功名的。可见,不管你再老也不迟,只要你有参考的热情,就有机会;何况,有的朝代还专门规定,对久试不第或年老的考生加以照顾。根据历代科举考试情况看,社会地位低下的贫寒之士考中的比例是很大的。

读书人是社会中最活跃的部分,他们的知识文化如果没有派上用场的机会,很可能给社会带来麻烦。现在有了科举考试制度,大家一心去考试求官,博得闻达。他们皓首穷经,寒窗苦读,“两耳不闻窗外事,一心只读圣贤书”,一心想着那朦胧的远处有个机会在等着他，即使有所怨愤有所愤恨，也都能有所克制和隐忍，然后在期待中消解，不致发生对抗。这对社会稳定大有好处。

科举制度最值得称道的还在于选才时把文化水平放在首要地位，能考上的人一般都是熟读经书，有一定文化根底的人。他们从政后，对官吏整体素质，乃至对全民族文明程度的提高都有助益。

科举制规定还要考诗赋文章。虽然考诗赋文章的目的不在于选拔诗人、作家，而是选拔官吏、政治家，却把无数考生吸引到诗赋文章的学习研究上来，这对中国的文学繁荣发展起了相当大的推动作用。仅在状元中就有陈子昂、王维、贺知章、张九龄、张孝祥、陈亮、杨慎等文学史上占有显著地位的人物，至于进士出身的文学家更是不计其数。

由此看来，中国在科举考试上以文化素养作为唯一录取标准的做法，在历史上是进步的，就是今天的读书人想起来都感到温馨。这种做法连外国人也很感动，清代有不少西方传教士经过考察，对我国这种"文官选拔制度"赞叹不已，说这是少有的最完善的一种选才制度，是中国的"五大发明之一。"

再说范进、孔乙己

有人会问：你把科举制说得这么好，那范进、孔乙己的悲剧如何解释？

范进、孔乙己的悲剧与科举制相关联，这不假，但我们也要思考他们自己的责任。

孔乙己在考场上拼搏了大半辈子"连半个秀才也没捞上"，若是稍清醒些，就应该为自己考虑一条后路，可他放不下"长衫客"的架子。他本来家穷，却又好喝懒做，已沦到讨饭的地步了，还不能面对现实。他到丁举人家混口饭吃又顺手牵羊做些偷窃之事。丁举人私设公堂打断了他的腿固然不对，然而他做的事究竟不体面。他那套"窃书不算偷"的理论怎么说也站不住脚。

也许有人说，封建思想对孔乙己毒害太深，他已经彻底变异扭曲，无法改变了，其根本罪恶就在科举制度。孔乙己从小受"万般皆下品，唯有读书高”“学而优则仕”的调教，中毒太深也是事实；但清朝末年那些八旗子弟所受的特权思想教育不深吗？清政权垮台，他们的“铁杆庄稼”一笔勾销，一个个不也会想方设法自谋生路吗？

再说，我们细读《孔乙己》就会发现，鲁迅对孔乙己虽有同情，但更多的是批判，也有“哀其不幸，怒其不争”的愤慨。何况，从整篇小说看，鲁迅批判的锋芒针对的不是科举制度，而是通过对孔乙己在奚落、嘲笑与欺凌中死去的不幸遭遇的描写，去批判那个如冰窖一样冷漠的社会和那麻木昏沉的国民性。

至于范进的悲剧，是一件不该发生的成功者的悲剧。考中的举人反倒精神失常疯了，这只能怪他自己太脆弱。其实，举人只是一个较低的功名，要考上进士才有当七品芝麻官的资格。试想，如果范进考中的不是举人，而是进士或更高的状元、探花之类，岂不马上血压升高脑梗死，岳父大人有再大本事，也唤他不醒了。

比较正常的心态是考中以后按捺不住的欣喜得意，但也有比较冷静和沉着的。如一个叫韩偓的举子考上了进士，第二天骑马参加聚会，这本是考中者最得意的时候，但他写诗抒发自己的心情时却这样写道：

轻寒著背雨凄凄，九陌无尘未有泥。
还是平日旧滋味，漫垂鞭抽过街西。

也许是故作姿态，但能写出这般潇洒平静诗句的人，谅来是不会发癫发狂的。

俗话说，考场如战场，胜败乃常事。拿时下来说，高考制度恢复多年来，每年考取的和落榜的数以百万计，也偶尔听说有发疯的、跳河的，但谁也不能因为个别事件就把高考制度否定了。

科举压迫科学

科举自然不是十全十美的考试制度，不仅不十全十美，而且弊端很多；

不仅弊端很多，而且随着历史的发展弊端越来越多，越来越明显，越来越严重。

最明显的问题是考试内容。起初，科举考试还有算术等自然科学科目，到后来则完全固定在政治方面。即使考诗文，也不是为了选文学家，而是选官吏。这种考试的单一化导向，把千千万万书生都驱赶到政治管理的独门专业上。我国古代虽然有辉煌的科学成就，却长期停滞不前，这与科举考试内容的狭窄不无关系。隋唐以来我国历史上出现的大政治家、大文学家，几乎都是科举出身；而如数学家李淳风、医学家孙思邈、发明家毕昇、地理学家徐霞客、农学家王祯，以及宋应星、李时珍等大发明家、大科学家，都与科举无缘。重科举轻科学已成了朝野的共识。

清末光绪年间，清政府根据贵州学政严修的建议，决定在八股取士外开设经济特科，考试内政、外交、理财、经武、格物、考工等六门。光绪二十九年(1903 年)七月光绪帝亲自主持考试，梁士诒考中一等第一名，杨度考中一等第二名。但慈禧太后听信谗言说梁士诒是广东人梁启超的兄弟，其名字的末一个字又与康有为相同(康有为原名祖诒)，“梁头康足，其人品可知”。慈禧本就对维新党人十分仇视，听此一说，也不问情由，就把初试大臣撤了职。梁士诒自然不敢参加复试，杨度因在试卷中大谈新学，有维新之嫌，也不敢参加复试。本意在减轻政治分量的这场考试，却因政治的压力而变了味，成了科场笑话；然而更可笑的是，梁士诒与梁启超本不是兄弟，虽然两人都是广东人，但一个三水人，一个新会人，连小老乡都说不上。一场严肃的考试竟闹得如此荒唐，其结果可想而知。

科举还有另一种“一重一轻”的弊病，那就是重理论轻实践。它讲究的是读死书、死读书，最后读书死；有幸活着冲上去的，从州县试到殿试，都是耍笔杆子卖嘴皮子，一套一套的定国安邦之策全是纸上谈兵。成年埋头读书的考生莫说处理复杂万变的国家大事，就是在一些鸡毛蒜皮的小事面前，也往往束手无策，就连他们自己也承认“百无一用是书生”。可是就是这些毫无实际经验的书生，一旦考上，立即被委以官职，或调停钱粮或管束税务或参与政事。历来中国官场存在的官僚主义、文牍主义、办事呆滞、效率低下，以及普遍流行的教条化、程式化、简单化等诸多积弊，不能说与科举制度无关。我们看传统戏曲中县官审案,往往不是深入细致地调查研究,而是灵机一动,要些小机灵小智谋,冤案疑案错案立地真相大白。书生们就是靠这类小聪明踏入治理国家、统治人民的官场的。

热情烤焦亲情

科举制度的长期实行造成的最严重的问题是民族心理的变异与失衡。

几乎历代帝王都以超乎寻常的热情投入对科举考试的指导与管理,几乎每个大比之年都要发诏书,下命令,任命一批官员,组建考试班子,以示隆重与严密。《菽园杂记》中记明朝洪武四年(1371 年)御试,任命和调集中书省官、读卷官、监试官、对读官、礼部提调官以及御史、编修、尚书等各类负责官员二十余人。在日程安排上,二月十九日廷试,二十日午门外唱名,张挂黄榜,除授职名:第一甲三名赐进士及第,第一名授员外郎,二名、三名授主事;第二甲十七名赐进士出身,俱授主事;第三甲一百名,赐同进士出身,俱授县丞。三月一日皇上亲试策问。三月三日,文武百官聚集殿上,锦衣卫两边侍立。鸿胪寺官员唱名,礼部官员捧黄榜,由鼓乐队引导出长安门外张挂。顺天府官员用伞盖仪从送状元游街。四日赐宴礼部。五日赐状元朝服冠带及进士宝纱。六日,状元率众进士上表谢恩。七日状元和诸进士再拜孔庙,经礼部奏请由工部在国子监立碑题名……礼仪隆重,铺张而繁琐,无外乎为了造声势和气氛,表明天子对这件事的重视,让众进士领略一下浩荡皇恩,以后更好地对朝廷尽节效忠。

既然皇上如此看重,考上的进士们更是热情高昂,把礼数做周到,如拜谢考官,参谒宰相,参加杏园宴、闻喜宴、月灯宴等各种宴会,以及游江观戏,赏花题诗,好不热闹,好不风光。“二十八人初上第,百千万里尽传名。”“春风得意马蹄疾,一日看遍长安花。”一些商人也趁机大发进士财,唐时长安办了个叫“进士团”的商业服务机构,专为进士租房子,办酒宴,跑腿听差,喝道开路,生意红火。

“得意”也只是暂时的,之后是趾高气扬,是目空一切,是对过去付出的追偿、索赔。“多年的媳妇熬成婆”，该他扬眉吐气，给别人以脸色看了。

清乾隆年间，江西南昌出了个状元叫戴衢亨。他自幼聪慧，勤奋好学，是闻名乡里的才子，但是一连考了三十年，连小小的秀才都未能考上。这年县试，又榜上无名。明知县太爷作怪，众朋友替他出钱买了个秀才，这才取得乡试资格。他凭惊人的毅力和满肚皮的学问，在短短八十天中，连连参加乡试、省试、殿试，每次考第一，“连中三元”。皇帝钦点他为头名状元。戴衢亨衣锦还乡时，那位县太爷自知理亏挂冠而去。但戴状元仍感怨气未出，写副对联高挂在故乡的祠堂上。联曰：

三十年前，县考无名，府考无名，道考又无名，人眼不开天眼开；
八十日里，乡试第一，京试第一，殿试亦第一，蓝袍脱下紫袍归。

对联虽然写得有几分狂傲，但还算有分寸，不伤大雅。然而有的就按捺不住了，如《唐摭言》中记载的王泠然的表现，很有代表性：

王泠然考中进士后尚未得官，给当御史的老朋友高昌宇写了一封信。信上说：你现在身居高位，我有两件事相求，一是希望你在今年内帮我找个女人，二是希望你在明年之内为我找个官职。如果你帮我解决了，我感激不尽；如果你贵人多忘事，不帮我这个忙，也无关系。我已及第，当官是迟早的事，说不定有一天我与你并肩台阁，共处高位，那时我侧过头来看你一眼，你一定会感到后悔，甚至向我道歉。不过，请你放心，我会给你好脸色看的。

其实，想写这种信的人何止王泠然一个？

考生后面是家庭，是社会。全民族都被网进这个“科举情结”之中。古书《玉泉子》里讲了这么一个故事：某地方官设宴，请某将军携家人参加，将军有个已出嫁的女儿也来了。这个女儿嫁给一位叫赵琮的书生，因多年考不上，十分潦倒。将军女儿愧对众人，其家人也感到脸上无光，便在她的棚座前挂块帷幛遮羞。宴会进行中，突然一骑快马奔来，报告赵琮考中的消息。将军大喜，高呼道：“赵郎及第矣！”忙命家人撤去帷幛，还为她重新梳妆打扮，扶出来与大家同坐。这时，她容光焕发，得意洋洋，好像一下子从黑牢里走出来了一样。

整个社会都发烧。那时没有歌星、影星，状元、探花、榜眼、进士、举人，乃至秀才，就是“发烧友”们心中的“星”。热浪滚滚，把本应是纯洁温暖的人情人性也都烤出了焦臭味。

功名场上悲苦多

科举成全了许多喜剧，但更多地铸造了人间悲苦，因为能考中的人毕竟是少数。可是人们都不愿放弃那良好的愿望，所以“公子落难在街沿，小姐赠金后花园。终身私订去赶考，状元及第大团圆”之类的喜剧一代代一出出不停地在舞台上演出，而更多的悲苦却被历史的帷幕所淹没，只要稍稍撩开一角，就有看不完的催人泪下、凄惨哀伤的悲剧。

《唐摭言》中记载，一个叫公乘乙的人离家赴京赶考，屡屡失败，十多年未回家。因他生了一场大病，家乡人传言他死了，其妻千里迢迢赴京奔丧，二人恰在路上相遇。他见一个疲惫衰老的女人骑在驴背上，有点像他老婆，但不敢冒昧去认；他老婆也看他面熟，却因多年未见，认不准了，托同路之人一问，果然不错。夫妻相认，抱头痛哭。

《南部新书》中说有位名叫杜羔的考生，久试不第，正准备回家，恰收到妻子来信，信中有诗一首曰：

良人的的有奇才，何事年年被放回？
如今妾面羞君面，君若来时近夜来。

说这位妻子太狠心也未必，因为社会舆论压力太大，她感到受不了，写诗刺激一下丈夫，叫他坚持到底。

当然也有想得开的，比较了一下，认为还是夫妻恩爱胜过功名富贵，如唐朝进士出身的诗人王昌龄《闺怨》一诗中写道：

闺中少妇不知愁，春日凝妆上翠楼。

忽见陌头杨柳色，悔教夫婿觅封侯。

还有这样一个浪漫色彩很浓的悲剧：福建泉州人欧阳詹，考上进士后去山西太原游玩，与一妓女相识，倾心相向，约定终身，说好回京城办完事务后来迎娶，但因俗务缠身没有按期归来。那妓女苦苦相思，终于一病不起，弥留之际剪发留诗，以明心志。欧阳进士到太原后看到这一切，止不住号啕大哭，也因过分悲痛而死去。

至于众多落第举子的羞愧凄苦，更是自不待言。他们有些诗作就是写这种感受的，如：

落第逢人恸哭初，平生志业欲何如。
鬓毛洒尽一枝桂，泪血滴来千里书。（赵嘏）

又如：

十年沟隍待一身，半年千里绝音尘。
鬓毛如雪心如死，犹作长安下第人。（温宪）

有一首形容落第举子的诗写道：

寡妇携儿泣，将军被敌擒。
失恩宫女面，下第举人心。

读了这类诗我们会发现，他们的悲剧不仅仅是落第后的凄惶和悲痛，更在于他们的毫无醒悟，至死不回头。他们虽然恸哭泣血，且已“鬓毛如雪”，仍要孤注一掷，拿自己的青春与生命作赌注去与命运较量。而等待他们的将是什么呢？很可能又是一次重复。

三、考生、考官、皇上，三点一线

考生好苦好累

很久很久以前，在民间就流传着这么一首《勉学歌》，兹照录于后：

其一

君不见东邻一出骑青骢，笑我徒步真孤穷。读书一旦登枢要，前遮后拥如云从。昔时孑身今富足，大纛高牙导前陆。始信出门莫恨无人随，书中车马多如簇。

其二

君不见西邻美妇巧画眉，笑我无妻谁娶之。读书一旦高及第，豪门争许成婚期。昔时孤房今花烛，孔雀开屏忻中目。始信娶妻莫恨无良媒，书中有女颜如玉。

其三

君不见南邻万顷业有余，笑我饥寒苦读书。读书一旦登云路，腰间紫带悬金鱼。昔时箪瓢今粱肉，更是全家食天禄。始信富家不用买良田，书中自有千钟粟。

其四

君不见北邻飞宇耸云端，笑我屋漏门无关。读书一旦居相府，便有广厦千万间。昔日苇檐今梁木，画栋雕甍威突兀。始信安居不用架高堂，书中自有黄金屋。

这是一首古老的流传很广、影响很大的劝勉读书人的歌，作者是谁，产生于什么年代，皆无从稽考。但可以肯定的是它出现在科举制实行以后，其作者一定是个热衷于科举的读书人。

看，这首歌给书生们勾画出了一幅多么美妙诱人的幻景：华贵的车马，美貌的女人，丰盛的酒宴，高耸入云的府第，都深藏在书里，只要你用功读书，一切都归你拥有。这是社会公开的教化。除此外，还有细雨润无声的潜移默化，通过戏剧、话本、传奇、讲唱等，无孔不入地对你施加影响。《玉堂春》《破窑记》等比干巴巴的说教更具催动力。此外，还有义正词严的逼迫与驱赶：父亲对儿子说："十年不第进士，则勿谓吾儿，吾亦不谓有儿。"（《桂苑笔耕》）妻子对丈夫道："夫君一路少牵挂，考得状元好回家。"族规更是霸道，孟子后裔孟船义久试不第，竟被逐出家门。

当然，也有不少仁人志士，为信念、理想所催使，所激励，大丈夫生于世，要干一番顶天立地的事业，通过科举破土而出，一展才华，得到重用，以酬壮志。

于是，悬梁刺股、凿壁借光之类的故事，成千上万次地重复。远的不说，且看近代光绪年间的状元张謇是怎样发愤攻读的。

张謇幼时很聪明，但读书不大用功。16 岁那年去参加州试，名列百名之外，而同乡一个姓范的书生才 15 岁却考得第二名。老师把张謇叫过来说："我看你是没有指望的了。假若有一千人参加考试，取九百九十九个，不取的人一定是你。"听了这话，张謇受到很大刺激，立刻写下若干张"九百九十九"的纸条，贴在醒目的地方，用来鞭策自己。晚上睡觉，他用两片竹竿夹住发辫，稍有转侧立刻醒来，继续读书。长达半年多时间，他天天如此，学问大有长进。第二次考试，他果然名列前茅。

为了把经书读得滚瓜烂熟，书生们想出种种办法来增强记忆。《退庵随笔》中介绍了山东历城一叶姓书生的"强记法"：每天读书，他都把要死记的段落抄录下来贴在墙上，每天多则三十段，少则六七段，从早到晚面对墙壁反复诵读，至能背诵。墙壁贴满后，把已背得的收下来，再贴新的。随收随补，每天不断。一年下来就背得千余条。数年之后，他装了一肚皮经书。

苏东坡，妇孺皆知的大文学家，北宋时的进士。他勤学苦读的故事古书

《耆旧续闻》中有记载。书中有段“苏轼抄书”，说有天一位名朱载的人去拜访他，通报了姓名，却久久不见苏东坡出来。朱载想走又觉得不好，只有耐着性子等。过了好一会，东坡出来了，忙向朱载道歉：“刚才因完成日课，先生久等了，请见谅。”坐定之后，朱载问道：“先生刚才说‘日课’，不知何指？”东坡道：“抄《汉书》。”朱载道：“先生有过目不忘之天才，何用抄？”东坡说：“先生有所不知，我读《汉书》至今已抄过三遍了。开初，抄一段，以三个字为标题，后来两字，如今一字。只要点出标题中一字，不用看书就能背着写下来。”朱载很惊奇，忙起身说：“请先生赐教。”东坡叫仆人在书架上随手取一本书，交给朱载说：“您任意读出标题一个字，我背给您听。”朱载照他所说，读一个字，苏东坡就哗哗如流水般背诵下去，一口气几百字，无一字差错。朱载挑试了几次，都一样，惊叹说：真神仙也。

什么神仙？完全是苦读出来的。

书生们就这样不分寒暑，长年累月，几年几十年地苦读、死读，毕其一生，以求一搏。

朝廷也不轻松

对朝廷来说，科举是个庞大工程，它需要全国性的大发动、大投入。从皇帝到各部衙门、州县官吏，都被动员了起来。

唐代考进士的人数多则两千，少也不低于千人。宋代参考人数大增，最多一次 44562 个举人报考进士。这么多举子聚集京城考试，这在当时是一个多么壮观的场面。然而这还是他们参加的最后一关考试，在这之前已经过乡试、府试，如果以 1∶50 的比例推下去，全国各州县府道参加考试的人数当以百万计。以上还仅仅是文试科举，如果加上武科考试，其人数更为可观。这就是说，成千上万的人聚集一起参加考试的壮观场面在全国各地乡试、府试中早已出现过。

要调动多少人力物力才能制造出这种“壮观”的场面啊！朝廷是要为此掏腰包的。历史上因朝廷一时拿不出银两而暂停科举的例子远不止一两件。

然而更叫朝廷操心的是治安，这么多人尤其是有文化的读书人集中在京城，弄不好是要出事的。特别是与他们命运攸关的考试，哪个环节出了漏洞，都可能引发事端，带来麻烦。比如说明初那场“两榜”科举案。

明洪武三十年(1397年)三月殿试，录取的51名进士都是南方人，北方举子一再告状。为了平息风波，朱元璋将考官严加治罪，而后于六月亲自主持考试，取进士61人，籍贯全是北方。这样才把北方举子安抚下来，没有酿成大乱子。于是这次考试出现了两榜，后世称为“春夏榜”或“南北榜”。

还有离我们更近的清光绪年间发生的“公车上书”事件，不也正是聚集在北京的举子们闹起来的吗?

光绪二十一年(1895年)，清政府在甲午海战中失败，李鸿章与日本签订了丧权辱国的《马关条约》，引起全国人民反对。康有为联合当时各省在北京会试的举人1300余人签名上书，提出拒签和约、迁都抗战、变法图强的主张，从而掀起了一场声势浩大的“维新变法”运动。因举人们进京参考乘的是公车，故称“公车上书。”

科举本是皇帝为选拔人才以维护和巩固自己统治的一种手段，但弄不好反倒给自己的统治带来威胁。朝廷对科举的心态是复杂的，不搞不行，搞起来也真麻烦，你说朝廷轻松不轻松?

考官更是紧张

《安乐康平室随笔》记清代一次殿试考试的阅卷情况如下：

清朝殿试派阅卷大臣8人，但事先互不知道。阅卷时转流遍阅，叫“转桌”，即现在的“流水作业”。每卷最后一页印有阅卷官的姓名，凡阅过的，在各自姓名下画出“○”“△”“、”“I”的标识，大概相当于现在的优、良、中、及格之类。阅毕，试卷由特派大臣复核检查，大多数卷是全“○”，或全“△”，或全“、”，或全“I”。也有同一张试卷是“○”“△”，或“△”“、”，或“、”“I”的；惟独不见同一张试卷上是“○”“、”或“△”“l”的。如果有，说明评分相差太远、分歧太大，不仅不合要求，而且“阅者要受处分”。

该书作者说，某年殿试刚完，那天早晨他正在洗漱，忽然传令叫他去阅卷。事前，他一点不知道。根据规定，阅卷官名单由军机处先一天提出，呈请皇上批示。皇上朱笔圈定后，密封交还军机处，第二天清晨启封宣示。他得到命令，立即赶到万善殿，与其他阅卷官会合，共12人。休息片刻后，由太监将数百本试卷捧来分散批阅，阅后又换，周而复始。而后，选出一等10卷，二等10卷，其余不分等级。还用黄纸写上阅者姓名，贴在卷面右下角，交太监转呈皇上最后阅定。这时，已是正午，皇上赐宴，十分丰盛。饭后，休息待命。下午，内监又将原卷发下，说皇上已圈阅，照此定等。最后，拆开卷后糊名，才知道自己阅的是那个人的试卷。他们在阅卷过程中，是严禁互相交换意见的。

从这个阅卷程序看，保密工作极其严格，特别是对阅卷官的要求，不仅严格，而且严酷。比如两个评分不能相差太远，否则要受处分。这样的规定对评阅诗词文章来说，简直不近情理。阅卷官是怀着惶恐、紧张的心情，胆战心惊地去完成这个任务的。看来。这顿御赐的高级伙食也不是那么好吃的。

这比起当今的高考阅卷，其严密规范的程度，有过之而无不及。

对考试官员来说，除了有一套严格的制度约束外，有的还受到看不见的“神灵”的制约。《菽园杂记》中说，有位叫孙鼎的考官，每每校阅考生试卷，哪怕是盛夏酷暑，也衣冠整齐，洗手焚香，恭恭敬敬地取卷阅看。身边仆人劝他说：这么热的天，老爷换上便服吧。他坚持不换，说道：“考生一生功名富贵，都从这里开始。三尺天上有神明，各考生的祖宗之灵，也森列左右，我哪敢随便！”

一只无形的手，紧紧牵动着这位考官的神经，他不敢有丝毫放松。

但再小心谨慎，也难免出现疏漏和意外。

就拿那次“两榜案”来说，被朱元璋诛杀的几位考官、阅卷官和复查官也实在太冤。只因为他们录取的进士是南方人，他们自己也是南方人，所以遭此劫难。其实，考卷是封糊了的，莫说籍贯，连姓名也看不到，徇私舞弊完全不可能。至于全部录取了南方人，实在是出乎意外。然而如果根据事实分析，不仅不“出乎意料”，而且是“意料之中”。因为北方长期战乱，经济文化教育落后，北方举子考不过南方，本是实情。当朱元璋收到北方举子的状子，组织了十多个人的复查“专案组”，经过细致审阅，结论是落榜举子的试卷确实不如中了进士的试卷。这个公正的结论反倒招致被“收买”的罪名，“专案组”也被卷了进去，结果主考官、评卷官、复查官，有的丢乌纱，有的丢性命。其中主考官白信蹈、张信死得最惨，被判“磔刑”，车裂分尸而死。主考官刘三吾因年老（时年85岁）免死被充军。原先及第的51名进士，在第二次考试中统统落第。原来的第一名状元陈郎不仅被取消资格，而且被流放，后来被诛杀。

清二百余年间，考官被诛杀的例子也不在少数，有的甚至更荒唐。其中查嗣庭试题案最为著名。

雍正四年（1726年）八月，江西主考官礼部侍郎查嗣庭在乡试时，从《四书》的《大学》中取“维民为止”一句作考题。考试刚结束，就有人向雍正皇帝奏本：“维止二字，是取雍正二字，斩首而成。”雍正见了大怒，命刑部派人查处。恰恰刑部又在查嗣庭的日记中发现一些对朝政不满的内容，于是“犯上作乱”“讥讽诅咒”“诋毁陛下”的罪名成立，按律应判凌迟处死，但此时查嗣庭已病死狱中，改为“戮尸示众”。其子侄亲属，有的判“死缓”，有的处流放，牵连甚众。而且查嗣庭的家乡浙江省，因此被下令停止乡试一年。

查清代资料中对科举考试的有关规定，其严格细密的程度，今天的人看了都吃惊。如顺治年间规定，派往各省的主考官，自出京到各地贡院，扣定日期，严禁迎送。锁院考试，由当地最高行政长官巡按封条，巡按、御史要经常巡察。考官所带行李从简，且要验证。出题需用的书籍，由当地官员准备好。发现作弊，主考官应立即纠察，如主考官参与作弊，巡按、御史要如实呈报，如有隐瞒，一并治罪。阅卷官之间不许私下相商，不许恣论纵谈交流阅卷情况。饮食寝宿各归房舍。如有违犯，主考官要及时处理。主考徇庇不举，抚按查实后，一并治罪。对考试中的关节授受、舞弊受贿行为，允许指名告发。

康熙年间有关考试的规定，更是具体详细，甚至近于苛刻。如试卷未按时发下，迟一个时辰正、副主考罚俸六个月；有出题错字，正、副主考罚俸两个月。阅卷时要有御史“同坐一堂”，阅卷官坐的方位也明确规定：“向上对坐。”每晚停阅时，查明阅卷数目，由正、副主考会同御史当面上锁加封，明日共同开阅，绝不许将考卷私带入房，违者纠参。

考生作弊互抄考卷，考官未发现者，受罚。具体规定是，考生考卷篇雷同者，正副考官一卷罚俸六个月，二卷罚俸九个月，三卷罚俸一年，四卷降一级，五卷降二级，六卷降三级，七卷以上革职。对直接责任考官处罚更严：一卷罚俸九个月，二卷罚俸一年，三卷降一级，四卷降二级，五卷降二级，六卷以上革职。作弊考生罚停考两届。

为避免阅卷官认出笔迹，考卷全都重新抄录。如果原考卷有错误“誊录不照原字誊写，自行改正，对读官不行对明，径自照送”者，一卷誊录对读官罚俸九个月，二卷罚俸一年，三卷降一级，四卷降二级，五卷降三级，六卷以上革职。

对其他各环节的差错，也有明确处罚规定：如弥封官将卷面错印，罚俸六个月，正副主考未及时发现纠正者，也罚俸六个月；用印官错用印者罚俸三个月，印字模糊不清者，罚俸三个月；考生点名册错写者，经管点名册官罚俸三个月。取中试卷如果没有用当堂公阅印章或错用印章，正副考官发现纠正了，免议；如未发现或发现了不检举者，罚俸六个月。

还有许多更细的规定，简直举不胜举。

扣发俸禄、撤职查办、逮捕坐监，甚至判处极刑，一把把利刀悬在考官的头上，哪个不畏惧三分。

为了表示公正严明，历代王朝对科场出现的问题都十分重视，处分相当严厉。考官动辄得咎，往往怀着“战战兢兢，如履薄冰”的恐惧心理去接受这个任务，直到这一科顺顺利利结束，才长长吁一口气。如此看来，那位《菽园杂记》中说的考官大人也不会例外。他那么虔诚地祈祷上苍，其动机值得怀疑，说不定也有请求神灵保佑顺利平安的个人打算。

书生们超常的刻苦攻读（对武举考生来说是超负荷的习练），考官们兢兢业业小心操作，朝廷皇上的严格要求甚至御笔亲点，千年来考出的八百状元、十万进士，和数以百万计的举人、秀才，可以说大多数是凭自己的真本事上去的。

状元

科举竞技场上的冠军

四、状元该谁当

状元该谁当？还用说，文状元看文才，武状元凭武功。但实际上并不这么简单，比如说文状元，当然该学问大的当，但学问大小历来标准不一，如唐朝看重诗赋，宋代偏重经义、策论，明清则以八股文来衡量高低。而且，在具体操作过程中又有许多特殊情况，故状元的标准很不一致，有时甚至很离奇，所以“状元谁该当”的答案远不止一个。

诗文写得好可当状元

这当然是“标准”答案。

唐玄宗开元二年（714年）李昂参加科举考试时写了《旗赋》：

> 遐国华之容卫，谅兹旗之多工。文成日月，影灭霜空，乍逶迤而挂雾，忽摇曳以张风。排回惊鸟，飞天断鸣。至若混羽旗以横野，则睹之者且骇；杂金鼓而特设，则见之者气雄……

气势宏阔，对仗工整，音韵铿锵，充分展现了他的才华。唐玄宗大笔一点，他就当了状元。

王维是唐代著名诗人，他的“红豆生南国，春来发几枝。愿君多采撷，此物最相思”，“渭城朝雨浥轻尘，客舍青青柳色新。劝君更进一杯酒，西出阳关无故人”，等等诗章，脍炙人口，千古传唱。以诗才衡量，他当状元是完全够格的。

唐德宗贞元十二年(796 年)李程中状元,他的应试诗《春台晴望诗》写道:“曲台送春日,景物丽新晴。霭霭烟收翠,忻忻木向荣。近看迟日上,闲爱野云平。风慢游丝转,天开远水明。登高尘虑息,观缴道心情。更有迁乔意,翩翩出谷莺。”这首诗借景写情,情景相生,对仗工整,音调和谐,对他当状元起了决定性作用。

宋太宗太平兴国八年(983 年)殿试,太宗出《六合一家》为赋题,考生王世则写了这么两句:“构尽乾坤,作我之龙楼凤阁。开穷日月,为君之玉户金关。”“帝览之大悦”,把他点为状元。

宋仁宗时,考生吕溱以《鲲化为鹏》为题写了首诗,其中有“九霄离海峤,一息到天池”句。仁宗看了很欣赏,马上说:“能写这样诗的人可以当状元。”后来吕溱参加殿试,仁宗出赋题《富民之要在节俭》,吕溱写道:“国用既节,民财乃丰。故此富民之要,率归节俭之中。”“上览而悦之”。皇上见他写诗有气魄,作赋又言简意明,说理透辟,就点他为状元。

明清时,以八股文的好坏作为点状元的依据。康熙十二年(1673 年)状元韩菼,在写皇上从《论语》中选出的一句为题的八股文中,说得头头是道,又严格按八股文的规范,工整严密,“仰合上意”,因而被点为状元。又如清光绪二十一年(1895 年),状元骆成骧,在策试中,提出中日战争策略,表现出忠君爱国的精神,得到皇上赞赏,名列第一。

文思敏捷、学识超群的可当状元

根据典籍传说,有的状元从小就表现出非凡的聪慧与机敏,或一目十行过目不忘,或应对裕如文思快捷,早有“神童”之美称。在逐级考试中,其连连过关,最后殿试有良好发挥被皇上看中,点为状元。

如宋朝绍兴二十四年(1154 年)状元张孝祥,“读书过目不忘,下笔顷刻数千言。年十六,领乡书,再举冠里选”。殿试时,“立就万言,未尝加点”,且“字画遒劲”,皇上亲点第一名。

宋绍兴二十七年(1157 年)状元王十朋,“少颖悟,日诵数千言”,“廷对万言,高宗览而异之,擢第一”。

明正德六年(1511 年)状元杨慎,11 岁时能诗,12 岁时能文,他写的《过秦论》等文章,立论新颖,文字通畅。还是一个孩子就有这么大的本事,乡里钦佩,“长老惊异”。他“记诵之博,著作之富”,在考生中名列第一。24 岁那年考中状元。

民间流传着许多关于状元才华横溢、机智敏慧的美谈,从另一个方面证明了他们确实非同一般。

如明朝天启元年(1621 年)大学士叶向高去看望新科状元翁正春,因夜深留宿,翁正春戏出一联:

宠宰宿寒家,穷窗寂寞。

九个字全是宝盖头,意思也好。叶向高想了想,对道:

客官寓宫官,富室宽容。

也是字字宝盖头,翁正春看了心中佩服。

第二天,翁正春送叶向高上路,经过一池塘,叶向高念道:

七鸭浮塘,数数三双一只。

翁正春立即回道;

尺鱼跃水,量量九寸十分。

叶向高听后连说,佩服,真不愧为状元郎。

骆成骧是清末状元,写一手好字。有天,一铁匠铺请他写招牌,他写下“西斋”;一鞋匠铺请他写,他写了“甲乙堂”。众人不解其意。他笑道:“那铁匠铺少不了一个砧礅,一个风箱,你们看‘西’字,立看像砧礅,横看像风箱;那鞋铺少不了锥子和切皮刀,‘甲’不像个锥子,‘乙’不像把切皮刀吗?”说得众人大笑,点头称妙。

关于状元的机智诙谐、聪慧敏捷,民间流传着很多故事。在不少老百姓心目中,“状元”就是学识和智慧的化身。

人品高尚、忠诚实在的可当状元

宋朝理宗宝祐四年(1256 年)状元文天祥,他 20 岁考上进士,在殿试卷里,对皇上怠慢政事敢于直言,正气凛然,“忠肝如铁石”,“帝亲拔为第一”。清顺治十五年(1658 年)状元孙承恩,其弟孙旸因犯罪被充军,按清代考试制度规定,家中有罪人,不能高中。顺治皇帝在圈阅他的考卷时,很是赏识,但翻看他的籍贯,与孙旸同是常熟,怀疑他们是一家,就派学士王熙去询问。王熙与孙承恩是好友,对他说了缘故,并且说,此事关系你的前程,说了真话会落榜,“升天沉渊,决于一言”。孙承恩回答道:“祸福命耳,不可以欺君卖弟。”王熙叹了口气,又问道:“你不后悔?”孙承恩道:“虽死无悔。”王熙以实话回奏,顺治听了“喜其不欺,遂定为一甲第一”。

以上两例,一个是忠肝义胆,一个是忠诚老实。状元虽讲才学,但作为将来的朝廷栋梁,品德也至关重要。看来古代帝王也是很重视“德才兼备”这条用人标准的。

字写得好的可当状元

俗话说,字是招牌,是门面,是敲门砖,此言不虚。历代都有因字写得好而当上状元的。

唐宪宗元和三年(808 年)的状元柳公权,是有名的书法家。宋太宗太平兴国二年(977 年)科考,吕蒙正也是因为书法受到皇上喜欢而被点为状元的。

清康熙三十年(1691 年)会试,考试官初定吴昺第一,戴有祺第二,但康熙看上了戴有祺的书法,就点他为第一名,吴昺次之。

据史料记载,顺治喜欢欧阳询的书法,他所点的状元邹忠倚、孙承恩都是习欧书者;康熙喜欢王羲之、王献之父子书法,他所点的状元归允肃、蔡升元、汪绎都以"二王"书法见长。

以上对"状元该谁当"的回答,属正常、规范的回答。状元是万里挑一出类拔萃的精英,自然要有绝顶的聪明,能写一手绝妙的诗文,品德要高尚,为人要忠厚。至于字写得好坏,也至关重要。状元乃一国文人中顶尖人物,如果不能写一笔很好的字,不仅有失状元本人的面子,也使朝廷脸上无光。

但是,封建王朝皇帝有至高无上的权力,"金口玉言",一切他说了算。于是,皇上个人的兴趣好恶、心绪变化,皇后嫔妃枕边风,皇亲国戚关系网,等等非正常因素对状元的录取起着巨大的作用。于是,就出现了以下这样一些状元。

以貌取状元

点状元又不是选美,怎么会把长相也当作条件呢?

据考证,唐以前点状元是不注重长相的。宋以后正式开始殿试,皇帝与进士见面,钦点状元,皇帝也不例外的爱美之心起了作用。长相好的更受看,仪表堂堂站在左右与金殿匹配,办外交出使异邦为天朝增光。就是当地方官,相貌端庄气宇轩昂,百姓也更加佩服。

《宋历科状元录》载,宋太祖开宝六年(973 年),学士李昉为考官,录宋准等 11 人,有人击鼓告李昉徇私取士。太祖殿上复试,见宋准"形神伟茂",一表人才,心里高兴,便点他为状元。

据记载,宋真宗很注重状元的长相,殿试时"必视其器识","察其形神磊落者,始赐第一"。他点的状元蔡齐"堂堂英伟"、冯京"丰姿秀美",都是"帅哥"级的男子汉。

宋高宗对状元的外貌也很讲究,他见汪应辰"状貌伟然"、刘章"容貌魁颀”,便点他们为状元。

就是以才能、品德俱佳为人称道的文天祥,也都沾了“体貌丰伟,美皙如玉,秀眉而长目,顾盼烨然”的光,被定为第一,可算是才貌双全的状元郎了。

明代点状元也重视外貌,《菽园杂记》中记英宗正统元年(1436 年)状元温州人周旋,原被定为第一甲三名,主考官大学士杨士奇问其他考官周旋长相如何,回说“丰满漂亮”,就定他第一。后来宣布时一看,长相很平常。原来“丰满漂亮”的是严州人周瑄。然而既已宣布,木已成舟,只有将错就错。周旋算是拣了个状元当。

英宗皇上对点了个相貌平平的人当状元,心中很是不爽。三年后的正统四年(1439 年)科考,考官推荐张和为状元。这时英宗多了个心眼,私下派太监去察看张和的模样,回报说他不但丑,而且一只眼有毛病。英宗便把他将为二甲一名,从十名以后选出魁梧帅气的施槃为状元。明清以后历代皇帝点状元看重长相,已经成为不成文的传统。

与此相反,相貌长丑了的,自然就影响当状元。因而,实有才学本当为状元的,却因相貌平平而被刷下来的故事,也就同样发生了多次。

据《明清巍科姓氏录》记载,明惠帝建文二年(1400 年)状元胡靖,原定为一甲三名,第一名是王艮。但王艮貌丑,被改为第二,长相好的胡靖被擢升为第一。其实,王艮是个很有学问、很讲气节的人,而胡靖的人品、学问远不及他。

以姓名取状元

姓名本是人的代号,与个人的命运无必然的联系,但封建社会人们迷信观念重,对姓名很讲究,故有人因为姓名而走运,飞黄腾达,甚至当上状元。

明成祖永乐二十二年(1424 年)状元邢宽,就因为他的姓名投合了皇上的心思,便点为状元。据史料,该科殿试第一名原为孙日恭,成祖看了后说,日恭乃一“暴”字,不好。成祖看下去,有个名字叫邢宽的人,就御笔一挥,点他为状元。

明成祖这样变动,个中情由何在呢?

原来,明成祖是朱元璋的第四子朱棣,封为燕王。他为了当皇帝,发动了“靖难之变”,领兵从北京杀到南京,虐杀无数,夺得帝位。为了收买人心,他开口闭口施“仁政”。当见到孙日恭之名,一个“暴”字就出现在眼前,他联想到自己的暴政历史,便把孙日恭勾掉,换上与“暴政”相反的邢(刑)宽。邢宽就这样当了状元。

其实,邢宽不仅学识不怎么样,人品也差劲。他中了状元后,皇上传旨召见。进宫后,他心猿意马,一心想看看美女如云的“后宫佳丽三千人”,告退时还回头偷看了皇后一眼。皇帝见了问道:“卿既退去,为何回头?”邢宽有点鬼机灵,跪下奏道:“陛下,臣见皇宫的梅花垛子庄严堂皇,真乃我主万世基业之象征也。”马屁拍得巧妙,皇上很高兴,马上表态:“既然你喜欢梅花垛子墙,朕赏你十万银子,回家乡造一个就是。”邢宽一听,忙叩头谢恩,回到家乡江苏后,立即造了一堵墙。所以至今还流传“邢宽因名字捞个状元,因回头看皇后的美貌,捞了个梅花垛子墙”的故事。

明嘉靖二十三年(1544 年)先定的状元是吴情,因“吴”与“无”同音,皇上一看就不高兴地说:“无情岂宜居第一?”于是这位在姓名上别出心裁的书生没当成状元,而另一个叫秦鸣雷的福至运来,高中第一。这其中原因是当时正天旱求雨,雷鸣是下雨的先兆,皇上就点了他。还有一说是因为天旱,嘉靖皇上梦见一片乌云,接着又是一阵隆隆雷声,醒来后认为是甘霖将降的预兆。恰恰当天早上考官呈上进士录取名册,请皇上圈定,他在名单中发现二甲中有秦鸣雷,认为应了昨夜之梦,便点他为状元。

清光绪二十九年(1903 年)科考,山东人王寿彭也因为名字取得好而中了状元。王寿彭本名列在后,因适逢慈禧太后 70 岁大寿,主考官为讨慈禧欢心,取名中有“寿”字的人以示祝贺。“寿彭”即“寿高彭祖”之意,传说彭祖活了八百多岁。这当然很合慈禧的心意,于是他就当了状元。

与此相反,名字没有取好也会在科举考试中倒霉。清同治年间科考,常州人王国钧名列前十名,呈送慈禧圈阅时,以其名与“亡国君”谐音,不但未能高中,还被发往安徽一个小县干了 20 年的小差事。

从以上介绍看来,姓名确实在一定情况下关系到个人的荣辱。怪不得多少年来“姓名学”大行其道，久盛不衰。

以交卷早、迟定状元

宋朝初年还有“以先纳卷子无杂犯者为魁”的规定，即殿试时，最先交卷又未犯规者为状元。朝廷的用意大概在于考察思维是否敏捷、行文是否快速，似乎也有点道理，只是过于简单。但即使简单，在具体操作上也会碰到许多麻烦。如宋太祖开宝八年(975 年)殿试，王嗣宗与陈识同时交卷，怎么办？状元又不能点两个。这自然难不倒宋太祖。简单的问题自有简单的处理办法：他命两人摔跤比赛，谁赢谁当状元。于是两个书生扎衣挽袖，变考场为角斗场。大殿之上你抱我的腿，我扭你的臂，使出吃奶的力气摔起跤来。最后王嗣宗获胜，中了状元，陈识屈居第二。文状元靠武斗决定，宋太祖当皇帝自有他的独到之处。

卷子交得迟也能当状元，这事发生在清朝康熙年间。

《清代轶闻》中说，康熙三十六年(1697 年)的状元李蟠，书法不怎样，文思又迟涩，殿试时，别的进士都交卷了，他却不交卷。监考人催他快交，他竟哭道：“一辈子的事业就看今天了，请不要催。望成全我的功名。”他慢条斯理地写到四更天，把带来的 36 个饽饽都吃光了，才把卷子做好交了。康熙知道后，表扬他是“苦心之士”，点他为头名状元。同科第二名探花写诗戏道：“一般难学处，三十六饽饽。”传了开去，就有“饽饽状元”的称号。不过这位“饽饽状元”后来表现不好，因犯科场舞弊案被处以充军，实在有负圣恩，对不起康熙的有心栽培。

状元由皇帝钦点，随意性很大。交卷早说你才思敏捷，可当状元；交卷迟说你是“苦心之士”，也该当状元，反正“吾皇圣明”，没人敢说二话。

以需要定状元

状元本应以真才实学为选择的唯一标准，“考试面前，人人平等”嘛。可是，皇帝乃一国之君，“胸怀全局”，许多关系要平衡。一些情况要照顾，往往不得不把“需要”放在首位。于是，一些本不该当状元的举子，“托皇上的福”被点为状元。

《清朝野史大观》记载，乾隆二十六年（1761 年）的殿试，第一名江南人赵翼，第二名为浙江人胡豫堂，三名陕西人王杰。乾隆决定点王杰为状元。他说，虽然赵翼的文章写得更好，但江浙多状元，陕西本朝尚未有，王杰已考上第三名，给他个状元也不为过。乾隆的说法也不能说没有道理。查乾隆登基以来从元年到二十五年，开科 11 次，所中状元都是江浙等南方人，为了照顾一下北方士子的情绪，把一个第三名提为第一名，搞点平衡，也说明他考虑问题的周密，只是便宜了王杰，委屈了赵翼。

如果说，以“照顾文化落后地区”来解释乾隆的上述做法还算说得过去的话，那么，下面这个还是发生在乾隆身上的事例，就有点离谱了。

据《明清巍科姓氏录》记载，乾隆时期有个名叫钱棨的举子，曾在乡试上考第一（称解元），会试上考第一（称会元），但在乾隆四十六年（1781 年）殿试中只名列第十，第一名是秦承业。乾隆觉得本朝尚无“三元及第”者，颇为遗憾，就特别提拔第十名的钱棨为第一名。皇上为了图个吉利，图个太平盛世文星高照的美谈，让钱棨“锦上添花”当上状元。

以有、无官位定状元

宋朝规定，凡现职官员参加进士考试不能取第一，也就是说，不让现任官员当状元。尽管我们现在不知道当时这个规定的真实用意何在，但用现代目光看，这是一个很有远见的规定，也是一个公正的规定。进士，用现在的眼光看不过是个高级职称，不是官职。已经在朝廷当了官有了职位的人，你想考个进士也可以，但不能把第一的荣誉给你，好事不要让你一个人占完；何况，哪个当官的在官场上没有几个人，考进士本就有许多有利条件。不让官员去谋得第一名状元的最高荣誉，也会减少些舞弊事件发生。

因为有这样的规定，宋代有的官员在进士考试中得了第一，但最后被刷了下来，让不是当官的拣了便宜。

比如宋仁宗庆历二年（1042年）殿试，王安石第一，但因他的试卷中有犯忌的话，考官不敢呈；取二名王珪，但王珪是现职官员，不行；取三名韩绛，也是现职官员，还是不行；于是取了第四名杨寘。杨寘早先从小道听说自己考了第四，很是生气，正在拍桌子大骂："哪个东西夺了我的状元！"但却出乎意料被皇上钦点为状元。

宋仁宗皇祐元年（1049年）殿试，沈遘第一，但他是现职官员，不能当状元，就把第二名冯京提起点为状元。冯京曾中解元、会元，而今三元及第。

像这样因是现任官员考了第一而未能当上状元的，宋代还有好几个。

以其他理由定状元

在进士考试中，往往会发生一些意想不到的情况，影响到状元的选定。

如宋徽宗重和元年（1118年），徽宗为了考核一下皇族子弟的文才，命嘉王赵楷参加考试。考官为了讨好皇帝老倌，把嘉王取第一。徽宗怕取了亲王为状元引起天下议论，以避嫌为由，改点第二名王昂为状元。虽然，看起来王昂拣了个状元当，但从文才看，他比嘉王更够格。宋徽宗赵佶在历史上是个无大作为的皇帝，但在这件事情的处理上，却看出他还是比较明智的。

再如宋仁宗天圣二年（1024年）进士考试第一名宋祁，第二名叶清臣，第三名宋郊。但宋郊、宋祁是兄弟。当时章献太后主政，认为按法度礼教"长幼有序，弟不能先于兄，乃擢郊第一，祁第十"。仅仅因为是弟弟，考了第一不但不能当状元，而且连前三名都进不了，降成第十。想来也实在不合理。

以上所列种种，不论是以姓名，以交卷早迟，以有无官位，以各种需要定出的状元，虽然路子不大正，但毕竟也是经过层层考试，上了进士台阶，只是名次偏后，其学识水平与状元相差也不算太大，当个状元也还是说得过去的。

五、五花八门状元郎

最说不过去的是那些靠后台、靠后门、靠徇私舞弊、靠拉关系走门子，去骗、去钻、去赖，等等五花八门手段弄来的状元。但他们也是状元，活着时当得心安理得，有滋有味；死了后稳坐状元榜，雷打不动。

内定状元

所谓“内定状元”，指的是在进士考试前就已经把第一名“内定”了。这种情况在唐代较多。

唐代初兴科举，考试制度不严，主司独掌考试大权，试卷不糊名，又流行“行卷”风。（所谓“行卷”，即报考进士的考生把自己的作品抄写成卷轴，在考试前递呈给公卿权贵、名人贤士，请他们向主司推荐。）主司与有关人士对某人“第一”已达成共识或默契。考下来，即便有人远远超过某人，也只能屈居其后。

如唐德宗贞元三年（787 年）状元牛锡庶，早在考试前好久就知道自己要当状元了。他本是个“累举不第”的举子，一个偶然的机会，向尚书萧昕献上行卷。萧昕看后很是欣赏，对他说：如果我任主司，一定选你为状元。后来，果然皇上任命萧昕当主司。牛锡庶对他拜道：“尚书已赐我状元，此话定然不虚。”萧昕说：“绝不会食言。”第二年考试，他主点牛锡庶为状元。

又如唐宪宗元和七年（812 年）状元李固言，也是主司早就定下来的。李固言为人朴质，考进士前有人哄骗他向不起作用的闲官许孟容投行卷。谁知后来许孟容果然被任命为主司，他看过李固言的文章，对他早“已藏之于心”,就让他中了状元。

再如唐文宗大和二年(828 年)状元韦筹,也是早就内定了的。哪怕杜牧的《阿房宫赋》写得再好,深受人们好评,被说是具有“王佐才”,一些知名人士还推荐了他,也考不上状元,只得了个第五名。

自点状元

历史上竟有这等奇事,自己给自己点状元?

不仅有,而且不止一起。

据清人徐松《登科记考》载,唐德宗贞元七年(791 年)状元尹枢,就是自己点的。该科主考官是礼部侍郎杜黄裳,他一心想为朝廷选出栋梁之材,但怎么选,却心中无数。这天他灵机一动,对应考的五百多举子说:“你们都是当代英才,但谁最拔尖,我还定不下来。你们中有谁愿走出来帮我决定录取进士的名单?”众考生面面相觑,无人敢应。这时尹枢站了出来,他年已 70 多岁,迈着龙钟步履走上前说:“我愿应命。”杜黄裳交给他纸笔,只见他“斯须而就”,取了进士 30 名,并当场宣布姓名。众考生听了都觉得很公道。他把榜贴呈上,杜黄裳见状元的名字空着,就问道:“你看状元该点谁?”尹枢毫不客气地说:“状元嘛,非老夫不可!”杜黄裳听了很惊奇,说道:“好,那你就把自己的名字写上吧。”尹枢毫不犹豫地写上自己的名字,自己给自己点了状元。

对这个“自点状元”的故事,历来有不同的看法:有人认为尹枢自恃才华,当仁不让,精神可嘉;有人认为他狂傲自大,目中无人,其行为不可取;还有人认为这个故事纯属虚构,不可信。

根据史料和情理分析,唐代科举初兴,制度不健全,主考官一时心血来潮,让考生帮助看卷子,定等级,乃至建议状元人选的事也有可能。尹枢当时年已 70 余岁,还有一定文名,自告奋勇出来完成这个任务,也属正常,但他不仅把自己定为进士,而且把状元名字空下,大言不惭地宣称状元非他莫属,且不说他较同科进士以后当了宰相的令狐楚、窦楚、萧俛等人才能差劲,即使确实不相上下,按情理也不好擅自妄列前茅。他此举虽说不上厚颜无耻,太不自量,至少也可以说是不太虚心,有倚老卖老之嫌。而且自己给自己点状元的做法无论怎么说传之后世也是一个历史笑柄。

还有一个“自点状元”的例子也是出在唐代。

陆扆,名久迪,浙江人。一次外出时,他与中书舍人郑损相识,成为至交。陆扆功名心切,几次向宰相韦昭度提出帮他一把。韦昭度说,现在已深夏,时间紧迫,找谁来当主考官还未定。陆扆向他推荐郑损。韦昭度表示同意,立即任命郑损为主考,并叫他对陆扆要多加关照。于是,在唐僖宗光启二年(886 年)夏季科考中,郑损放手让陆扆经办一切,“榜贴皆扆自定”。该科共录取进士 9 人,陆扆把自己定在第一,当上状元。以至于后来他在翰林院上班时,遇到夏天炎热,同事们就嘲笑说:“真是造榜的好天气呀!”

较之尹枢,陆扆真算是厚颜无耻,卑鄙至极了。他一再催请宰相开科考试,又向他推荐自己的好友当主考官,又利用宰相再一次打招呼。这还不算,就连主考官也顺从他的安排,把榜贴交给作为考生的他自制自定。一切全由陆扆包揽,就好像运动员兼裁判兼颁奖人,一包到底,真可谓“天下文魁状元郎,来得全不费功夫”。

后门状元

为了当状元走后门,早在科举制兴起不久的唐代就出现了,而且公开化。当时考卷不糊名,又流行“行卷”风,为走后门留下空隙:试卷不糊名,亲朋好友,上司同僚,打招呼递条子的必然会受到关照;“行卷”风流行,人情必然渗入其中,录取的公正性就要打问号。

宋代,实行考卷糊名,又不兴献“行卷”,考试制度严厉,走后门的事大大减少。

走后门最严重的是明朝。据史料记载,明世宗嘉靖二十九年(1550 年)科考,唐汝楫第一,他的状元就是打通奸相严嵩,走后门得来的。明神宗时宰相张居正,权倾朝野,万历五年(1577 年)状元沈懋学就是靠攀附他,开后门取得的第一名。

明神宗万历三十八年(1610年)状元韩敬,也是靠走后门及第的。会试时,主考官汤宾尹是他的老师,看了他的卷子,强使其他考官取他为第一名会元。廷试时,汤宾尹又帮韩敬走门子,中了状元。"两元"都靠后门得来。不过,三年后被告发,汤宾尹被罢官,韩敬被解职。

权得状元

依靠权势当上状元的最典型的事例是明朝万历年间的张懋修,他是当朝宰相张居正的第三子。张居正是我国封建社会著名的改革家,是一个有政治头脑的人,但他私欲膨胀,权欲熏心,独揽朝政,上下侧目。其长子张敬修历考进士落榜,张居正十分恼怒。考官们见此情形,在他第二子张嗣修考试时,就让他当了榜眼。明万历八年(1580年)考试,三子张懋修本是第三,后按张居正之意,改定第一,当了状元。原先落榜的老大敬修,这次也高中二甲进士。一家兄弟三人都依仗权势金榜题名。而有真才实学、盛享文名的戏剧家汤显祖,却因不愿趋炎附势而屡试不第。故有人写诗讽刺道:

状元榜眼俱姓张,未必文显照楚邦。
若是相公坚不去,六郎还作探花郎。

恶得状元

靠异常凶恶的手段逼使主考官点自己为状元的例子,历史上也出现过。古书《唐摭言》中有篇《恶得状元》讲的就是这样的。

唐文宗开成二年(837年)高锴主持进士考试,有个考生名叫裴思谦。他依附皇上宠信太监、手握兵权的"军容使"仇士良,一心要当状元。高锴当庭骂了他一通，裴思谦回过头来对高锴厉声说："明年非取我为状元不可！"第二年，高锴早给门下打了招呼：凡有来说情的，一概拒绝。这天，裴思谦怀揣仇士良的推荐信，穿上当官的衣服，径自走到高锴面前说："仇军容有书信在此，专门举荐裴思谦。"高锴见来人紫袍锻带，说话口气又大，不得已接待他。高锴拆开书信一看，原来是要推荐裴思谦当状元，便说："状元已另有人选，除此之外，可按照军容的意旨办。"裴思谦说："卑职奉军容的指示前来，裴秀才非状元不点。"高锴听了本想给他顶回去，又不敢得罪仇士良，但状元这个头衔也不能随便点个不认识的人。既然仇士良力荐，高锴觉得不妨见见这位考生，当面考考他的才学。但他大概因为老眼昏花，记性也差，竟没认出眼前这位穿官袍的人就是裴思谦，便说："请让我见见裴学士。"裴思谦竟趾高气昂地说："我便是。"高锴吃了一惊，仔细打量，果然是去年在考场上被自己骂了一通的那个家伙。高锴心中虽有万丈火，一想到裴思谦背后那个令满朝文武侧目兼统左右军的军容使，也都熄了下来。于是他马上改了面容，邀请裴思谦登堂入室，以礼相待。就这样，文宗开成三年(838 年)科考，裴思谦中了状元。

抄诗状元

安徽桐城人龙汝言是清嘉庆十九年(1814 年)科考第一名状元。知道底细的人都说他是"抄诗状元"，因为他的状元是靠抄诗抄来的。

龙汝言才学平平，连个举人也不是，靠在某都统家当家庭老师混碗饭吃。

这年，逢嘉庆皇上四十大寿，朝中文武百官都写诗祝寿，都统就把这事交给龙汝言去完成。

这本是一个展示才学的好机会，可肚内墨水不多的龙汝言不知如何是好。推辞，不仅会被说是不学无术，连教席也可能被辞掉，他只有硬着头皮接下来，搜肠刮肚，冥思苦索，三天也未能写得一首。

他正着急间，灵机一动，何不从古诗中去抄。而且，给皇上祝寿，最好抄皇上爷爷、父亲的。于是他向都统借来康熙、乾隆的御制诗集，从中专拣那些歌功颂德、粉饰太平的内容，寻章摘句，东拼西凑，抄了整整一百首，由都统呈皇上御览。谁知嘉庆一看，对集圣祖诗句而成的百韵诗大加赞赏，问是谁写的，都统如实回禀。皇上认为士子中有人如此专心读祖上的诗作，可见对朝廷的一片忠诚，便问龙汝言何等功名，回说还是白丁。皇上马上赐他为举人，并特准他参加当年秋试。

无奈这龙汝言是团糊不上墙的烂泥，皇上恩赐举人后，生活改观，不思进取，人更变懒，秋考下来，名落孙山。皇上看榜上没有他的名字，很生气地问了主考官："龙汝言怎么这科没考好？"吓得主考官连声喏喏，不敢回答。主考官下得殿来一打听，原来有这么个原因，从此牢记在心。到下一科考试，主考官连龙汝言的卷子都没细看，就点为第一名。嘉庆皇上拆封一看，龙汝言高中榜首，龙心大悦，笑道："朕所看中的人，果然不错。"

"沾光"状元

俗话说："朝里有人好当官。"当状元亦然。在世族观念严重的封建社会，在朝廷身居显要执掌权柄的父辈祖辈、近亲远亲，对考生能否题名进士高中第一，是要起作用的。比如清穆宗同治二年（1863 年）翁曾源的状元，来得就有几分蹊跷。

翁曾源的祖父翁心存，是咸丰年间的宰相，又是同治皇帝的老师。他的叔叔翁同龢是咸丰六年（1856 年）的状元，历任朝中要职，还当了光绪帝的老师。翁曾源之父翁同书，也是朝廷要员，在安徽巡抚任上因事系狱。翁曾源因患羊癫疯，只是一个监生，考举人没考上。这年翁心存病重，皇上开恩，允许翁同书出狱伺候父亲汤药。翁心存病逝，皇上特赐其孙翁曾源一个举人，还特许他不经过会试直接参加殿试。没想到这个"羊儿疯"竟然考了个甲等第一，当了状元。就连他叔父翁同龢也认为这是承"先人余荫"，是"朝廷眷念旧臣，推得后裔"的结果。说穿了，是托先人的福，沾先人的光。

屙尿状元

撒泡尿也能撒出个状元？真是天下奇闻，可是他有名有姓，叫人不能不信。

明朝熹宗天启年间，徽州府西递村有个叫汪贾敏的公子，带着书童汪本进京应试，一路晓行夜宿到了京城，找个客栈住下，休息两天后已临考期。这天清早，汪本服侍公子进了考场，独自偷闲到街上游玩。这京城之地果然不比一般州县，街道纵横交错，两边铺面林立，买卖兴隆，车马不断，好一派繁华景象，看得汪本眼花缭乱。忽然间他尿胀起来，跑了大半条街也没找到厕所。正着急间，忽见拐弯处有个大花园，园门大开，无人把守，他竟踅了进去，站在假山后面小解。这时，忽地钻出两个看守花园的差役对汪本大声叱骂，汪本告饶说，他是进京赶考的考生，因小解误入花园，请差官老爷高抬贵手。那差役大吼一声道："瞎了你狗眼，这是当朝魏太师的花园，你污秽了这方宝地，要你的狗命！"不由汪本哀告，把他拖到魏忠贤面前，请求发落。

这魏忠贤刚从外面赴宴回府，喝得大醉，听说有个考生钻进花园屙尿，随口就说："是个考生，拉出去处……取达算了。"这魏太师因受熹宗宠信，大权在握，横行无忌，杀人如儿戏。他本要说"拉出去处斩算了"。但酒喝多了，舌头不灵便，"斩"字说得含糊，差役误听成"取达算了"，便拿了魏忠贤的名帖，把汪本送进考场。

考官见是魏忠贤送来的考生，又招呼"取达算了"，不敢怠慢。但汪本斗大的字认不了两筐，做不来文章。考官又命人代笔写了一篇。后来张榜，汪本居然考了第一，当上状元。而公子汪贾敏却榜上无名。这下反了过来，公子汪贾敏伺候书童汪本去拜见魏太师。这魏忠贤也不知汪本是怎么考中的，见有人来投靠他，也就视为心腹，保汪本做了知州。后来汪本官运亨通，一直做到御史。

不过这个汪本因"随地小便"而天降鸿运当上状元的故事，在史料中尚未发现。明熹宗朱由校在位七年，开科考试二次，状元皆不姓汪，甚至整个明朝也未发现一个汪姓状元。这也许是百姓对魏忠贤不满，穿凿编织出来的故事。或许真有其事，只是本人孤陋寡闻，未曾查到罢了。

除以上种种通过坑蒙拐骗、死乞白赖等五花八门手段获得的状元外，还有没有用其他更下流无耻、更卑污龌龊的手段当上状元的呢？因手头没有可靠资料，不敢妄言。但的确有为了高中，为了当官而做出许多不齿之事的例证。

《菽园杂记》中说有个进士，平日对阁老万公的马屁拍得很勤，因而当上翰林。万公得阳痿病，这位当了翰林的进士自称医术精到，为万公诊治，还亲自为他洗下身。如此殷勤，当然会得到提拔。不久，他就被升为御史。不过"洗鸟御史"的臭名也随之传开了。其实，在史籍中，在传说中，某些举子为了及第，为了谋得官位，做出比"洗鸟"更卑劣的事的不在少数。

自从兴科举以来，一般三年一次，每次录取进士十几人到几百人不等。偌大个国家，层层筛选，最后选出这点人来，当然应该都是些出类拔萃的人物。特别是每科中的第一名状元，更是顶尖中的顶尖。然而，就在这些顶尖精英中，都混迹着这么一些品质低下、道德堕落、才学平庸之浅陋之辈，虽然百分比仅占个位数，也不能不说是一个遗憾，一个耻辱。

六、状元趣闻

18∶80

科举考试没有年龄限制,上不封顶,下不保底。考不取,接着考,直至考不动为止。

清道光六年(1826年)广州府三水县(今广东省佛山市三水区)有位103岁的老人陆从云,不远千里从老家赶到北京参加会试。这是历代参考年龄最大的考生了,京城为之轰动,传为奇闻,还被认为是吉祥的象征。考试结束后,皇上特批这位老寿星留在北京"最高学府"国子监做官。

由于不限年龄,考场上就出现了这样的奇观:同科考取进士的从年龄看有的可以当有的人的爸爸甚至爷爷。如唐德宗贞元十二年(796年)科考,同登进士的诗人孟郊54岁,而柳宗元年仅24岁。那位自点的状元尹枢,考上进士第一时已70多岁,而同科的进士有的不及30岁。于是,状元史上就出现年龄相距很大的情况。

据史料记载,年龄最小的状元是宋高宗绍兴五年(1135年)的汪应辰,他中状元那年才18岁。他原名汪洋,年少聪慧,乡试、会试成绩都很好。廷试时,试卷工整稳重,"纯正典实",皇上看了很欣赏,还以为是个有才学的老书生写的,便点了他为状元。及至公布姓名,才发现原来是个少年孩子。命左右把他扶上殿来,皇上越看越喜爱,准备让他到翰林院供职,只是大臣们建议,说他年纪太轻,恐难担当此任,最好让他到基层去锻炼锻炼。皇上虚心纳谏,任命他到外地当了个官。但皇上给了他另一个特殊荣誉:赐名"应辰”。这对当时的读书人来说，是份难得的光荣。

较之汪应辰的少年得志，梁灏得到状元这份荣耀也实在太晚了。

传说宋代河南沈丘人梁灏，醉心功名，屡试屡败。但他不灰心，一次次坚持参考，从翩翩少年考成白发老翁，终于在82岁那年参加宋太宗雍熙二年(985年)科考，名列第一，当了状元。他向皇上写下《谢恩诗》一首，云：

天福三年来应举，雍熙二载始成名。
饶他白发巾中满，且喜青云足下生。
观榜更无朋辈在，到家唯有子孙迎。
也知年少登科好，怎奈龙头属老成？

查“天福”乃五代十国后汉高祖刘知远当皇帝的年号，天福三年为公元947年；雍熙是宋太宗赵光义当皇帝的年号，雍熙二年为公元985年。这其间，还经过后周两个皇帝。这就是说，梁灏的参考，跨后汉高祖、隐帝，后周太祖、世宗，宋朝太祖、太宗等三个朝代六个皇帝，前后38年。考到如此大的年纪方登第，看榜时当然难找到“朋辈”之人了；高中后荣归故里，迎接他的首先自然是满堂儿孙了。

梁灏的经历，简直是部微型科举史，是出生动的科场喜剧。他在耄耋之年的人生最后时刻发出一道不寻常的闪光，不仅使他本人的形象在历史上光彩照人，而且对后代士子有极大鼓动性，谁都为他的精神所激励催动。他也确实是个乐观奋发的人，曾有副对联写道：

白首穷经，少伏生八岁；
青云得路，多太公二年。

这副对联不仅巧妙地嵌进了他的年纪“八二”，而且不无自得地说他虽已年老，不过仅比姜太公大二岁，比起伏生还小八岁哩！

细细品咂，也分明有几分自嘲。

父子状元

科举史上有父亲考上状元，后来儿子也考上状元的。

唐懿宗咸通十五年(874年)归仁泽考中状元；18年后，唐昭宗景福元年(892年)其子归黯也考中状元。

这种光耀门庭、长垂青史的特大喜事远不止一次地降临于读书人家，给后世留下一段段令人羡慕的佳话。

宋太祖在位的开宝二年(869年)，开科考试第一名状元安德裕；3年后，他的儿子安守亮夺得开宝五年(872年)进士考试第一，当了状元。

宋太祖建隆二年(961年)状元张去华，其子张师德在51年后的大中祥福四年(1011年)考中状元。

父子登上科举考试的顶端，是历史的特殊厚爱与特大荣宠，哪怕是千百年后，其家族子孙还能感到祖上的这份余温。

除了父子状元，还有祖孙状元、兄弟状元、翁婿状元等等各类有亲属关系的状元。这种难得的机遇竟如此密集地降临于少数人家的现象，为状元史话增添了几许神秘色彩，但也对历史的倾斜发出埋怨：状元宁有种乎？

跛子状元

历来取士，特别是取第一名状元，都是十分看重长相的，但也有着重才学不以貌取人的皇帝，其中宋理宗赵昀是最突出的一个。

方逢辰，是理宗淳祐十年(1250年)状元。他的长相实在不佳，“右足跛，左目瞽”，不仅是跛子，还瞎了一只眼。可理宗一点不嫌，不仅不嫌，还恩宠有加，给他赐名。他原名方梦魁，皇上赐名为“逢辰”。看来他果然“躬逢其辰”了。与他同科进士杨潮，也是“瞽一目”，是个独眼龙。看来这位理宗皇上对残疾人还特别照顾。

还有一个例子更能说明理宗皇上的重才不重貌。开庆元年(1259年)状元周震炎，虽然长相欠佳但文才出众，理宗对他颇有好感，准备招他为驸马。但女儿升国公主从屏风后看到周震炎其貌不扬又年纪偏大，表示不愿意。理宗也就没有勉强。这件事至少说明理宗皇帝还有头脑，又很开明：他不以貌取人，不仅让长相不佳的周震炎当状元，还准备招他为女婿；而当女儿表示不同意时，他尊重女儿的意愿，不以父命去强迫。这在封建帝王里还不多见。

元代顺帝至正二年(1342年)状元陈祖仁，也是个面貌丑陋的人："一目眇，貌寝，身短瘠。"又丑又矮还瞎了一只眼，但他上知天文，下知地理，古今典籍，兵家学说，无所不精。他还写得一手好文章，说话声音洪亮，谈吐不凡。他为官清正，敢于直言，而且忠心耿耿。明军逼近京城大都，他领兵死守，最后战死。可见，人是不可貌相的。传说黄巢和钟馗皆因貌丑而未能科举及第，如果他们有周震炎、陈祖仁的好运道，说不定历史会减少许多周折和事端。

白卷状元

清朝陈琰著《艺苑丛话》中讲了这么个故事：

江南有位叫马世祺的名士，写得一手好文章，自觉天下无敌。有年参加乡试，考场上出了道"渊渊其渊"的题。马士祺一心要写出水平，超过别人，便在那里反复推敲，精心构思，力争一鸣惊人，不轻易落笔，直到大家到交卷了，他还未成一字。眼看时间已到，要想做篇完整的文章已不可能，他便在卷子上写下一首诗：

渊渊其渊实难题，闷煞江南马士祺。
一本白卷交还你，状元归去马如飞。

写罢，卷子一交，他扬长而去。然而下一科"竟联捷，大魁天下"，当了状元。后世戏称“白卷状元”。

这则小故事，使人不由想起“文化大革命”红极一时的那位“白卷英雄”，不过又发现他们间有极大差别：都是交“白卷”，但一个是做不来题交白卷；一个则是要做得更好才交白卷。其原因不同。从结局看，“白卷英雄”虽红极一时，但很快跌落，留下的只是个政治笑话；“白卷状元”却从交白卷中吸取教训，后来成了真正的状元，留下的是思考和启迪。

只是这位马士祺是哪朝哪代哪科的状元，一时尚未查到，且留下一个悬案。

女状元

中国古代是个男性中心的国度，妇女被剥夺了接受教育，踏入社会，进入国家管理机构的权利。历代科举考试都不对女性开放。妇女连参加考试的资格都没有，哪有可能当状元呢？小说戏曲里虽然有不少关于女状元的故事，但纯属虚构；而且，即使是戏里的女状元，也是“女扮男妆”，冒男子的身躯去参考“骗”得来的，一旦被拆穿，就犯下“欺君之罪”，招来杀身之祸。不过，不必担心，既然是虚构，必定有惊无险。经过一番曲折，女状元还了真身，嫁给一个真资格的状元，圆一个“大团圆”的梦。我们的作家是善良的，何必把一个美好的梦打碎呢？

这个女状元的梦做了一千年，直到科举制度的最后阶段，一个真正的女状元才在历史上出现。

那是1853年，太平天国举行的女科考试，南京人傅善祥名列第一，中了状元。第二名钟秀英，第三名林丽花，被定为榜眼和探花。据史料，太平天国只开了这一次女科考试，傅善祥便成了中国历史上第一个，也是唯一的一个女状元。这是亘古未有的奇闻，当时有人写诗赞道：

棘闱先设女科场，女状元称傅善祥。

太平天国信奉上帝,谓世间男女都是上帝的子女,反对重男轻女、男尊女卑的观念,提倡男女平等,在朝内和军中都设有女官。为了从妇女中选拔人才开女科考试,是个历史的创举。但太平天国十多年间开科举 10 次,有姓名可查的男状元有 3 人,而女科只考一次。究其原因,主要还是封建传统过于深厚,女子有文才的太少,考生乏人;即便是有文化的妇女,也因社会陋习不愿抛头露面,故第二次女科考试竟“无一应者”。

傅善详中状元时 20 多岁,被分派到东王杨秀清府中任“女簿书”,即现在秘书之类的工作。杨秀清虽掌握太平天国军政大权,也很有才能,但目不识丁,各类文书统由傅善祥批答处理。东王对她的工作十分满意。后来,她因为恃才傲物,受到杨秀清“枷因”处分,但不久被撤销处分,仍旧受重用。到 1864 年,天京被清军攻陷,傅善祥不知所终。

据资料记载,太平天国实行女子科举,带有一定强迫性,“令女百长逐馆搜查,凡识字女子概令考试”,唯有傅善祥是“自愿应试者”。

从傅善祥的整个表现看,她有文才,有见识,有胆量,有个性。她不仅是个名实相符的女状元,还是个出类拔萃的女中豪杰。

双状元

状元最早叫“状头”,即公布榜状的第一名。既然是第一名,当然只有一个,怎么会有“双状元”出现呢?

什么事都有例外,“双状元”的出现就是历史的意外。而且这个“意外”还不止一次。

我们前面已谈到,元代因是少数民族入主中原,怕科举于他们不利,便暂停下来,直到半个多世纪后,终于研究出一个“两榜制”,把他们与汉人分开,各设一榜。于是,同一届考试就出现了两个状元。元代从仁宗延祐二年(1315 年)至顺帝元统二十六年(1366 年)共开科举考试 16 次,点状元 32 名,其中蒙古、色目人 16 名,汉人、南人 16 名。由于在考试内容要求和难易程度上有较大差异,双状元之间的学识水平自然也有较大的差别。

还有一个例子是明太祖洪武三十年(1397 年)出现的“两榜案”中,同时点了两个状元。这又是一种例外。

“双状元”还有一解是指同一人考中文、武状元,这在古代小说、传奇、戏曲中常常出现,但这只是作家的理想化塑造,在史料上还未能找到依据。

第一个和最后一个状元

中国兴科举以来第一个状元是唐高祖武德五年(622 年)的孙伏伽,最后一个状元是清光绪三十年(1904 年)的刘春霖。他们不仅以一头一尾的独特身份在中国状元史上占有独特地位,而且,他们以自己的特别贡献和人生特别遭遇而留传后世。

孙伏伽原是隋朝时一名小官吏,唐灭隋后,他向唐高祖李渊上书,大胆提出了三项建议:

第一,要虚心听取臣下意见。隋为什么会失天下?因为听不到批评。当皇帝的不接受忠谏,臣下也就不敢提意见。请陛下记住历史的教训,不要以为得天下容易而忘记隋失天下之不难。你当了皇帝,自然有人来恭维、朝贺你,听说有人给你献鹞鸟、献琵琶弓箭,你都照收不误,而且重赏他们,这是很不好的。陛下身为一国之主,要什么没有?难道会缺这些?

第二,要净化风气。听说皇上置办了五百套衣裙,准备给乐伎们穿上唱歌跳舞。隋朝末年就爱搞这一套。请皇上下令停止,解散乐伎,恢复典雅的声乐,以正风气。

第三,注意选贤才。特别是皇太子身边的人要认真考核,把那些无赖不义之徒、声色狗马之辈统统赶走。回顾历史,很多乱子都出在这些人身上。

作为前朝的留用人员,孙伏伽的这些建议实在够大胆的了。幸好李渊是个开明大度的开国之君,不但不因为他的言辞激烈尖锐而动怒,反而为他的一片忠言所打动,对他大加表扬,委以重用,把他与开国重臣李纲相比,说“李纲、孙伏伽,可谓谊臣矣”,并点他当了状元。后来,他官做到大理寺少卿、御史、陕州刺史等高位。

最后一个状元刘春霖，也有不少精彩的故事流传。而最精彩的是他的状元是拣来的。

光绪三十年(1904 年)七月，清朝举行了历史上最后一次科举考试的殿试。主考大臣将前十名考卷呈请慈禧太后“钦定”。第一份考卷是朱汝珍，广东人。慈禧一看火冒三丈，广东人，又是广东人，洪秀全、康有为、孙中山……这些与朝廷作对的都是广东人。她把朱汝珍的卷子扔到一边，翻开第二份。刘春霖，河北肃宁人。慈禧立即转怒为喜，“春霖”，意味着春风化雨，甘霖普降，好。“肃宁”，肃静安宁，国泰民安，更好。此时，又正值慈禧七十大寿之喜，吉祥的名字和籍贯，使“老佛爷”很开心，就把刘春霖改为第一，朱汝珍降为第三。刘春霖就这样“捡”了个状元当。

不过他生不逢时，当了状元后分到翰林院任闲职，没有干出什么事业。清灭亡后，他在北京当寓公，因是前朝“状元”，不少人慕名前去求字索诗，虽说不愁吃喝，然而“一代天骄”这样默默无闻庸碌一生，殊为可叹。

状元，是历史的“名星”。我们的老祖宗里也不乏热情的“追星族”，他们追踪心目中的偶像，搜集他们的故事。故而在一些书籍和传闻中，保留了许许多多关于状元的逸闻和趣谈，给我们后代留下这些茶余饭后愉快轻松的话题。

七、武状元趣史

大概与我们中华民族爱好和平的民族性格有关，历代统治者都重文轻武。自武则天皇帝兴武举以来，虽然不断举行武举考试，但第一个武状元的出现已是宋代神宗时候了，比第一个文状元的出现整整晚了近五个世纪。而且，武举资料的记载和整理保存也不受重视，散失很多，所以至今很难拿出一个武状元的较为完整准确的花名册来。至于武状元的考试等方面的资料，更是残缺不全。好在近年来一些有兴趣于此的专家学者不断搜集发掘，整理出不少资料，发表了一些论著，开始理出头绪，有了颇为明晰的轮廓。

走走停停的武举考试

公元685年，唐武则天皇后掌权，702年“始置武举”，每年由兵部主持考试，考中者可以授以武职。平定“安史之乱”，对唐朝有“再造之功”的大将郭子仪，就是武举出身。到唐德宗年间，谏议大夫田登上本奏道：“武举人持弓挟矢，数千百人入皇城，恐非所宜。”皇上听了觉得有理，下令停止武举考试。但十多年后，他的继承者宪宗皇上又恢复了武试。

到了宋代，因接受唐末武人专横割据的教训，长期不搞武举。宋仁宗想试一下，还“亲试武举十二人”，后因朝臣提出不同意见，又停了下来。又过十来年，司马光向仁宗皇上建议恢复武举考试，并提出具体意见：“诏举人先试以孙、吴大义，以策为去留，以弓马为高下。”皇上采纳了他的意见，武举得以恢复。

宋神宗是一位文武并重的皇帝，曾下令武举与文举进士同锁于贡院考试,并明确规定与文试一样,三年举行一次。他还兴办武学,选文武官员为教授,三年毕业,参加武试,成绩及格者,授以武职。宋神宗还是点武状元的第一位皇帝。他在位的熙宁九年(1076年)举行武举考试,福建兴化人薛奕考第一,中了武状元,是中国有史以来第一个武状元。同科文试,又是福建兴化人徐铎考第一,中了文状元。神宗皇帝为此特别高兴,还赐诗一首表示庆贺。诗曰:

一方文武魁天下,四海英雄入彀中。

宋代武举考试一般三年举行一次,有史可查的武试有43次,有名可考的状元42人。

辽代、金代都重文轻武,很少开武举考试。元代更干脆,废了武举。但这几个朝代文试仍继续进行,而且点的文状元多数是汉人。可见异族统治对汉人防范甚严,要要笔杆子可以,要使枪弄刀是绝对不允许的。

到了明朝,恢复武举考试,明太祖元年就定《文武科取士法》:"令有司每岁举贤才及武勇谋略晓天文之士。"并下旨设文武二科,"应武举者,先之以谋略,次之以武艺,但求实效,不尚虚文"。仍沿宋制,三年一试。武试也与文试一样,也点状元。但留下的资料太少,连姓名都查不齐。整个明代举行武举考试34次,至今能查到有姓名的状元仅16人。

仅仅存在三年的张献忠的大西国,也举行了一次武举考试,还点了一名武状元。

大清帝国建立后不久,就开始科举,而且文武并重,武科考试与文科考试同样进行,三年一次,分童试、乡试、会试、殿试四级;在称谓上,也与文科考试一样,有武童、武举、武进士、武状元之名。而且还允许改试,即有"文生员有愿改入武场,武生员有愿改入文场者,照文武生员乡试例,起送各文武场乡试;文举人有愿改入武场,武举人有愿改入文场者,照文武举人会试例,起送各文武场会试。其中式者,照例送入新册;不中者,仍各归入文武原册内"。尊重考生自由,允许任选"专业",这也是考试制度的一大进步。

清王朝二百多年间,举行武举考试109次,能查出姓名的状元108人。

洪秀全领导的农民政权虽然时间不长，却也搞了两次武举考试，还点出两名状元。

武举考试在唐代由兵部主持，宋代开始实行殿试，皇上亲自过问。清代，皇上过问得更细，不仅亲自任命会试主考官，还亲自审定有关武举考试的程序和内容，主持三年一次的殿试。如顺治三年(1646年)武举殿试，皇上任命内阁部院负责官员为读卷官，兵部满汉官员为提调，御史为监考。策论考题考官提出后，由皇上钦定三条，于殿试前一天刻印散发。试策后，皇上亲临中南海紫光阁大幄次，御试马步箭弓刀石，历时两天。而后，兵部将武举文武考试成绩呈上，由皇上圈定名次。与文科考试一样，一甲三名：状元、榜眼、探花，赐武进士及第；二甲若干名，赐武进士出身；三甲若干名，赐同武进士出身。

尽管宋朝以后，武举考试在规格、名分上逐渐向文科看齐，但重文轻武思想仍占支配地位，照旧歧视武科考试，如文进士有登科榜，武进士则无；文进士考试资料记载齐全，武进士资料则粗疏不详；在官职任命上，文进士较高，武进士偏低。其中特别是资料的记录保存很不完善，正史往往一笔带过，给后世的研究工作留下很大困难。

武功如何考？

武举考试考些什么，如何考？

首先考气力大。古代打仗，主要拼气力，项羽力能拔山，只手能举八百斤重的鼎；关公力大无比，一把120斤重的青龙偃月刀玩得风车斗转。可惜他们早生了许多年，要晚生几百年，凭他们的气力，考个武状元很容易。

气力大如何考核？唐代规定背米五斛行20步为及格。古代五斗为一斛，大概有现在好几百斤重。不过这个办法太简单，有些像考搬运工，所以后来又变了考力气的方法。如宋代，规定能拉一石力硬弓射150步且能中者为优等。后来规定步射一石三，马射八斗；后又改定为马射六斗，步射九斗。如果拉不动这些弓，下一步的考试资格都没有。明代武试也重视力气的大小，如崇祯四年（1631年）武举考试，能使100斤重的大刀的王聘、徐彦琦二人未能考中，"论者大哗"。最后还是皇上出面，赐王聘等人进士出身，才平息了这场风波。清代武举考试也要求气力能拉硬弓、举重石者方能考中。弓有八力、十力、十二力；刀有80斤、100斤、120斤；石有200斤、250斤、300斤，以重量定等级。

而后考武艺。光气力大不行，比如拉弓射箭，不但要拉得动，还要射得准。明朝规定："骑射，人发九矢，中三矢以上者为合式；步射，亦发九矢，中一矢以上者为合式。"清初，武科会试规定：驰马三次发九矢，射35步外目标，中二矢者为合式；步射亦发九矢，射80步外目标，中二矢为合式。并且规定，只有马步射合格的，方能参加拉硬弓、舞刀、举石的比气力的考试。清代对武举考试的规定更为具体也更为严格：马、步射各六矢，马射纵马二回发六矢，中三矢者为合式，缺一者不能参加步射。步射发六矢，中二矢为合格，缺一不准参加弓、刀、石的考试。还规定拉硬弓要三次开满，舞刀要前后胸舞花，举石要离地面一尺。三项中必有一二项合格者，才能进入下场考试。

下场为内场，即文试，考文化知识、兵法韬略、行军布阵等。

武状元文点

由于重文轻武思想的作用，在人们心目中武状元的地位较文状元低，但不管怎么说，武状元也是状元，是国家的精英，顶顶拔尖的人物，如果胸无点墨，只能算是一勇之夫，派不上大用场。旧小说中写在擂台上比拳脚，在较场里骑马厮杀，最后胜者为状元。那是对考状元的艺术化处理，事实上绝不会那么简单。

早在唐朝兴武举之初，朝廷就考虑到武功以外的因素，如重视"身材言语"，要"躯干雄伟、应对详明，有饶勇才艺及可为将帅者"。若文官考武举，要身高六尺以上，年在四十以下，"强勇可以统人者"才有条件报考。

宋代，对武举考试的文化素质有明确规定，除了武艺，"副之策略"。虽然弓力稍差，只要学业卓然，通孙吴韬略，晓术数知阵法，也可以录取，甚至可以列为优等。南宋孝宗，为了光复失地，中兴宋室，对武举考试特别热衷，一心要培养文武双全的人才。孝宗淳熙二年（1175 年）文科进士考试唱名后，他命进士们换上征战袍服，每人发六支箭，叫他们射射看。这些书生都想在皇上面前露一手，个个意气风发，摩拳擦掌，挽上弓箭，一试身手。平日注意练习的，当然得心应手，大出风头；平日只啃书本，不司弓马的，则当场丢丑。皇上看在眼里，对那些成绩好的，提官的提官，发奖的发奖，这对那些虽在文场考试中得意、在弓箭面前束手无策的进士们，自然是个很大的刺激。孝宗皇上“文士能射御，武士知诗书”的做法，颇有点“全民皆兵”的味道。

金代是少数民族统治，武人掌权，但对科举考试很重视，只是过于重文轻武，立国百余年间，开文科 28 榜，点的状元多是汉人；武科只开了一榜，点了一名金人状元。但金代对武科考试的文化方面有明确规定：“问孙吴书十条能说五者为上等”，“孙吴书十条通三者为下等”。如果一条不通，哪怕你武功再好也“皆黜之”。

明代，对武举考试明确规定要通晓兵法，谋略出众者，方能参考。“先策略后弓马，策不中者不许骑射”，也就是说，文化考试不及格者连参考的资格都没有。在等级的确定上，文化考试成绩也很重要。“答策洞识韬略，作论精通议理，参与弓马俱优者列为上等；策略颇优而弓马稍次者，列于中等之前；弓马颇优，而策论粗知兵法，直说事状，文藻不及者，列于中等之后；其他或策论虽优而弓马不及，或弓马偏长而策论不通，俱黜之。”这些把文化成绩提高到相当重要地位的规定，立意是在筛选将才帅才，而不是士兵勇夫，更不是四肢发达、头脑简单的庸人。这才符合朝廷开设武举考试的初衷。

清代武举，又恢复以武试为主。先试拉硬弓、舞刀、举石，合格后才考文化课。文化考试先规定写试策二篇、论文一篇，以《论语》《孟子》《孙吴司马法》等书出题。但考虑到习武之人写论文确有困难，就改为默写《武经》一段，百余字，但要求默写准确，不能错乱或任意涂抹，否则为不合格。

武举考试发展到明清时期，已相当完善，在人才的选择上注重武功与兵法韬略的结合。文化素质低，连起码的行军布阵、兵书谋略知识都不具备，仅凭匹夫之勇想在武举考试中取胜，是没有指望的。

“武状元之窝”之谜

据多种资料汇集整理的统计，从宋神宗点第一个武状元起，到清末光绪年间点最后一个武状元止，能查到有名有姓的武状元共174人。其中能确定籍贯的121人，但地域分布很不均衡，沿海一带省份占的比重较大，其中浙江一省就有18人，而浙江的平阳县就占了6人。武状元如此频繁密集地出现在一个省、一个县里，实在是个有趣的话题。

其实，文状元的“产地”更密集。据资料统计，仅江苏苏州就有13个文状元，吴县有7个；浙江绍兴8个，杭州6个；山东曲阜5个。不过，对文状元“窝”的形成，较好解释。历来北方战乱频繁，影响经济发展和社会安定。没有一个较长时期的稳定环境，读书人哪里安得下心来求学？南方却得天独厚，不仅是鱼米之乡，生活较为富裕，而且社会稳定，文化氛围浓厚，参加科举考试的成绩，普遍较北方为好。其中尤其是江浙一带，历来都是文人荟萃之地，诗书相传，英杰辈出。山东曲阜虽属北方，但出的5个文状元有4个孔夫子的后裔。这个事实说明，诗书传家至为重要；另一方面，孔府历代受到保护，外界干扰很小。

相比而言，武状元并不多出在民风彪悍、山川雄奇、兵灾不断、民间多喜习武的北方，而较多出现在民性纤柔温和、山川明丽秀美的南方，是颇使人费解的。北方，特别是幽燕山陕一带，多有武林高手出没，“武林之乡”不止一处，历史上许多著名武将豪客多出生于这些地方，可是考武状元却叫南方占了先。是什么原因呢？

经过分析，我们发现原因主要只有一个，那就是：武状元文点。

宋代，对武举的文化考试要求较高，南方人当然占优势。根据资料初步统计，宋代有名有姓的武状元42人，其中能确立籍贯的25人全是南方人，里面就包括浙江平阳的6名武状元。明代，已知有姓名武状元16人，其中查出籍贯的7人中有6人是南方人。而清代，因为以武试为先，武试不及格就取消考试资格，这对北方人较为有利，武状元人数立即涨了起来。清代已知姓名的武状元108人，其中查到籍贯的89人，属北方的67人，上升为多数，其中河北、山东、山西诸省武状元最多。

原来，武状元的“出产地”重文，就偏南；重武，就偏北。答案就这么简单。

农民政权“三剑客”

历来武状元的资料都难寻觅，许多在当时风头出尽的武状元而今姓名都未留下来。但明末、清末两次农民起义政权点的三个武状元，不仅留下姓名，还留下了小传。这还要感谢那些敌视农民政权的士大夫们，他们留下的所谓“贼情纪实”“罹难随笔”等等手记里，保存了许多珍贵史料。

1644年，张献忠领导的农民起义军攻入四川，在成都建立大西国，年号大顺。立国三年，开科举三次。在武科考试上办法特别：选劣马数百匹，让考生骑上，然后就近点燃大炮。又使士兵们狂呼怪叫，马受惊吓狂奔乱跳，骑术差的被摔了下来，当然属不及格。加上再考些其他科目，录取了120人，张大受为第一名状元。张大受，四川华阳人，年不过三十，身高七尺，功夫了得。张献忠赐他美女家丁，还叫人画了他的像到处张挂。人们都说天赐奇人辅佐圣朝。张献忠对他很信任，任命他为贴身武官，不离左右。但很快他就被张献忠所杀。

1858年，太平天国在天京（现南京）举行武试，考马、步射等功夫，得武进士230名，由东王杨秀清亲自主持较场武术考试。刘元合考试第一，由天王洪秀全点为武状元，授指挥职。1860年又举行武试，因由天王洪秀全亲自主持，称“天试”。广西武宣县人覃贵福，武艺高强，力大无比，竟然举起天王府外的石狮子，便被定为武状元。

武状元猎奇

较之文状元，武状元的人数要少得多，但流传下来的奇闻趣事并不少，而且有的更为突奇。

比如“四元及第”。清顺治八年(1651 年)浙江人王玉壂在参加武科乡试时考上第一名解元,第二年进京会试中第一名会元,顺治帝主持武殿试,他又考中第一名状元。他是武状元中唯一的“三元及第”,但他早在前朝明崇祯年间参加武试时也考过第一,加起来是“四元及第”了。这种情况在文科考试中也出现过两次;唐代的崔元翰、金代的孟宗献,都是连中“四元”的状元。“三元”已属罕见,而两文一武的“四元”真算是科举史上的奇迹了。

又比如“两次高中”。清乾隆十七年(1752 年),山西人马瑔在武殿试时考中第三名探花,被任命为福建兵营里的“抚标右营游击”。他因与同僚开玩笑失和,打了起来。那同僚不是对手,打了就跑。马瑔骑马追到桥边,双双落入水中,为百姓讪笑。马瑔被免官,流落京师,改名马全,更籍河北。乾隆二十五年(1760 年)举行武试,马全应试考中。在中南海紫光阁殿试时,武艺出众,乾隆把他认了出来,问道:“你不是马瑔吗?”马全慌忙跪下,叩头请罪。乾隆见他两榜都能高中,是个有本事的人,便点他为状元。

再如“点名不到丢状元”。清嘉庆二十四年(1819 年)武试第一名徐开业,但金殿唱名时他未到,也不知在哪个地方打瞌睡,结果被除名。但本榜不能没有状元,就把第二名泰钟英补为第一名武状元。这种事在文武状元史上绝无仅有,可谓奇谈。

武状元中没有父子状元、祖孙状元,但有一对兄弟状元。清代江苏泰州人刘荣庆参加乾隆四十九年(1784 年)武举考试,中第一名状元。五年后的乾隆五十四年(1789 年)其弟刘国庆参加武举考试,也考中第一名状元。他们是武举考试中唯一的一对兄弟武状元。只是刘荣庆晚节不佳,他官至广东提督,因犯事发配新疆。

在武状元奇闻中更多的是行侠仗义,凭一身武功惩恶除奸、救危扶贫之事,但这些故事更多的已被小说家、戏剧家写进文学作品,其中夸张虚构较多,已失去历史的本来面目。

武状元中有没有靠开后门、拉关系、倚仗权势、请客送礼当上的呢?当然不能说没有,但可以肯定地说,武状元的后门要比文状元的狭窄得多,因而也就少得多。正如很少有人靠走后门去当运动员一样。运动场只认成绩，铁面无私。当运动员的大门是敞开的，谁有本事谁进，用不着走后门。考武状元也大致如此，要经过层层比试筛选，众目睽睽之下，考官想徇私也怕露马脚，考生要作弊也难以“施展”。何况，要当武状元还要经过皇上选试。金殿之上，御苑之内，当着满朝文武大臣，谁敢冒欺君之罪把射中三靶报为五靶，把举石200斤报为250斤？虽然在试卷上可以做点文章，但考武状元以武为主，文科成绩只占一部分，故在武举考试中舞弊事件较少。这样看来，小说里写岳飞较场比武，枪挑小梁王，夺得第一名武状元的故事虽然是虚构，但也经得住历史的推敲。从本质上说，这也还算是真实的。

八、危险的灰色通道

前些年某地一个文物展览会上，展出一件看起来极普通的清朝锦袍，是当时普遍流行的样式，面料和做工也无特别之处。但解说员把它翻过来让大家看，并说出它的真正用途后，人们都十分惊奇。原来，这是一件过去读书人参加考试作弊用的特制袍服。它有个夹层，上面把《四书》《五经》里的一些紧要句子全都抄上了。参观者仔细看去，密密匝匝如绿豆般大小的毛笔字，写得工整、清晰，供考生需要时翻看。不仔细看，是发现不了的。

其实，这只能算是一种最原始、最笨拙的作弊方法，我们现在把它叫"夹带"。另外，还有许多高级得多的作弊的花样，历代不少书生在这上面挖空心思、耗费精力。可以说，自从有科举考试以来，作弊就随之产生了。1300年的科举史，从某种意义上讲就是一部作弊与反作弊史。没有"作弊"，科举史定然淡而无味。它虽然只是一条"灰色通道"，却色彩斑斓，让你看得眼花缭乱。

王维"走后门"

王维，唐玄宗开元年间的状元，历史上有名的大诗人，他居然也有段"走后门"的历史。在唐朝人写的《集异记》里，有篇《王维应试》，讲的就是王维考试走后门的故事。

王维少年时代以文章名闻京华，又有音乐才能，弹一手好琵琶，与上流社会王公贵族交往密切，特别受到玄宗皇帝之弟岐王李隆范的喜爱与赏识。他听说参加进士考试的考生张九皋托人走太平公主的门子，请她写信给考官举荐他为第一名。王维把这个消息告诉岐王，请他给太平公主说说，也给自己写封举荐信。岐王听了后说：公主脾气很倔，不可造次。我给你出个主意，你依计行事，保管成功。你抄上你的诗作十篇，准备好琵琶一曲，五天后到我家来。王维照办，如期而至。岐王又对他说：你是一个书生，要想会见公主，一定要听我的安排。王维点头应命。于是，岐王拿出随从的衣服叫他穿上，又叫他抱上琵琶，一起去见太平公主。

太平公主是武则天的女儿，位尊权重；但岐王是自家人，因此岐王受到热情接待。而后摆上酒宴，又命乐伎上场歌舞助兴。她见岐王身边站着一位风度俊秀面如满月的翩翩少年，问他是谁？岐王说，是个音乐家。说罢，就叫王维弹上一曲。王维也不推辞，手弄琴弦，一片哀怨凄切之声悠悠传出，满座感动。公主问道："此曲如此优美，是何曲名？"王维起身禀告道："叫《郁轮袍》。"公王赞赏不已。

岐王乘势说："王维不仅善音律，而且长于诗词，可以说眼下长安还无人超过他。"公主更是惊奇，问道："今天带来的有吗？"王维忙从怀中取出抄好的诗卷献上。公主读罢，惊异道："这些诗激扬清新，都是我平日喜欢读的。我还以为是古人的佳作，没想到出自你这位年轻人的手笔。"于是马上命王维换上华丽衣服，安排在上宾的席位上就座。王维少年风流，语言风趣，宾客对他很是钦佩。岐王见时机已到，对太平公主说："若果真今年他能成为进士科考第一名，实在为国增光不少。"公主说："那为什么不让他去参考？"岐王说："他如果不能以第一名被推荐，就绝不去应试。但听说公主已向有关方面推荐张九皋了。"公主笑道："不关我的事，只是他人所托。"她又转身对王维说："你要是真的接受举荐，我一定为你出力。"王维立即起身相谢。

于是，公主召来考试官，向他推荐王维为第一名。后来王维果然考中，成了状元。

看来，王维能当上状元与"走后门"不无关系。不过，王维是有真才实学的人，他去走后门也是情势所逼。按唐时惯例，参加进士考试必须有显赫人物向考官推荐，才有考中的希望。而且头几名早就内定了。所以王维的"走后门"情有可原，是当时考试制度的不完善，"行卷风"流行造成的。

制止行卷，实行糊名

王维“走后门”因为“行卷风”盛行，“行卷风”的盛行也就是不公平竞争的盛行。

“行卷风”刮到宋代，越加公开和放肆，只要主考官一任命，皇亲国戚、朝廷大臣或传话递条子，或亲自登门，向他推荐人才，这在当时叫作“公荐”。考上进士后，考生登门拜谢主考大人，称为“师门”或“恩门”。人们对这种现象早有意见。有年殿试，进士们对发榜名次议论纷纷，告到公堂，差点闹出大事。宋太祖马上下诏，不准搞什么“公荐”，谢什么“恩师”，如果发现，“重置其罪”。

宋太宗淳化三年（992年）考试，京城聚集一万七千多名举子，主考官苏易简受命之后，立刻赶赴考试场地，关门谢客，避免有人上门“公荐”。考试期间，禁止考官与外界接触。

太宗皇帝还采纳陈靖的建议，决定对考卷“糊名”，不让考官知道试卷的作者。

“糊名”，是考试制度的一大进步，考官和阅卷官不知所阅之卷属何人，大大限制了作弊事件的发生，保证了公平竞争。这个办法先在殿试实行，以后省试、乡试也都糊名。这是一种防止作弊的有效办法，所以一直沿用至今。

但“糊名”也不是没有空子可钻，比如可以认笔迹、做记号，等等，于是又想出“誊录”的对策。省试时，将考生的卷子重新誊录。考官们既不知考生姓名，连笔迹也无从辨认，就是想作弊也无能为力了。

唐伯虎买题吃官司

也是功名的引诱实在太大，考试作弊历代不断，就连历史上有些大名人，如白居易、苏轼等，也都有与之擦肩而过的遭遇，留下一些难以言说的尴尬。那位大名鼎鼎的风流才子唐伯虎,亦是如此。

明代大才子唐伯虎,谁人不知?他会考试作弊?此事确实使人难以相信,但有史为证。唐伯虎还因涉嫌考试作弊坐过牢。

公元1499年即明孝宗弘治十二年会试,在乡试考得第一名的唐伯虎与同科举子徐经一起进京赶考。唐伯虎因聪慧敏捷、才情横溢而闻名士林,他踌躇满志、信心十足地去参考,视取功名如探囊取物。

会试的主考官是右侍郎程敏政、大学士李东阳。他们出了个题目叫《四子造诣》,还引用了一段古文。但许多考生都不知道引文的出处,其本意是什么。出了这么个冷背的题目,这文章就无法做了。考生们个个抓耳挠腮心急火燎。唯有唐伯虎和徐经的考卷,对策切题,论证翔实,考官看了很欣赏,准备把这两份卷子作为最上等选出来。而唐伯虎考下场后又到处夸耀自己如何猜中了题目,写得得心应手,一气呵成,准保考中。

这时有个叫华昶的官员听人说唐伯虎、徐经考前做过与会试题目相同的文章,就向皇帝报告说主考官程敏政泄漏考题,违犯了科场考试规定。皇上马上下令叫程敏政回避,不准他再主持考务。

主考官作弊,实在是奇闻,引起一片议论。但也有人说华昶一向与程敏政不和,捕风捉影诬陷程敏政受贿漏题。

朝廷为了平息风波,命令刑部查处。刑部也不调查,先把程敏政、华昶、唐伯虎、徐经等抓起来再说。因为涉及的双方都是朝廷大员,刑部处理起来十分棘手,且证据不足,不好定案。最后来一番平衡:唐伯虎、徐经有作弊嫌疑,“黜举子为平民”;程敏政罢官回家;华昶因告发事实不足,调离京城,各打五十大板了事。这就是一度震惊朝野的“程敏政鬻题案”。

唐伯虎后来嬉笑人生、散淡仕途、狂放不羁的种种表现,大概都与这段经历有关。

韩状元差点掉脑袋

明代对考场纪律有明确规定:考生入场要严加搜检,入场后发现挟带文字或越舍与人换写等违纪行为者，查实后“送兵马司究问，枷号一月，发回”。监考官员如不认真觉察，是军人的“调边卫”，是文官则“罚俸一年”。规定不算不严，但大胆妄为者仍不少，甚至点出的状元也来路不明。

明神宗万历三十八年（1610年）状元韩敬，其来路不清，被人告发，闹得沸沸扬扬，差点把小命丢了。

这韩敬乃浙江吴兴人氏，头年考上的举人。他参加会试的答卷欠佳，初阅就不合格，被“点落”。但一位名叫汤宾尹的考官把他的卷子又提了出来，不仅改为“合格”，而且录为“本房第一”（即考试分场第一名）。发榜后，舆论哗然。

这个汤宾尹又是何人？他与韩敬什么关系？得了他什么好处？竟如此为他卖力。

汤宾尹，安徽宣城人，原与韩敬并不相识。他当初未做官时就是个不安分的人，因看上同乡施某的妻子徐氏，强夺为妻。徐氏不从，上吊自杀而死。此事惊动官府，激起民愤，还有人集资为徐氏建了烈女祠。汤宾尹在家乡再也待不下去了，逃到浙江避难。但他的名声太坏，大家都不愿与他交往，唯有韩敬“独具慧眼”，看出他今后定有发变，便登门拜访，自称学生，还送给汤宾尹50两金子，以救燃眉之急。后来，汤宾尹拉关系走门子进京做了官，而且当上这届考官。为报答危难时相救的韩敬，他冒险舞弊鼎力相助。

韩敬会试考了个“本房第一”，后进宫参加“廷对”（皇帝面试），由于汤宾尹的疏通、活动，又得了个第一，中了状元。

一些正直官员本对汤宾尹通过非法手段把韩敬录为进士就有意见，纷纷议论，酝酿告发。这下他竟把韩敬点为状元，朝野为之震动。御史孙居相首先上书皇上，弹劾汤宾尹科场舞弊。神宗皇帝也很生气，下旨交朝廷大臣“议处”。

汤宾尹能如此无所顾忌地舞弊，当然不是等闲之辈，他身后有一批人为他撑腰。在“议处”时就有人替他开脱了，说汤宾尹擅自取出不合格的卷子是不对，但他当时并不是只取韩敬一个人的，还取了其他人的，只是韩敬的恰在其中罢了，故不能说他有意专为韩敬作弊；又说像汤宾尹这种随意取不合格卷子改为合格的也不止他一个，经查共有18个人的录取都是从不合格中取出的，如果要处理，不能只处理汤宾尹一个人；还说出一大堆不该处分汤宾尹的“理由”。这让神宗听得头昏脑胀，神宗一心想回后宫行乐，哪有这份耐心听下去，就草草给韩敬一个轻微的降职处分。汤宾尹因早就罢官在家，免予处分。

按律，像这样重大的科场作弊案，对首要分子和当事人，是不杀不足以平民愤的。但这一次一阵争辩、议论后大事化小，小事化了，竟如此风平浪静地结了案。由此，可见明王朝后期党祸之烈，腐败之深。

顺治挥刀斩考官

较之汤宾尹和韩敬，清王朝几桩科场作弊案的当事人的结局就不那么好了。比如大家熟悉的鲁迅祖父周福清，因受人之托代向乡试主考疏通关节犯下的科场作弊罪，被判“监斩侯”，相当于“死刑缓期执行”。他虽然后来未被执行，但家当为此耗费殆尽。

清朝最大的几桩科场案中第一要算清初顺治皇帝亲自处理的“顺天科场案”，一次批杀了七人。凌力的长篇小说《少年天子》对此案的经过有生动描述：

监生张汉为了能考中，就去巴结考官李振邺。这时，李振邺正遇上一点“困难”需要人帮他解决。他见张汉为考试求自己，满口应承，然后把自己的“困难”讲出来，望张汉为他分忧。张汉一听，原来是这样的“困难”，就毫不推辞替他“解决”了，而且再三表示感谢。

帮人家解决困难反倒向人家表示感谢，实在是稀奇事，但说奇也不奇。李振邺本是外地人，在京城做官，因耐不住寂寞，就接了个名叫粉儿的妓女为妾，还买了一所院落，小日子过得有滋有味。谁知这天接到家信，说家乡大老婆要来，李振邺惧内，看了家信，大汗淋漓。正在无计可施时，张汉来了。他对张汉说：你我相交，情同手足，今天收到家信说贱内要来长住，为避免醋海风波，愿将粉儿连同房舍相送。张汉本是个穷书生，突然从天上掉下来馅饼，老婆、房子来得全不费功夫。他对李振邺感恩戴德。有时碰上李振郷与粉儿相会重叙旧情,他也主动退避,佯装不知。

张汉想通过科场当官发达,央求李振郷。李振郷给他开了个价码:每个6000两银子,你拉到主子,我给你分成,每个1000两。张汉找到两个主子,他开价8000两,这样加上分成,他本人不出一文,钱就够了。李振郷收了银子,交给他一张条子,上面写道:"文章中要填出'自古人生'四字,还用''作记号。"这样包管考上。

张汉是个贪得无厌的人,为了名利双收,他又去拉了几个愿出高价的财主。这天正在酒馆里谈价钱,忽然李振郷来了。张汉满心欢喜地迎上去,正要汇报这两天的新收获:"李兄,来找我吗?"李振郷满面乌云地说:"不找你找谁?"说罢,左右开弓,连抽张汉十几个耳光,打得张汉回不过神来,接着骂道:"你这个忘恩负义的混蛋!我把你当心腹,你还在外面诋毁我,败我的名声!"说完转身而去。

后来,考试发榜,果然没有张汉。他首先发难,剪去头发,伏地告状,揭露李振郷纳贿等情节。其时,顺治皇帝即位不久,为整顿考风,亲自过问,杀了李振郷等七人。

顺治是一代开国之君,虽年纪轻轻却头脑清醒。他处理"顺天科场案",基本上做到了事实清楚,量刑准确,为后世称赞。他不像朱元璋处理"两榜案"那么随心所欲,为了自己的地位和威信武断定案,滥杀无辜,在历史上留下骂名。

清代是科举制的最后年代,正因为是"最后",也就重加规范,加之碰上顺治、康熙等几位办事过硬的皇上,想利用考场占便宜的人就倒霉了。

康熙亲断科场案

康熙是清代在位时间最久的皇帝,也是一位励精图治、果断精明的皇帝。康熙五十年(1711年)南京城举行乡试出现作弊,因牵涉朝廷要员,几经反复都未能结案,最后康熙亲自主持审理,才查清案情,作出公正判决。

起因是考生程光奎、吴泌等向副主考官赵晋等行贿,在考卷中作暗记,结果考中了举人。事情败露后，众多考生聚集大闹贡院。上下议论纷纷，江南人心浮动。江南巡抚张伯行将此情况奏明康熙后，康熙立即派户部尚书张鸿翮、漕运总督赫寿为钦差大臣查办此案。

二位钦差立刻赶赴杭州，连夜提审案犯，行贿考生和受贿考官都供认不讳，但同时又供出两江总督噶礼的受贿事实。这使两位钦差大为吃惊。噶礼是皇上亲信，朝廷重臣，查办起来颇为棘手。再说，即使查清了他的受贿，皇上也会对他从宽处置，何必去自找麻烦？二人权衡再三，决定去找江南巡抚张伯行，向他分析利弊，并把准备采取息事宁人、大事化小尽快结案的想法谈出，希望得到他的理解和支持。谁知张伯行听后不为所动，坚持要把案子查下去，总督犯法也要追究。谈了半夜，几人也未能达成共识，结果不欢而散。

张伯行是个硬汉子，对朝廷一贯忠诚。他送走两位钦差后，立即提笔给皇上写奏折，把实际情况详细禀奏。为了严明法纪，他建议皇上严惩噶礼。

这噶礼眼看自己的罪行即将暴露，使出以攻为守策略，捏造些事实，向皇上写奏折对张伯行加以弹劾。

康熙看了两份奏折后想道：怎么受贿案未了断，又发生督抚相互弹劾的事端？他感到事情有些复杂，于是一面密令安插在江南的亲信把此案的详情查个水落石出，一面下旨催促张鸿翮和赫寿迅速将办案结论拿出来；同时采取果断措施，把张伯行、噶礼同时解任，听候处理。

这时，康熙又陆续收到一些报告：此案活口、泾县县令陈天兰突然在狱中自缢身亡，江南士人有闹事迹象，等等。江南民心是康熙的心头大患，但派去的两个钦差为何迟迟未将办案结果报告上来呢？他为此忧心如焚。

然而这时坐在江南行辕的两个钦差大臣更加忧心如焚。这些年泡在官场里的老手办事只有一个原则：保住乌纱。而恰恰这个案子弄不好就会丢掉乌纱，因为噶礼受贿已很清楚，如实禀奏皇上亲信的有权势的重臣，其后果难以预料；再说，这岂不把张伯行抬得太高？只有他是清官，是忠臣，"我等"又朝哪儿搁？还有那要犯的自杀，"我等"作为办案大臣难道没有责任？在踌躇不定中，案子就拖了下来。但皇上不断地催，江南士子的情绪又不稳定，久拖也不是办法。经过一番策划，他们向皇上打了一个各打五十大板的报告:督抚间互相弹劾查无实据,建议对无端弹劾总督的张伯行予以革职,对几个行贿受贿的当事人予以严惩。

这是一个试图息事宁人却又明显偏袒噶礼的结案报告。

他们本想息事宁人偏偏激起了民愤。民众得知这个奏折的内容后,对赃官逍遥法外、清官反被革职的处理意见十分气愤,自动聚集在张伯行衙门外表示声援。正在为自己命运不公悲叹的张伯行从民众的呼声中得到鼓舞,甘冒杀头充军的危险,又给康熙皇上写了一个言辞恳切、激烈的奏折。

康熙面对一叠叠材料,逐渐理出头绪,案情也逐渐清晰。为进一步澄清是非,他又下旨,派户部尚书穆和伦、工部尚书张廷枢前去杭州彻底复查。

两个新钦差也是老官油子,他们知道这是份吃力不讨好的差事,经过一番权衡,仍以权势作为衡量是非的砝码,暗地与噶礼串通,保他过关,表面上公正无私。他们天天提审犯人,想方设法弥补两个老钦差结案的漏洞。最后,宣布审理结果:主考官左必蕃革职查办;副主考赵晋,阅卷官王日命、方名判斩立决;行贿考生程光奎、吴泌等判重刑;噶礼办案不力受"切责"处分;张伯行诬劾朝廷重臣处以革职。

康熙收到两个新钦差的结案奏折后,又收到张伯行再次说明真相据理力争的奏章,他一面为这些钦差大臣两面讨好、是非不分而气愤,另一方面也为有张伯行这样的忠良而深感欣慰。为了整顿朝廷,教育臣僚,他下旨:组织会审。

在案发一周年之际,一干人犯被押解到京城,由六部九卿会审。对这些会审官来说,这并不是件轻松的工作。康熙没有交底,一贯善于揣摸皇上心思的大臣们也未猜透皇上的意图。他们一个个小心翼翼、惴惴不安地相互试探,最后达成共识:依照原判基本不变,另加上一条:"江南督抚互相弹劾,捕风捉影,弄得民心不定,一并革职。"又和稀泥。康熙看了又好气又好笑,决定亲自出面,采取"御前听政"的方式进行审理。很快,他颁布了审理结果:凡科场舞弊人员一律依法处斩,不得宽恕;噶礼受贿纵容科场舞弊,着即革职听参;张伯行忠贞秉正,一心为国,留任原职,以后再行升赏。

这一公正判决立即平息了沸扬的江南民愤,严格了科场纪律,同时树立了一个整肃吏治的良好典型。

使鲁迅成了“破落户子弟”的科场案

1935年8月24日，鲁迅给著名作家肖军的信中说：“我的祖父是做官的，到了父亲却穷下来，所以我其实是‘破落户子弟’，不过我很感谢我的父亲穷下来，使我因此明白了许多事情。”使鲁迅家穷下来的不是别人，是他的祖父周福清。周福清因涉及清末一起科场大案，弄得家庭破败，他本人还险些掉了脑袋。

周福清是同治年间的进士，授江西金溪县知县，后在京城做小京官，1893年因母亲病逝回浙江绍兴奔丧。办完母丧后他出外远游。

那年浙江乡试，正主考殷如璋与周福清同年进士。亲友中有几个有钱的秀才凑了一万两银子，写成银票，请周福清送给主考，买通关节，考中举人。周福清便给主考写了一封信，附上银票，叫个跟班送去。恰巧副主考在主考船上谈天，主考不便立即拆信。那跟班是个乡下人，不懂门道，等得急了，就在外面叫喊：“那信中有一万银票，为什么不给个收条？”秘密就这么被拆穿了。本来这主考、副主考也不是什么清廉的官，都是官场有名的无赖，但在大庭广众之下都装作一副铁面无私的面孔，马上把书信及跟班交苏州府查办。周福清得知事情败露，主动投案自首。

周福清入狱后不愿牵扯他人，便说一切都是自己决定，且那张银票只是一纸空文，只是虚赃。主审官苏州知府王仁堪也想含糊了事，说他犯有神经病，照例可以免罪。可是周福清本人却不答应，在公堂上申明自己不是什么神经病，还振振有词地说某年某科某某等人都是买通关节中了举的，这种事平常得很，算不了什么。这样一来，王知府只好依法办事。案子转到省城，又转到刑部。刑部提出处理意见，认为周福清虽有“交通贿买之情，究未遂其交通贿买之计，其事尚属未成”，建议在“斩罪上量减一等，拟杖一百，流三千里”。皇上看了不同意，御笔批下来说，科场舞弊历来严禁，贿买已成，不能减罪，“改为斩监候，秋后处决，以严法纪，而儆效尤”。

此案当时震动很大，有好事者写了一副对联，不无讽刺和感叹地说：

年谊藉夤缘，稳计万金通手脚；
皇仁空茂育，伤心一信送头颅。

虽然秋后周福清未被处斩，但根据以后查得的档案资料看，刀已架在他的脖子上了。

秋后处斩的日期渐近，九月初四这天，刑部准备好两道内容相反的上谕稿，请光绪皇上决定。一道是："奉旨，周福清著予勾。钦此。"一道是："奉旨，周福清著免勾。钦此。"与此同时，御史钟华上了题本："臣等谨遵定例，将浙江省情实官犯开列花名具题，伏乞圣鉴勾除，敕下臣等遵照勾除交与刑部行文该省行刑。其决过日期，令该抚仍照例奏闻，臣等未敢擅便。谨题请旨。斩犯一名：上年周福清，系浙江省绍兴府会稽县人。"

看来周福清必死无疑了，但九月十八日下达的皇上旨令是："免勾。"周福清免除一死，在杭州府被关了五年多才被释放回家。

张謇的"灰色管道"

清代办了几件科场大案，震动很大，科举考试中的徇私作弊大为减少。但到了后期，随着政治的腐败，科场考试中的不正之风也越刮越烈，乃至一些有真才实学的举子也得靠"灰色管道"才能顺利走进红榜。好像历史转了个圈，又回到"行卷"流行的唐代。比如著名历史人物张謇的状元及第就是一例。

张謇是清末光绪年间的状元，是我国近代史上著名的政治家、实业家，是位有才干有远见的人物，但深究起来，他的状元来历是经不住推敲的。

科举考试历来对试卷要求很严，卷面要整洁，书法要精致，不得有涂抹错落，如果有舛错，就得用挖补的办法加以弥补。张謇在参加光绪二十年（1894 年）殿试时，就出了卷面差错，但他未发觉就交卷退场了。收卷官黄思永拿过来一看,卷子中间空了一个字,是挖补后忘记填了。按规定这种卷子只能定在三甲末等。黄思永是张謇的老朋友,就拿过笔墨替他填上了,又代他改了另一处错误的地方。他知道张謇是阅卷大臣翁同龢的得意门生,便把卷子交给翁同龢阅定。后来,又经过翁同龢的活动,把本列名第四的张謇改定到第一位。最后,皇上看了此卷,问何故定为第一时,翁回说:此卷写作俱佳。而且,今年是皇太后六十大寿,张謇会试时恰恰名列六十名进士,这是个吉祥如意的巧合。于是皇上就点了张謇的状元。

从以上介绍看,黄思永、翁同龢的行为应属不折不扣的徇私舞弊。张謇的状元是从"灰色管通"走出来的,但他的才华和贡献把这些暗影淹没了。历史有时也不公正,对它喜爱的人总是特别宽容。

有人说,历史是团乱麻,好好坏坏,真真假假,交结在一起,难以理清。此话不假。好在人人都明白读历史不是看戏,红脸、白脸,是非善恶一目了然。基于这种认识,我们对科举考试中的作弊问题的考察与评判,联系到具体人物、具体事件、具体历史背景,自然会得出不同结论,是与非的轮廓也就会由模糊变得明朗。

九、神秘的“第三通道”

如果我们把凭真本事考上状元称为第一通道，把通过种种关系当上状元称为第二通道（或称“灰色通道”），是不是还有个第三通道呢？按情理说是不该有了，但从古籍中的许多记载看，还存在一条神秘的第三通道。这是一个“神仙通道”，是一种超自然力起作用的通道。尽管，它宣扬的是因果报应，具有浓厚的迷信色彩，并不可信，但我们可以拨开迷信的雾障，从中看到许多古代人文景观，领略许多古文化情味，还可以从中发掘出许多积极的文化内涵。清代学者钱泳所撰写的《履园丛话》，就搜集了不少这方面的传说和故事。

冥冥之中有只手

传说清世祖顺治九年（1652 年）江苏状元无锡人邹忠倚，前身是金山寺一老僧。明朝末年，有新科状元乘船经过金山，围观的人潮水般涌来，对状元郎又是赞叹又是羡慕。这老僧却说道：“状元还不是人，有什么了不起？”人们听了，不以为然。

不久，在南京举行考试，邹忠倚之父邹兑金带上很多银子去赶考。船经过京口时，忽然狂风骤起，一些船被掀翻，落江之人不计其数。这时坐在大船上的邹兑金打开装银子的箱子说：“我不悭吝钱财，有谁救起一人者，我给他十两银子。”听说有银子，许多人都来了劲，纷纷跳下水去救人。落水的人全部被救起来了，邹兑金箱子里的银子也光了。老僧在金山上看了后说：“这个人的品德真高，我该走了。”说罢，就在庙里坐化了。邹兑金参加了考试，考中了举人，回程路过金山，还去庙里拜了老僧。回家后，其子邹忠倚出生，长大后考中状元。

这是一个荒诞不经的传说，然而究其产生，却与我们民族的善良品德有关：那些溺水者有幸遇上疏财仗义的邹兑金，他们得救了，对救命之恩当然永志难忘，以至于泽及子孙，把儿子考中状元与父亲做好事联系起来，这是对恩人的最崇高报偿；再者，那些非当事人也都怀着善良的心愿，乐于去传播这个救人危难的故事，让社会风气更为淳净和美好。

还有个状元及第与祖辈阴功积德有关的佳话也发生在清顺治年间。公元1659年（顺治十六年）状元徐元文，其祖父在明朝做秘书之类的小官。那年发大水，遍地灾民，他建议上司向皇上打报告发赈济。这个上司很迷信，叫了个算命先生来算一卦，以决定报告打不打。由于徐元文的祖父事先给算命先生打了招呼，打卦结果是上上大吉，于是报告打了，赈灾钱粮发下来，救活灾民无数。

徐元文的父亲徐开法，也是个大好人。有年遇兵灾，他家的空宅子里被关了数百名被掠来的妇女。那个坏军官叫他好好看守，他却悄悄把这些妇女放了，然后一把火把宅子烧了。那些官兵来要人，他说："你们看，因为失火，人全部被烧死了。"

因为徐元文的祖父、父亲做了这些好事，阴功积在子孙身上，不仅他考中状元，他的两个弟弟也先后考中康熙年间的进士第三名，名列探花榜。一家都沾了先人阴功的光。

在科举时代，能考上个举人，已是满门生辉，要是考中进士，简直要轰动几个县城。徐氏三兄弟三进士，而且一个状元两个探花。命运对他们如此厚爱，在那个时代只有用祖上的阴功来解释最能令人信服，虽然很荒谬，却也兑现了人们"好人好报"的美好祝愿。

姚文田是清仁宗嘉庆四年（1799年）状元。在宣布考试结果的头天，京城里有人梦见考试发榜，旁有金牌二道，上书"人心易昧，天理难欺"八个大字。发榜后，人们才联想到姚文田高祖曾在江南做官，办了许多好事，救了万人性命。原来这八个字正应在积阴功人的后代身上。

我们读了这些稀奇古怪的故事，好像看到冥冥之中有只看不见的手，紧紧握住科举的杠杆,以抬高人的价值意义和道德水准。这个比喻也许并不恰当,不过从社会效果看,确实起了这样的作用。

"孝"的感应

中国古代社会提倡"以孝治天下",产生了许多关于"孝"的动人传说,如"老莱子娱乐""郭巨埋儿",等等,无外乎劝谕人们对父母恪尽孝道,时时不忘父母养育之恩。如果剔除这些传说中的封建糟粕,"孝"的精神内核是人性美的至高体现,是应该大力提倡充分发扬的。我们的祖先既精明又实际,他们为了弘扬孝道,就把历史最崇高的荣誉桂冠,戴在那些最懂得孝敬父母的人的头上。

清康熙十五年(1676 年)状元彭定球及其一家,皆因行孝,感动天地,因而在科场上驰骋纵横,屡屡夺魁。

彭定球的父亲彭一庵,为人方正,士林推崇。他赴京应试期间,忽然心动,连夜赶回家,原来父亲病危在床。人们说这是孝的感应。他精心伺候了五昼夜,至父亲病逝,为父亲尽了最后一片孝心。守完父孝,彭一庵被派往长宁做县令,他洁己爱民,却不善于逢迎上司,因而受到诬陷。彭定球听说父亲遇事,忙赶到长宁,焚香还愿,祝祷上苍。后来事情终于查明,洗去了父冤。彭一庵回到了故乡,把父母遗像悬于书房,晨昏拜告,天天如此,从不间断。后来,彭定球连连考中会元、状元;其孙彭启丰在清世宗雍正五年(1727年)科考时又连中会元、状元。彭启丰的子孙中,陆陆续续有六个考中进士,一家科甲不断。

还有一个传说更为离奇。主人公因为讲孝道,不仅科举高中,而且延年益寿:江苏吴县人吴廷珍自幼死了父亲,奉母至孝。18 岁时做了个梦,梦中神人对他说:"你的寿命只有二十岁,你知道吗?"吴廷珍哭道:"我的生命长短乃定数,只是老母恩情未报,实在叫人难受。"神人听了后说:"既然你有这样的想法,可以让你延长寿命,只是要努力行善方可。"吴廷珍惊醒后,认真按神的旨意去做,加倍孝敬父母,多行善事。他还将劝善的故事编辑成册,刊刻发行,广为宣传。他在参加清仁宗嘉庆十六年(1811年)殿试时,考上一甲三名,高中探花。

中国古代读书人中的孝子特别多,不能说与这一类宣扬孝道的故事无关。

“扫黄”有好报

“扫黄”,本是20世纪80年代以后我国打击淫秽读物和影带的一项重大举措,为净化社会风气、建设社会主义精神文明起了积极作用,受到人民群众的普遍欢迎,那此处怎么会把它与古代科举考试拉扯上了呢?看了下面的故事,你就会明白。

有个书生名叫石韫玉,江苏吴县人。早在读书求学时,家中就造了个纸库,取名叫“孽海”。石韫玉把搜集到的淫词艳曲和教人学坏、攻击先圣礼教的书籍,统统放在里面,一火焚之。

有天,他看到一本《四朝闻见录》,里面收有一道弹劾宋代大理学家朱熹朱文公的疏奏,列举他不孝母亲、欺君罔上、窃取权柄、结党营私,以及乱搞两性关系等见不得人的脏事丑事,对他大肆攻击、污蔑。为了欺骗世人,编书人还伪造了一篇朱文公的谢罪表,说朱文公承认自己犯了这些过错,并深深表示忏悔。

石韫玉看罢,拍案而起,怒火中烧。决定到书市上购尽此书,付之一炬,以扫清流毒,但苦于没有这么多钱。夫人蒋氏,出身名门,深明事理,拿出陪嫁的金银首饰和私房钱,支持丈夫遍搜书肆,购得《四朝闻见录》374部,全部投进“孽海”中烧掉。

石韫玉因为做了这样的大好事,感动上苍,在参加乾隆五十五年(1790年)会试时,一举中了头名状元。

石韫玉的行为在当时看,确实是件值得称道的事。他遍搜淫词浪曲、乱人心术的坏书,一火焚之;不惜重金买来有攻击朱文公内容的《四朝闻见录》尽行烧掉,这对净化风气、维护理学思想的正统权威地位是好的。但是,如果用现代目光看,他的做法就值得探究了。特别是他对《四朝闻见录》的深恶痛绝,明显有思想认识的偏见,还不说这本仅从标题看肯定包含许多珍贵资料的书,毁之殊为可惜,就是列举攻击朱文公的那些言论,想来也不能说毫无依据。朱熹的理学思想虽有其积极方面,但他的"存天理,灭人欲"理论,否定人的生存价值和正常需要,剿灭人性、人情和人格,对历史进步起了阻碍作用,是应当加以批判的。时代不同,衡量事物的标准也就不同。当时,也许是件好事,从今天的角度看,却是对历史犯下的过错。如果真有"神"的话,又如何裁定石韫玉的是非善恶呢?时间虽然过去了几百年,但"神"只有一个,他对石韫玉应该是奖还是罚呢?

上帝也有尴尬的时候。

幸好,这只是一个荒诞不经的故事。

幸运之神的点拨

中国封建社会是个迷信社会,从皇帝到百姓,遇事都要向神灵讨吉凶,祈求保佑。对参加科举考试这等事关前途命运的大事,书生们都极其虔诚地烧香求签,试探吉凶,请求神灵护佑,并纷纷许下心愿:如能高中,定当重修庙宇,再塑金身。果真考中,就认为是神灵相助,立刻准备祭品,去庙上还愿谢恩。

江苏无锡人王云锦,多年参加考试,年已五十也未考上进士,他已失去信心,不想再考了,但还没有完全死心。

康熙四十五年(1706 年)又逢大比之年,王云锦跃跃欲试,但又信心不足,最后他决定去请示菩萨。他斋戒三日,沐浴净身,带上丰厚的贡品去到关帝庙,恭恭敬敬地叩了头,上了香,暗暗祈祷,请示关公大帝指点迷津。最后他双手抱着签筒,轻摇几下,抽出一支签来,有两句诗云:

> 五十功名志已灰,谁知富贵逼人来。

王云锦看罢大喜，谢过关帝菩萨，立刻踏上应试征程。果然一帆风顺，他考得头名状元。

世上竟有这等巧事，犹豫中的王云锦幸得幸运之神的点拨，重新烧起希望之火，在最后一搏中取胜。如果他抽到的是另一支很不吉利的签，也许就从此放弃参考打算，他的一生就会改写了。可是，他抽出的这支似乎是专为他写的签，给他增添了信心和勇气，从而让他在半百之年夺得这一最高荣誉。

古书上记载，还有因神仙的帮助而状元及第的。《古今图书集成》中转记《云仙杂记》中这样一个故事：

唐朝河北赵县人李固言，少年老成，读书用功。因过于厚道，朋友常拿他取笑。有次他帽子被人贴上"此处有屋出租"的纸条，他却不知，还到街上跑了一趟，人们看了哈哈大笑，他还不知道为什么。

有天，李固言路过一棵古柳树下，忽听拍手的声音，看看无人，以为听错了，准备继续赶路。忽然又响几声，他奇怪地问道："是谁在拍手？"不知何处来的声音回道："是我，我是柳树神九烈君，念你平日读书用心，人又老实，我特地来帮助你。刚才，你在柳树下，我已用柳汁给你染了衣服，你去考试，一定高中，不过先说好，你将来穿上蓝袍，不要忘了拿上枣糕来谢我。"李固言听了，连向柳树拜谢说："我一定献上枣糕来谢你。"过不多久，他参加唐宪宗元和七年（812 年）的科举考试，果然高中第一名状元。

据《古今图书集成》引《谈苑》等书中的记载，宋朝真宗皇帝既注重状元的外貌长相，又很迷信，每每在决定状元前，先把进士及第中的前三四名叫来"并列于庭，更察其形神磊落者，始赐第一及第"。他又信梦，大中祥符八年（1015 年）的那次殿试，头天晚上他梦见殿下长出一株菜苗，不断往上长，长到与殿基平后就不长了。第二天阅进士考卷，拆开第一卷，考生名蔡齐。真宗马上想到昨晚的梦，便说："就是他。"

皇上偶得一梦，成全蔡齐当上了状元。

古书上还有些更奇特的记载:宋仁宗时宋郊、宋祁兄弟应试。弟宋祁第一,兄宋郊第三。因章献太后“不以弟先”一句话,改宋郊为状元。但据《归田录》上说,原因不那么简单。有年发大水,宋家北堂有窝蚂蚁眼看将被淹死,宋郊“寻编竹为桥,以渡之”,救了那窝蚂蚁的性命。因“活数万命”,所以本该其弟的状元让他当了。宋郊因“爱护自然环境,保护野生动物”得到上苍“奖励”。你说奇也不奇?

此外,还有因祖坟埋得好中了状元、出门日子看得好得以高中的许多记载传说,把一部状元野史几乎撑破。

拾金不昧好运来

“好人有好报”的状元案例当然还有很多。话说在明朝天顺七年(1463年)二月,京城会试,江西吉水人彭教带着一名仆人也去赶考。这个彭教家境着实一般,盘缠不多,一路上紧巴巴的,只盼快点到达。

这一日,眼看天色已晚,刚好经过一家旅店,仆人就先进店准备问问价格,一推开门,楼上突然一盆水泼了下来,差点溅他一身。仆人正准备破口大骂,突然觉得什么东西晃了一下眼睛。低头一看,水渍中竟然有只金钗。仆人左右一看,也没人注意,就悄悄捡起金钗放进怀里,也没对主人说起此事。二人住一晚后又继续赶路了。

又是数日,眼看会试的日子快到了,二人也离京师不远了,只是身上的盘缠也快要花光了。彭教心里暗暗着急,却看仆人一点急色也没有,不禁提醒道:咱们还是省着点花钱吧。仆人却微微一笑,这才把途中捡到金钗的事情告知了主人。不料彭教一听,马上说道:“快,咱们现在就把金钗送回去。”仆人一头雾水:“为什么?这一来一回数日,必然赶不上会试的,这耽误的可是您的前程呀!”彭教道:“这金钗多半是楼上那家女子不小心弄掉的,一个女子无故遗失了这么贵重的金钗,会无法向父母交代的。做父母的多半会认为她在外与别的男子私订了终身,将金钗作为定情之物,弄不好还会闹出人命呢。人命重要还是前程重要?”仆人无法辩驳,只得陪主人加快返回。

一如彭教所料，那个遗失金钗的女子因父母的误解正准备自杀，彭教的到来总算化解了这场悲剧。

故事到这里其实才刚刚开始，彭教自然是没有赶上二月的会试，可那年的考试居然发生了难得一遇的火灾，彭教因为迟到而幸免，考试也推到了当年的八月。到第二年举行廷试时，彭教一举夺魁，被钦点为状元。

虚妄的第三通道

第三通道其实并不存在，它是人们穿凿附会臆想出来的。以上所说的传奇故事，如果有，那只是偶然的巧合。其实，人生社会本就充满了偶然与巧合，从某种意义上说，人类本身都是一种偶然。拿讲孝道来说，古代读书人都遵循“孝”的做人原则，“百事孝为先”。科举考试，百里挑一，没有考上的是多数，能说那么多没能考中的书生都在“孝”上有问题吗？再说敬神，已形成传统，成了中国古代人们生活的一部分。书生们为了考中，都极其真诚地向菩萨叩头许愿，把最高级的贡品献在菩萨座前，请其相助一臂。然而，能考上去的究竟是少数。考上了是菩萨的功劳，那么多没考上的，是不是菩萨故意跟他过不去？

至于一家之中接连进士及第，甚至出现父子状元、兄弟状元、祖孙状元的奇观，人们感到惊异和迷惑。然而也并非不可解释。我国是个小农经济国家，以家族为单元的生产生活方式和文化传统相结合，具有很强的凝聚力和影响力，恰如一些精绝技艺是代代相传一样，诗书传家已成为中华文化的一大特色，在一个高素质的文化环境里，较为密集地出现科举及第的人物，并不足怪。

于是，这便回到一个老生常谈的命题：成功来自勤学。一切把成功中出现偶然的因素加以神化，不是愚昧，便是虚妄。

十、高中以后

一千多年来，中国知识分子不知疲倦地在科举道上挤，越往前，路越窄，他们的兴致越高。因为在科举考试的顶端，有颗金光闪闪的状元宝珠在引诱人们去摘取。谁一旦采撷到手，立刻身价百倍，全国扬名，荣誉、官位、财富，以及从来想都想不到的好处，就会如潮水般滚滚而来。

状元第一天

三年一次的科举考试，是一个全国动员的巨大工程，经过层层筛选，成千上万举人从全国各地云集京城参加会试考进士。据宋史，太宗淳化三年（992 年）赴京应试的举子有 17000 余人之多。一般每科录取进士十几人、几十人，最多也不过二三百人，考上的机会也不多。据统计，唐代开科 263 次，共取进士 6600 余人，平均每榜 25 人；宋代开科 118 次，取进士 4 万余人，平均每榜 300 余人；清代开科 112 次，取进士 26000 余人，平均每榜 200 余人。可见，进士是百里挑一，很难考上。历史上有不少大文学家、大诗人、大文豪，在进士考试中都有久试不第的经历。

经过殿试后，考中进士的举子们就等待宣布名次了。

由皇帝主持宣布登第进士名次的典礼，叫"传胪"。古代以上传语告下为"胪"。沈括《梦溪笔谈》中说："进士在集英殿唱第日，皇帝临轩，宰相进一甲三名卷子，读毕拆视姓名，则曰某人，由是阁门承之，叫传于阶下，卫士凡六七人，皆齐声传其名而呼之。谓之传胪。"用现在的话说就是三唱其名。

传胪仪式很隆重，皇上亲自登朝，百官侍立两旁，新进士也都换上朝服，立于殿前，还有太监武士，分班站立，气氛庄严肃穆。清康熙六年(1667年)状元缪彤在所作《胪传纪事》中，详细描写了他当时的心情和整个典礼的过程。他写道："先一日传某人状元，某人榜眼，某人探花，彤已无望，不过随班行礼而已。"可见，状元的名单是严格保密的。缪彤听传说前三名已与自己无缘，不免有些失望，但忽然听到"三唱第一甲第一名，系彤名"，其惊喜之心情可想而知。"每一唱已，必鼓乐良久。"三唱其名，每唱一次还"鼓乐良久"。金殿之上，当着皇上和满朝文武大臣，能享受如此殊荣，可算已到人生的顶端了。宋孝宗年间状元王容有《登第诗》云："天上催班晓色晴，五星伏尽极星明。奎章读罢三千字，胪唱传来第一声。"就是抒发这种得意心情的。

缪彤接着写道：唱名毕，由礼部官员手捧黄榜，送往东长安门张挂。他和一般进士则由京都主要官员陪同，在仪仗队的护送下去顺天府赴宴。宴会上，状元坐首席，榜眼、探花左右坐。席间，有乐队奏乐助兴。宴罢，又由顺天府官员送到寓所。寓所里也准备好了酒宴，等待状元的到来。

第二天，皇上赐恩荣宴。状元单独一席，榜眼、探花一席，其余进士四人一席。皇上派大臣陪宴。办的是满汉全席，共四十多种菜肴，都是从未吃过的奇珍异味。皇上还特赐御酒，状元、榜眼、探花用金碗装酒，尽醉方休。然后，又送来皇上亲赐的蟒袍银带、水晶顶凉帽、皮靴、小刀等贵重衣物。

缪彤是当事人，所记皆自己的亲历和感受，当然十分真实；但正因为他是当事人，已完全陶醉在成功的狂喜中，对外界的热闹场面和盛大典礼的许多细节观察注意不够，记录多有遗漏，远没有把当时的盛况写出来，但我们从中也可以看到一斑。

根据古籍记载，自唐至清，对"传胪"典礼的安排，规模越来越大，程式越来越复杂，礼仪越来越庄重。比如唐代，进士放榜后，大宴宾客，连日宴会，谢师，游街，大雁塔题名，平康里狎妓。特别是独夺头魁的状元，更是荣耀非凡，处处他为首，答谢讲话，出尽风头。但唐代进士的许多花费，主要由自己掏腰包，有的因财力所限，往往也就一切从简。到了宋代，改前朝进士由主考官选定为皇上亲试，状元由皇上钦点。状元由"座主门生"变成"天子门生"，地位大大提高。皇上亲自接见状元、榜眼、探花，赐衣袍冠带。文、武状元一般对待。而后命有关部门官员，安排车马仪仗，专门迎送应酬。一切酒宴等项花销,统统由国库报销。宋太祖时,一次赐宴席费20万。因为是公款吃喝,当然更为铺张和气派。

在旧小说和戏剧中,状元打马游街的场面,往往被渲染得绘声绘色,热闹非凡。看那新科状元,身着红袍,头戴金冠,骑在高头大马上,由地方要员陪同,缓缓而行。前面是仪仗队,打着彩旗,奏着音乐;左右是执事护卫,驱赶人群,维持秩序;后面是榜眼、探花、同科进士,浩浩荡荡,游遍京城主要街道。市民则倾城而出,万人空巷,夹道欢呼。宋代古籍记其盛况云:"自崇政门出东华门,传呼甚宠。观者拥塞通衢,人肩摩不可过,至有登屋上瞰者。"有人还形容说,状元登第之荣,比打了大胜仗,收复失地,凯歌而还的将军,有过之而无不及。

状元高中及第后,皇帝还赐诗,这是难得的荣耀。宋以后,"每科进士第一人,天子宠之以诗"已成定规。如宋孝宗淳熙二年(1175年)点的状元詹骙,孝宗皇上为他写《赐詹骙及第诗》:

振鹭飞翔集凤庭,诏开闻喜宴群英。
已看射艺资能事,更觉人材在作成。
冀野乍空千里高,桂林争占一枝荣。
他年共庆功名遂,莫负夔龙致主声。

看起来,都是一般的勉励与褒扬,嘱咐功成名就莫负圣恩之类,但因出自皇上的御笔,其价值就非同一般了。

状元及第对那些多年穷愁潦倒的穷儒来说,更是感慨万般,一洗往昔的尴尬与羞辱,意气风发,欣喜莫名。

唐代袁州宜春人卢肇,自幼家贫,与富家子弟黄颇同路去赶考。地方最高长官刺史在邮亭设宴,只请黄颇。卢肇十分难堪,绕邮亭而过,远走十多里等黄颇同路。后来卢肇中了状元,荣归故里时,刺史去迎接,很是惭愧。时逢龙舟比赛,卢肇即兴赋诗云:"向道是龙君不信,果然衔得锦标归。"一语双关,说得刺史面红耳赤,算是出了当年被他看不起的那口闷气。

当然,也有对高中状元后把荣宠看得淡然的。唐玄宗年间状元王正卿,及第后归青州故里,青州太守命父老乐伎迎于郊外。这时,王正卿却换上便服,骑一头小驴在人们不知不觉中进了城。当他去谒见太守时,太守惊道:"我命人到郊外迎接,为何你单独到了?"王正卿说:"我本是一个书生,能够及第,实乃万幸。如果再劳烦太守及城中父老,兴师动众迎接,我岂不错上加错?故而改变姓名,青衣小帽进城拜望太守,以减少许多麻烦。"太守听罢叹道:"真状元也。"

王正卿的做法别具一格,值得表扬。但是不是另一种博取美名的手段呢?因年代久远,已无从稽考了。

官居一品

中了状元能封个什么官?这是状元们最为关心的。

唐代,考中进士并不马上封官,还要经过吏部考试合格后才有官做。故那时状元及第虽然荣耀,但还不能马上进入朝班,一般都在翰林院当个文学侍从之类的闲官,等以后正式任命。宋代,经过殿试及第的进士,都马上任命官职,但官阶较低。如宋太祖开宝八年(975 年)状元王嗣宗,只任命秦州司理参军之职,是个从八品的小官。后来,太宗太平兴国以后,对状元的官职任命逐渐提高,如吕蒙正,授"将作监丞",梁颢授"节度判官"。虽都属"从八品",但官职地位较重要,也有一定实权。

明清之际,对状元所授官职大大升级,考中状元即授"翰林院修撰",为从六品。翰林院为人才蓄备之处,也是进士们今后任命更高一级官吏的必经阶梯。如缪彤考中状元后立即授从六品的秘书院修撰,同科榜眼、探花,均授七品编修。

从历代对状元初授的官职看,都不算高,按现在标准看,至多不过是个县级。但历朝对状元都十分看重,状元是正规科班进士考试第一名,先授比较低级官职,意在试试他的本事,锻炼他的能力。状元是从全国千千万万考生中选出来的最拔尖的人物,有扎实的学问功底和较强的工作能力,更有广泛的社会基础,其官阶的升迁较之其他进士要有利得多,也快速得多。如吕蒙正初及第授从八品的“将作监丞”，七年后，提升到“知制诰”“翰林学士”，已是正三品大员了。再五年，任命为宰相，是位极人臣的一品大员。

据统计，宋代状元任宰相的有吕蒙正、陈克叟、王曾等11人；明代状元任宰相的有李春芳、商辂、谢迁等14人；清代状元中为宰相的有傅以渐、徐文元、翁同龢等14人。

能当上宰相，官居一品，一人之下万人之上，有说不尽的荣华富贵与显赫势耀，是古代知识分子至高至极的追求。唐代宗大历四年（769年）状元齐映有句名言曰：“宁做宰相不登仙。”这说起来还有一段故事。

据《太平广记》，唐书生齐映应进士举，未发榜前去礼部打探消息。恰遇大雨，又饥又冷。正彷徨中，过来一位白衣老人相邀道：“天色不早，我家离此不远，请到舍下暂住一宿好吗？”齐映饥寒之际，求之不得，随老人到城西北角一所大院落里。只见院内整洁华丽，有侍婢十多人前来伺候。酒饭毕，白衣老人说：“看你仪表奇特，定非凡俗之辈。请问，你愿意当宰相，还是神仙？”齐映想了下说：“愿当宰相。”老人笑道：“你明年必及第，而且一定如愿当上宰相。”老人又送他许多银两和布帛，一再嘱咐他“不得言于人”。后来，齐映果然中了状元。有天酒后失言，他将所遇白衣老人之事都向同年讲了。同年听后纷纷去找白衣老人，请他相助。老人把齐映叫来，责备道：“你为什么轻易泄漏？本来你还可以成仙的，现在不行了。”齐映当然既想当宰相，又想成仙。现在听说成不了仙，他也不后悔，说：“已为宰相，足矣！”

可见，当宰相对读书人的吸引力有多大！

其他未能拜相的状元，多数都在中央和地方担任尚书、侍郎、总督、巡抚等高级官员；最差劲的，也都能在府道一级衙门里担任一把手。

由于历史的局限和传统思想的误导，中国古代知识分子往往把当官与干事业等同起来。这是一种历史性的误会。然而正因为如此，中国古代知识分子的事业心很强，历史使命感忒重，把当官看成为国家效劳、为民众做主的最高尚、最神圣的职责。熟读经书，虔诚孔孟的状元郎，受传统文化影响最大，熏陶最深。他们怀着治国安邦、匡世救危的宏图大志踏上仕途，一心想有番作为。所以，他们中的多数在当官以后能体恤百姓，勤政爱民，为官方正清廉；贪赃枉法、搞歪门邪道的也有，但为数很少很少。

富丽堂皇状元府

历代帝王，除了个别目光短浅、心地狭窄者外，都懂得人才的重要，对人才十分爱惜和尊重。状元，乃一国文武人才中精粹的精粹。皇上为了延揽人才，把最大的荣誉和各种好处赏赐给他，最大限度地利用三年一次的机会扩大宣传，调动全国读书人参考的积极性。从唐以来，对状元的待遇，总的趋势是一朝超过一朝，一帝胜过一帝。如对状元的选取，庆典的规模，费用的安排，官职品级的授予，都表现得很清楚。其实，皇上付出的只是"小头"或"零头"，但获得的是全国士子之心，是国家的安定与繁荣，是关系到江山社稷的"大头"。故皇帝们都尽可能运用手上的权力，对状元施以各种恩惠，以换取他们对浩荡皇恩的感激，对王朝的忠诚。

试举一例。

宋史《蔡齐传》记载，宋真宗大中祥符八年（1015 年），蔡齐考中状元。殿试时，真宗皇上见他"仪状俊伟，举止端重"，便对宰相寇准说："朕得人矣。"下令派公家的马送他游街，又派七个卫士为他传呼开道，以示特别的恩宠。按历来的规定，"传胪"后，状元及众进士都自掏腰包各雇鞍马备用；也有一些游手好闲的"状元追星族"，牵了马匹等候在禁门之外，自愿为状元等高中的士子效劳，簇拥他们穿街过市。"星星跟着月亮走"，也算沾些荣光。真宗一改旧制，对状元待遇规格提高一个档次，"命金吾司差七人导从，两节前引"。这不仅体现了皇上的特别厚爱，壮大了状元游街的声势，也为京城三年一次的放榜大典增色不少。

皇上派"金吾司差"为状元"导从"，叫作"给驺"。驺，古代骑马的侍从。这对皇上是个动动嘴的小事，下面办起来也不费事；但对状元来说，就是一个莫大的荣誉了，而且影响所及难以估量。

皇上对状元的赏赐是多种多样的。最常见的是钱财，动辄成千累万。于是，状元府第该翻修的翻修，需新建的新建，很快就焕然一新。从现在能找到的状元府旧址看，虽多已成了断壁颓垣，但从其规模布局，可见当年的宽敞与气派。宋代以后，皇上还特批文武状元在考中后回乡祭祖探亲，由官家拨款修状元坊，还有民间集资为状元修府第和纪念馆的。如文天祥中状元后，家乡庐陵县乡绅自愿集资修建“进士第一堂”以为纪念。此外，许多地方至今留下的状元街、状元桥等遗迹，足以证明当年状元及第后的华贵。正如一些诗句所言：“状元试三场，一生吃不尽。”“龙虎榜上第一名，侍从如云府第新。”“五百人中第一仙，等闲平步上青天。”

噩运追随而来——

怎么，考上状元了，竟然祸事追了上来？

不假，还不是一般祸事，而是要脑袋的滔天大祸！

明末崇祯十七年（1644 年），张献忠率农民军攻下成都，建大西朝当上皇帝，年号大顺。

张献忠虽然生性粗俗，但当了皇帝总得绷绷面子做出些斯文模样，于是他决定学历代王朝那样诏告四乡开展科举考试。

有名张大受者，报名参加武举考试，因其武功出众，且能诗善文，便被张献忠点为武状元。张献忠除了奖励他金银财帛外，又赐美女宅第家丁奴仆，还命画师画了他的肖像四处张挂，以显示自己对人才的看重。

然而张献忠究竟是个目光短浅、心眼狭窄、妒嫉心重的草莽，当第三天张大受进宫向皇上谢恩时，张献忠见他气宇轩昂仪表堂堂，心中顿时窜起一股恶念，对他的欣赏瞬间变成了妒忌，脸一变，立即下旨：杀了他！连同所赐美女和仆从，不容分说，不容辩解，通通推出午门斩首。

就这样，张大受在中武状元后仅仅享受了三天的荣耀与富贵，就被大西王朝的皇帝张献忠杀了，而且株连无辜的被赠美女和仆役，实在可悲可叹。

史载，张献忠点状元杀状元的事还不止一次。他还搞过一次文科科考，点了一名名叫龚济民的文状元，也是被他杀了的，而且，杀顺了手，一路杀下去，竟有上万考生死在他的刀下。

在张献忠的大西王朝，考中状元等于判了死刑，而且要拉那么多考生陪杀场。你说这可怕不可怕？不过幸好，张献忠的大西王朝只存活了仅仅够一次科举考试时间——三年(1644—1646)。

中了状元后，《勉学歌》里面所写“书中自有千钟粟”“书中自有黄金屋”“书中车马多如簇”，很快都变成了现实。至于“书中有女颜如玉”，因涉及状元们的婚姻爱情，内容自然更为丰富更为曲折精彩，我们将以《状元罗曼史》的题目，加以介绍。

十一、状元英雄谱

清人朱彭寿《安乐康平室随笔》:"历代状元以死殉国者,宋得三人:何栗、文天祥、陈文龙;元得三人:李黼、泰不华、李齐;明得五人:黄观、刘鼐、余煌、刘顺理、齐文升;本朝一人:崇绮。"这为我们搜集撰写状元英雄谱系提供了线索。但它有明显的遗漏和偏见,如武状元中的英雄未计入,如农民政权状元中的英雄亦未计入。就是上列名单中,有的还需要进一步的探究分析,方能对他们合理评价。

陈文龙至死不事敌

陈文龙是南宋度宗咸淳四年(1268 年)状元。这时已是南宋末年,离宋朝灭亡仅几年时间了。陈文龙的才学、人品,为世人称道,当朝宰相贾似道对他十分器重,一手提拔他当了监察御史。

贾似道是历史上有名的奸相,他是度宗父亲理宗的小舅子,比度宗还长一辈。因其是"国舅",又封为丞相、太师等位极人臣的大官,地位显赫,权倾朝野,军国大事的议定往往不在朝廷之上,而在他杭州西湖葛岭的别墅之中,可见他的跋扈和专横。

1259 年,元军围困湖北武昌、襄樊等地,皇上派贾似道领兵去救。襄樊守将范文虎贪生怕死不敢应战,加之贾似道救援无力,导致襄樊失守。贾似道仓皇失措,私下派人向忽必烈求和,愿割地赔款,称臣纳贡,换得元军撤退;但他向皇上谎报说元军被打得大败亏输,逃遁而去。范文虎本是败兵之将,丢失重镇襄樊,理应受到惩处,因为是贾似道的心腹,不但未受到追查,还“易地做官”，当了安庆知府。度宗赵禥是个只知玩乐的昏庸之君，对贾似道所奏也不核实，一概言听计从。在国家危亡的重要关头，一般大臣也都认识到问题症结所在，但都惧于贾似道的权势，抱得过且过的态度，不敢向皇上报告。

恰恰就是这位由贾似道一手提拔起来的陈文龙，他不畏权势，不计“忘恩负义”之类的议论，冒险向皇帝上书，列举贾似道种种的失误和过错：范文虎丢了襄阳本应严惩，因贾似道庇护，反而受到提拔。当罚却赏，是非不分，应当追查责任。他向皇上建议罢了两个人的官，以慰天下。皇上却不闻不理，不久元军东下通过安庆时，范文虎立即开城投降。

元军进逼，朝野震动，却是一片议和投降之声。陈文龙力主抗战，但势单力薄，不起作用，便给皇上打了个请长假的报告，回家休息去了。他是出于义愤才提前退休的，因而身在山林，心系朝廷，密切注视时局变化，必要时再度出山为国效力。

度宗为了苟安，连连派人向元军求和，但这时的元军正势如破竹地向南方进攻，一心要彻底摧垮南宋小朝廷，提出无异于无条件投降的苛刻条件。度宗这时才明白，失去实力，想当个儿皇帝都难，后悔不迭，一命呜呼。

度宗死后，恭帝赵显继位，贾似道仍独揽朝政。但在满朝舆论的压力下，他不得已出兵应战。他率领 13 万大军和一应辎重，水陆并进，表示要与元军决一死战。可是一上战场，看到元军队列森严来势凶猛，未及迎战他就鸣金收兵，结果 13 万大军全线溃退。贾似道被就地免职，流放外地，途中为监送人所杀。但此时南宋政权已彻底瓦解。不久临安陷落，元军俘皇帝赵显及太后宗室、文武官员而去。

宰相陈宜中逃脱，与另一些官员拥立益王赵昰于福州，为端宗，年号景炎。这时陈文龙赶到福州，在端宗的小朝廷里任参知政事，负责军务，一心辅佐新帝重振宋室江山。

此时，元军加紧了对福州的进攻和诱降，曾两次派人来劝降陈文龙。陈文龙杀了两次的来使，以表绝不投降的坚定意志。陈文龙对部下说：“你我同为宋臣，应当尽忠尽节。我们屡打败仗，其原因不外乎怕死。但试想，人生一世谁又不死？只要死得其所，死得其时，也不枉活一生。”

为了摸清敌人的活动情况，以便伺机反攻，陈文龙暗派部将林华出城侦察。谁知林华出城便投降了元军，并带领敌人到城下。而城内叛将曹澄孙带兵入陈文龙府中，将他全家捆了，而后大开城门，迎元军入城。

陈文龙被押进元军营中，先被劝说投降，不从。左右兵士对他一阵乱打，逼他投降。陈文龙指着自己的肚子说："这里面全是节义文章，你们能逼得动吗？"元军准备把他押送到杭州后再作处理。但他一路绝食，到杭州时，人已饿死。

陈文龙的母亲因病住在杭州寺庙中，听说儿子殉节，对众人说："我与我儿同死，死无遗憾。"人们悲叹不已，都说：真是有其母亦有其子。

陈文龙之侄陈瓒，也是一条英雄汉子，乘元兵立足未稳时举兵反抗，杀了叛徒林华，并占领兴化县城，与元军对抗。但不久，兴化被元军攻破，陈瓒战死。后世称赞为"满门忠烈"。

大科三魁，死不屈膝

泰不华、李黼、李齐均系元朝状元，三人皆在讨贼战斗中阵亡，因死得壮烈，在史书中受到称赞。

泰不华，家贫好学，考中状元后官至礼部尚书。据史载，元顺帝至正八年(1348年)台州方国珍作乱，在海上抢劫。朝廷欲招降授以官职，方国珍不受，仍在沿海一带骚扰。朝廷派泰不华为浙东道宣慰使，配合浙江省左丞索罗帖木尔讨伐，因遭方国珍偷袭，官兵不战皆溃，死伤过半。索罗帖木尔被捉去后放回，还对皇上说了方国珍许多好话。皇上又派司农达识帖木尔去谈判，方国珍兄弟如约登岸赴会。那是个中秋之夜，泰不华埋伏下武士准备乘机杀之。达识帖木尔说不可。后来方国珍兄弟归降，被授以官职，但几年后又叛变，泰不华奉命镇压。行前，他对部下说：我以一介书生而登显要，皆系朝廷栽培，今方国珍兄弟又反，望各位齐心助我击讨之。打胜了，是大家的功劳；打败了，我尽死以报国。泰不华登船讨贼时，船触沙搁浅。贼兵杀过船来。战斗中，泰不华连杀数贼，但自己也受了重伤。贼要把他抢过船去，他夺过刀来又杀二贼，终因自己颈子上连中两槊而气绝，但虽死仍直立不倒。后贼投其尸于大海中。时年他 49 岁，朝廷追封为魏国公，并在台州修庙祭祀。

从以上介绍看，泰不华在讨伐海盗方国珍兄弟时，英勇果敢，善于用谋。被海盗重伤后他仍作最后拼杀，坚强不屈，死得十分壮烈。

李黼为元英宗泰定四年（1327 年）状元，任监察御史、宣文阁监书博士等职。皇上派他巡视黄河，并授江州路总管。至正十一年（1351 年）“盗起河南北”，“焚掠数千里”。李黼在九江挖城壕，修器械，募兵丁，分守要害，御贼攻城。当贼攻陷武昌，顺流而下时，李黼与黄梅县主簿也孙帖木尔联合迎敌。他身先士卒，大呼陷阵，杀敌二万余众。他又在长江水道下埋“七星桩”，贼舟数千遇桩动弹不得。李黼率将士乘机发火箭射之，顿时烧死、淹死贼兵无数。因他杀贼有功，皇上提拔他为江西行省参政。此时贼势更炽，许多守城官兵弃城而逃，唯有李黼所守九江孤城，被围困二月有余方被攻破。转入巷战时，李黼对贼兵喊道：“杀我就是，毋杀百姓。”最后在战斗中落下马来，被贼杀死。城中百姓听说李黼战死，哭声震天，将他葬于东门。朝廷追封他为陇西郡公。

李黼与之作战的，是元末红巾起义的农民军。他作为朝廷官员，食君禄，报君恩，在守城之战中死节，也算死得其所。

李齐，元顺帝元统元年（1333 年）状元。任高邮知府时，逢张士诚造反，高邮被攻陷，李齐被俘。官兵来攻高邮，张士诚把李齐押至城上，命他跪下。李齐说：“吾膝如铁，岂肯为贼屈？”张士诚按地跪，至按倒在地也不跪，便“碎其膝而剐之”。

李齐为朝廷命官，在敌人面前至死不屈膝下跪，也算是好样的。

以上三个元朝的状元，虽然死得壮烈，死得其所，如果对当时的背景作一番分析，我们会发现他们的所为是经不住历史推敲的。

如泰不华镇压方国珍的事，是功是过，历史上是有结论的。据史载，方国珍出身佃农，浙江人，1348 年因杀死逼租的地主而逃亡海上为盗。从以上介绍中看他一再拒降，正说明他斗争的坚定性。又如李齐的对手张士诚，原以操舟运盐为生，因卖盐给富家，“富家不给值”，便率众起兵反抗。至于杀了李黼的红巾军,更是因受不了元朝的剥削压榨而群起反抗的。

因此,如果我们换一个角度和观点来评价这三个状元的死,其价值就更要大打折扣。他们积极参加镇压农民起义,杀人成千上万。被他们杀的所谓贼,绝大多数是应打上引号的。所以他们的死也算是自食其果,罪有应得。这也许是历史过于苛刻,却是无法改变的历史事实。至于方国珍、张士诚以后接受了元朝赐予的龙衣、御酒和官号,转而去攻打红巾军,为蒙古统治者效力,这也是无法更改的历史事实,历史也对他们早已作了评判。

国破出忠臣

黄观为明太祖洪武二十四年(1391 年)状元,曾任礼部右侍郎。太祖死后,长孙朱允炆继位,称建文帝。朱元璋第四子燕王朱棣不服,以诛奸贼为名于 1399 年即建文元年兴师向南京进军。于是,明朝统治者内部的皇权之争演变为武装冲突,历史上称之为"靖难之役"。经过四年的战争,燕王打败了建文帝,夺了政权,自己当了皇帝,改年号永乐。就在这个过程中,黄观奉建文帝诏书去安庆公干,闻燕王兵变,投江而死,年仅 39 岁。黄观之死的细节无从考察,但他忠于建文帝这点大概无疑。他的信念很简单,建文帝是太祖亲自传继的,属正统。朱棣虽是朱元璋的同胞骨肉,还是建文帝的长辈,但究竟是"臣"的名分,要篡位当皇帝,他不承认,别无他法,只有以死表示抗议,以死以谢先帝和建文帝。

与黄观不同,明末的余煌、刘顺理两状元之死,与"甲申之变"相关,虽然都是自尽,但意义大不一样。

刘理顺,明崇祯七年(1634 年)考中状元时已 50 多岁,授了个修撰,还在东宫当讲官。此人性格孤僻,沉默寡言,退朝后闭门读书,从不串门,也不欢迎别人来串门。"甲申之变"中李自成攻进北京,他听说崇祯皇帝上了吊,痛哭一番后,沐浴更衣,穿上上朝的袍服,手中拿着上朝的笏板,向北方一拜再拜。然后他入宗祠拜辞了祖宗,便也上吊而死,时年 63 岁。其妻万氏、妾李氏,也随夫自杀殉节。

余煌，明熹宗天启五年(1625年)状元，当了个修撰的官。崇祯年间他请假回家休养。明亡后，他却再度出山，去明遗臣拥戴的绍兴鲁王驾前为臣，拜兵部尚书。但这个临时政府只维持了一年多，清兵攻破绍兴城后余煌投河自杀。与刘理顺殉了崇祯一样，他殉了鲁王。

俗话说，家贫出孝子，国难显忠臣。刘顺理、余煌考上状元后，朝廷也给了他们官当，但较之吴三桂、洪承畴这些权臣大将，他们得到的荣宠和富贵就差得多了，但在关键时刻能尽忠尽节，绝不背叛。这大概与他们终究是状元，多喝了些墨水不无关系。

崇绮殉节莲花池

清代开科举100余次，共点状元114人。清朝虽为满族统治，但所点状元除了极少数为满族人外，绝大多数为汉人；另外，还有一个蒙古族人，此人名崇绮，是为国尽忠的英雄，载于清史。

崇绮，阿鲁特氏，属“正蓝旗”，清穆宗同治四年(1865年)状元。

按一般情况，读书人要做官，先得考取功名才得授官，但崇绮例外，他是先当官后考功名。原因很简单，他的父亲是当官的，而且官至大学士，所以崇绮在取得一个“廪生”的资格后就踏入官场，还担任过一些不算低的官职，如五品“主事”“司员”之类。

封建社会讲究家庭出身，“一人得道，鸡犬升天”。反之，如果一人犯法，往往也会“株连九族”。崇绮有个当大官的父亲，小小年纪游戏官场如鱼得水，但有一年其父因办理广西军务出了问题，父亲被查办不算，株连下来，儿子崇绮也跟着倒霉，受到“革职”处分。不过很快上面就撤销了处分，他官复原职。

说起崇绮能当上状元，其中还有一些“过节”，引起一些争议。

原因是清代开国至同治二百多年来还没有一个蒙古人状元，但廷试下来蒙古族的崇绮第一，该怎么办？同治年间皇帝年幼，由西太后那拉氏和慈安太后钮祜禄氏一同垂帘听政。崇绮的卷子呈上来了，两宫太后以蒙人中状元前所未有,不敢破例,交军机大臣朝议。领班大臣恭亲王接到这个“懿旨”后,也左右为难。正在这时,不知谁说了句:“只问文章,不问籍隶。”朝臣纷纷附会,于是就这样定了下来。这算破了个例。所以史称“崇绮始以蒙古人得大魁,海内艳称之”。

蒙古族人当状元,这在蒙古族统治时期的元朝并不稀罕,元代一共举行科举16次,每次取汉人、蒙古人状元各一人,出现“双状元”的历史奇观,但在清朝,蒙族人当状元还是破例第一个,也算是弥补了一个“空白”。

崇绮考上状元后,官运亨通,青云直上,很快当上礼部侍郎、正黄旗汉军副都统等文、武高级官员。朝廷经常派他外出主持考试,处理边务,办理大要案。他的才能得到充分发挥,受到皇上赞赏,官一直做到盛京将军、吏部尚书、武英殿总裁等。他还当过皇帝的老师,皇帝特批他在皇宫里可“乘坐二人肩舆”。

1900年,以农民为主体的反对帝国主义侵略的义和团运动兴起。慈禧太后因为常常受洋人的气,也想利用义和团打一打他们的气焰,便下旨支持义和团。英、美、德、法、俄、日、意、奥等八国联合起来,以清政府“排外”为借口,对我国大举进犯,接连攻占了天津、北京。慈禧太后、光绪帝及贵戚大臣仓惶逃出北京,直奔西安,命崇绮与大学士荣禄为“留京办事大臣”。八国联军进入北京后,他与荣禄退居保定。

然而帝国主义诸国并不以攻占北京、天津为满足,为进一步掠夺和逼使清政府进行更多的“赔偿”,继续分兵几路进攻山海关、保定、正定和山西。在兵临保定时,崇绮害怕被洋人俘虏后受辱,既无勇气反抗,也无心思逃跑,于是自杀于莲花书院。

八国联军之役过后,清王朝为表彰崇绮,说他能在国难当头“舍身取义,大节无亏”,按尚书的待遇赐予他家属抚恤,过去在任上的一切处分“悉予开复”,赐谥号为“文节”,还把他的牌位供入昭忠祠。这在当时,也算是一种高规格的安排了。

不过,考究起来,崇绮之死不能与文天祥、陈文龙等状元英烈相比。他虽没有在八国联军入侵时充当帝国主义的走狗,做出什么有损国格、人格的事来,但作为当朝大员,在亡国灭种的危急时刻,为了保全自己的“节”而置民众于不顾，一死了之，如果人人都以他为“榜样”全部去殉了“节”，我们国家、民族又将如何？文天祥在危亡关头也曾有殉“节”的念头，但他很快战胜了自己的软弱，重振精神，去创造一次生命的辉煌。相对而言，崇绮保全“节”的行为，价值就低得多了。

马全平叛死沙场

马全，就是前面介绍过的那位乾隆年间参加两次武举，第一次中武探花、第二次中武状元的人。乾隆皇上对他印象很深，很有好感。他中武状元之后，被授予“头等侍卫”之职。两年后的1762年，乾隆南巡，任命他为江西南昌镇总兵，又改任江苏苏松镇总兵；后来，再提拔他为江南提督。这时他已是朝廷中的一品大员了。

乾隆三十八年(1773年)，四川西北的大小金川发生土司叛乱，乾隆派马全为领队大臣，溯长江而上，赴川西平叛。

大小金川是藏族定居地区，居万山溪涧的石硐之中，以青稞荞麦为食，民风淳朴而又骠骅。乾隆十二年，大金川土司莎罗奔势力强大，起兵攻击邻近部落，边民告急。朝廷派总督张广泗前去平定，“久而无功”。四川总督、协助张广泗平定莎罗奔的岳钟琪上奏乾隆皇上说，张广泗军事部署不当，又盲目信任降将和汉奸，劳师糜饷，无功而退，有损天朝威严。乾隆皇上立即交刑部查办问罪，判了张广泗死刑，又下旨命岳钟琪领兵进大小金川进剿。

这岳钟琪原是川陕总督，曾被皇上任命为西路宁远大将军，派往新疆平叛，因调度失当被叛军打败，损失惨重。他手下的副将张广泗向皇上奏本弹劾他调度乖方，玩忽纵贼。皇上下旨免了他的职务，立即逮捕，交兵部议处。兵部提出“拟斩决”的意见，皇上开恩改为“斩监候”。岳钟琪差点掉了脑袋。大小金川叛乱发生后皇上开恩，免他死罪，叫他戴罪立功，先任个总兵之职，去四川协助张广泗平定叛乱。不久，又提任他为四川总督。乾隆哪里知道，冤家路窄，张广泗在军事指挥上失误，平叛久无进展，被岳钟琪抓住把柄，“反戈一击”，上奏一本，要了张广洒的老命，也算报了当年的“一箭之仇”。

这岳钟琪果然是计高一筹,他吸取张广泗军事失误“久而无功”的教训,重新部署兵力,对莎罗奔等分化瓦解,恩威并用,连连打了几个胜仗。他还利用原先当川陕总督与大小金川有过交往的关系,亲自冒险深入敌巢,劝降了敌酋莎罗奔,算是初步平息了大小金川的叛乱。

但后来莎罗奔又举反旗,朝廷派兵进剿,屡被大小金川土司所败。马全就是在其中的一次进剿中战死的。

据《清史稿·马全传》,马全领兵在冰雪中鏖战了一天,大败叛兵。但他在日暮收兵时却中了埋伏,苦战不得脱,最后战死在平叛的战场上。

清廷为平息大小金川的叛乱,付出的代价是极其昂贵的。此次平叛历时30年,耗银7千万两,历经大小百战,死伤无数。特别是连杀两员平叛不力的满汉大将张广泗和阿尔泰,说明乾隆下决心之大。最后取得平叛胜利,从此稳定了西川局势。在这次平叛中,乾隆的爱将、武状元马全在阵前牺牲,他为之惋惜和悲叹。

马全官居一品,作为高级将领,在平叛中身先士卒,战死疆场,对朝廷尽忠尽节,对历史也有一份保卫国家、促进民族统一的功劳,应当被大书一笔。

第一个武状元马革裹尸还

历朝约有武状元二百来名,其中在保卫边疆、抗击侵略、镇压暴乱中报国献身者不乏其人,虽然在正史中有很多这方面的记载,但见于野史和笔记小说、民间传说者,倒也不少。

有史可考的第一个武状元,也是北宋时代唯一的武状元薛奕,就是在戍边的战斗中牺牲的。

薛奕,字正显,福建兴化人,宋神宗熙宁九年(1076年)武状元。

鉴于周边辽和西夏的军事情况,宋神宗对武举考试十分重视。薛奕参加考试的这年,武试项目要求特别严格,武举进士的文考也与文举进士一样,同时在贡院举行,搜身上锁,纪律严明,不敢稍有违犯。

薛奕出身武术世家和书香门第,从小读书、练功两不误,一路顺风考上来。而今在京城参加会试,他精神抖擞,意气风发,信心百倍地参加各项考试。在较场上比武,他骑劣马,拉硬马,五矢五中,箭箭射中靶心;其他刀枪剑戟、棍棒槊鞭等十八般武艺,样样精熟。在贡院文考,孙吴韬略,行军布阵,他也对答如流。神宗皇上亲自殿试,录为第一。恰逢该科文进士第一名徐铎也是福建人,神宗分外高兴,特别赐诗以示庆贺。

薛奕中武状元后被任命为凤翔府都监,后提升为正将,其地位大概相当于现在的师级干部。因为他武艺高强,又懂韬略,战时带兵打仗,平时操练比武,有一套办法,且治军严谨,善于处理军民关系,在地方颇负盛名。

凤翔府所辖地域较宽,包括今陕西、甘肃、宁夏一带。宋初这里是边境地区,与西夏对峙。西夏国是游牧民族,擅长骑射,经常侵犯宋朝边境,双方时和时战,打打停停近百年。为了防止西夏的侵犯,宋朝在西北边境长年驻扎几十万军队。

宋仁宗庆历四年(1044 年),北宋与西夏重订和约,西夏取消帝号,由宋册封为夏国,宋朝每年给白银七万两,绢十五万匹,茶三万斤;双方重开边贸,互通有无,从而停止了长期的争战。

然而西夏对宋朝西北边境的威胁并未完全解除,经常有小股西夏武装越过边境杀掠抢夺,宋朝则以妥协忍让的态度对待。

宋神宗即位后,立志改变国家的贫弱现状,任用改革家王安石,实行富国强兵的变法措施:在军事上,首先在西北驻军中实行“将兵法”,选武艺精良的军官负责教阅操练当地军队,提高军队素质和作战能力。作为武状元的薛奕,就是在这种情况下被派往凤翔的。

除了加强部队训练外,宋朝还采取了其他一些办法来巩固边防,如修了许多军事堡垒和道路,对西夏形成包围的势态,使他们不敢轻易来犯。

公元 11 世纪末,西夏背弃前约,大举入侵,宋起兵迎敌,是为有名的“银川之役”。薛奕这时负责永东城(今米脂县东)的防务。神宗元丰五年(1082 年)的一天,他率领随从数人深入前沿观察敌情,不幸被流矢射中头部而牺牲,年仅 30 余岁。为了表彰他的功绩,神宗追封他为防御使。

作为一个从全国成千上万的武生中选拔出来的武状元,这么年轻就去世,当然十分遗憾;但遗憾的还不在于年轻,而在于他刚刚赴边服役几年,正是英姿勃发、建功立业的时候，其才能智谋尚未得到发挥与展示，就告别了需要他的事业。其实，与他同是宋朝人的岳飞，死时年仅 39 岁；千年后在陕北建立功业的中国革命军事将领刘志丹，死时年仅 33 岁。他们都是有名的武将，其功绩已永载史册。而作为中国历史上的第一个武状元，除了在杂史上能查到个名字外，因无战功可记，过早地死在中层军官的岗位上，很容易被历史所淹没。也幸好他是个武状元，要不然早就成了无名英雄了。

十二、状元宰相榜

在中国古代社会，状元，是最高的“学位”；宰相，是最高的职位。以取得最高“学位”的人去担任最高的职务，当然是最理想、最恰当不过的了。而事实上，自从兴科举、考进士、点状元以来，由状元及第而后官至宰相的，至少也有四五十例。

从唐代开始，国家最高行政官宰相人选，就注意从进士中物色，唐代宰相十之七八是进士出身。宋以后至晚清，几乎所有宰相都出自进士。中国历代统治者从高层知识分子中选拔治理国家的高级官员的做法，有利于全民族文明程度的提高，这是一个具有战略眼光的举措。而作为进士的第一名——状元，当然是宰相的首要人选。据已有资料统计，唐代由状元当上宰相的有常衮、张九龄等 5 人；宋代有吕蒙正、陈克叟、王曾等 11 人；明代有谢迁、李春芳、商辂等 14 人；清代有傅以渐、徐元文、翁同龢等 14 人。经过历史的考核，他们中大多数是称职或基本称职的。

常衮苦谏吃苦头

常衮，在唐玄宗天宝十四载(755 年)状元及第。当他沉醉在状元梦中还未醒时，突然发生了“安史之乱”。安禄山挥刀把唐王朝砍得七零八落，也把常衮的仕途理想砍得七零八落。唐明皇正忙着逃命，哪有工夫管这些进士们的升迁调用。常衮才考上状元，徒有虚名，无职无权，想帮皇上一把也插不上手，只有在一旁干着急。不过他觉得也好，这种历史大动荡的大场面，人生一世能遇上几次？且把它当成一场戏看。

果然,激动人心的场面出现了。安禄山逼近长安,玄宗皇上急慌慌逃往成都,半道上"六军不发",忍痛杀了杨贵妃和杨国忠。这还不算,还有更精彩的在后头。

安禄山在长安烧杀抢掠,不可一世,为争夺权力竟被儿子安庆绪杀了;接着,降唐复叛的史思明范阳称帝,杀了安禄山的儿子安庆绪,后又被自己的儿子史朝义所杀。以后,经过肃宗即位,代宗即位,吐蕃陷长安,郭子仪平叛,等等,折腾了七八年。

因为战乱,停了好几届科举考试,朝廷正是用人之际,代宗皇上便把常衮用了起来。刚刚经历了一场空前灾难,国家经济急待恢复,常衮开始在工作中发挥才能,很快被提拔到宰相岗位上。

一场安史之乱使常衮大长见识,他认为要从这次事变中吸取教训,使国家长治久安,第一是皇上用人要慎重,杨国忠、安禄山的教训太深刻了;第二皇上要勤政爱民,玄宗皇帝后期挥霍无度,不恤民力,最后几乎把唐王朝葬送掉。在这两个问题上,常衮利用在皇上身边的机会,常常提些意见。

有次,皇上要任命宦官鱼朝恩兼管国子监。常衮对皇上说不可,认为那是个有学问、有名望的人才能胜任的工作,不能让宦官担任。常衮还说,当初安史之乱,任用鱼朝恩为观军容使,与各节度使闹意见,造成军事上很大失误,皇上该不会忘记。代宗觉得常衮说得有理,其实他也不想把国子监的重任交给鱼朝恩,只是鱼朝恩老脸皮厚赖着要当。听常衮这么一说,代宗马上改变决定,不让鱼朝恩染指国子监;后来,还找个机会把鱼朝恩杀了。

代宗皇上生日快到了,地方官员准备了各种奇珍异宝准备献上,为皇上祝寿。常衮立刻向皇上奏道:当年汉武帝拒受千里马,晋武帝烧了献上的野鸡毛做的高级袍服,这些说明皇帝要"谨身率下",以自己的行动影响下属。本来这些贵重的礼物都来自百姓,望皇上拒绝收礼,已经收了的也一律退还。常衮还针对代宗大把大把地花钱向和尚、道士和巫士布施,提意见说:现在四方未宁,百姓困苦,与其把这么多钱给他们,不如用来买米救济百姓,也算做了件利国利民的好事。

代宗皇帝采纳了常衮的建议,表扬他的忠诚,还提了他的官。

代宗死后德宗继位。德宗是个贪玩好耍,贪得无厌,极其狭隘又极不虚心的皇帝。常衮明明知道他的毛病,但为了江山社稷就不顾利害得失向他提意见。有次他向德宗启奏,列举尚书崔右甫的不法行为,建议贬崔右甫为河南少尹。德宗听了不但不接受,反而把常衮贬为河南少尹,再贬为潮州刺史,后改任福建观察使。常衮也不因此而闹情绪撂挑子。他到了福建,发现那里的人不读书,便兴办学校,还亲自上课,教他们懂礼仪。逢科举考试,他还组织他们去参考,全不把皇上对他的打击放在心上。

常衮为相,虽没有什么特殊建树,在历史上名气也不大,但能干到这个份上,也算是尽力尽责了。特别是他敢于直言苦谏,对宦官擅权的弊病看得很清楚,不顾后果地向皇帝提出建议,希望削去他们的权力,以免后患,非常难得。但皇帝们把他的意见当耳边风,后来唐王朝果然就亡在这帮宦官手里。

"固执己见"的吕蒙正

吕蒙正是宋太宗太平兴国二年(977 年)状元。他官运亨通,一路顺风,才七八年时间就官居宰相,而且连任三次。这在宋史上是唯一的。

吕蒙正办事认真,坚持原则,只要认准了的事,坚持到底,不会看风使舵。

西夏入侵,是当时边境一大患,吕蒙正主张以和为贵,尽可能避免打仗,"弥兵省财,古今上策"。某次,议定派往西夏的使臣,吕蒙正推荐了一个人,皇上不同意。过几天,皇上问他推荐何人,他还是说那个人最合适。皇上问几次,他都咬定这个任务非此人莫属。皇上有些生气了,说:你这个人怎么这么固执?吕蒙正回答道:并非我固执,而是皇上对此人不了解。我之所以推荐他是因为再找不到比他更合适的人。我不能为了顺皇上的意而改变自己的正确主张,那样做对朝廷不利。吕蒙正侃侃而谈,毫无顾忌,左右大臣听了大气都不敢出,替他捏把汗。幸好真宗不是那种小心眼的君主,对吕蒙正的直言顶撞毫不放在心上,退朝后还对左右说:"蒙正气量,我不如。"后来就任用他推荐的人出使西夏,任务完成得很好。

富言是吕蒙正家中的门客，他有个儿子叫富弼，才十来岁，很想进书院上学。富言请吕蒙正帮忙。吕蒙正见了富弼惊异道："这孩子聪明好学，机敏过人，将来定胜过我。"不但同意富弼去书院读书，还多方照顾他。后来这富弼果然不负所望，很有出息，曾两度为相。

吕蒙正身为宰相，对百姓疾苦时刻牵挂在心。有次皇上摆酒席大宴群臣，喝得醉醺醺的，当着大臣们自夸起来：以往诸朝代，人民生活困苦，百姓无以为活。看现在，国家富强，天下太平，万民幸福，我感到特别高兴。来，大家举觥干杯！吕蒙正还没等皇上说完，就离席走到皇帝面前说道："陛下所见，只是坐在车上、骑在马上看到的，去的地方又都是繁荣热闹的城里。如果陛下到离都城几里外的乡下去看看，那里的人食不果腹，衣不蔽体，天天都有人饿死。"皇上听了，脸都气青了，但又不好发作。吕蒙正说完，仍回到原来的座位上，也不管说了这番煞风景的话会带来什么后果。

吕蒙正当了宰相，前来拍马屁、抬轿子、送礼献财的人自然不少，但他一概拒绝。一次，有个人拿一面镜子要送给他，说这面镜子是件宝物，能照二百里地。吕蒙正笑道："我这脸不过碟子般大小，要个照二百里远的镜子何用？"叫他赶快拿回去。

吕蒙正直言敢谏，善于识人，体贴民情，宽厚正道，被当朝称为"贤相"，满朝文武对他都很敬重。他退休时，听说西夏前来求和，便叫儿子们用轿子把他抬到殿上，向皇上再三建议，望以百姓为念，与西夏议和。皇上采纳了他的建议。退官以后，吕蒙正回到洛阳老家，皇上对他赏赐很多，他有自己的花园别墅，整日儿孙绕膝，与亲友相聚，颐享天年。有次，真宗皇上路过洛阳，到他家来探望，有心给他一些好处，便问道：

"爱卿的儿子中哪个最能干，可当大任？"

傻瓜也听得出皇上说这些话的意思，可吕蒙正一五一十地回奏道：

"谢陛下关心，我这几个儿子中没有一个像干大事的，都是不堪大任的平庸之辈。不过我有个侄儿叫吕夷简，他现在在颍州当推官，年富力强，精明能干，有宰相之材，可以为陛下用。"真宗皇上把吕夷简叫来，考核一番，果然不错，便委以重用。

王曾不信妖

王曾，幼年丧父，勤奋好学。参加乡试考第一，为解元；礼部会试考第一，为会元；在皇上殿试中又考第一，为状元。三元及第在历史上很少见，是非常荣耀的事。可是他谦虚谨慎不骄不躁。有人说他连中三元是神鬼的保佑，他斥之曰："一派鬼话。"因为他办事干练，作风正派，敢于直谏，关心民间疾苦，得到皇帝的嘉许和百姓的爱戴。宋真宗时任命他为宰相。

王曾做官，名声斐然，但他最为人称道的是反对迷信，不惧妖邪，不信鬼神。这在封建社会里是很不容易的。

真宗天禧年间，王曾任应天府知府。不知何处传来妖言，说出了个妖怪，形状像帽子，夜夜捉人去吃，闹得京师人心惶惶，民不安生，都怕被这妖怪捉去吃了。王曾不信邪，晚上大开府衙大门，专等妖来，要拿下看看是个什么样子，等了几晚上也未见什么妖怪来。他下令全城，不准以讹传讹，妖言惑众，违者送官治究。很快这个谣言就平息了，正应了人们常说的那句话："见怪不怪，其怪自败。"

不过，从这段史实看，这形状"若飞帽"的妖怪倒有些像现代人说的"飞碟"。时至今日，科学已如此发达，人们对飞碟现象尚无从解释，对它还有几分神秘和恐惧感，千年前的王曾却敢向这种"妖怪"挑战，要捉拿它归案，其胆识不能不叫人佩服。

1026年夏天，暴雨成灾，民间谣言又起，说是汴河决口，水快要淹过来了，全城百姓人心大乱，有的正在准备逃跑。皇上急召王曾来问。王曾道：并未见到有汴河决口的奏报，一定是谣言惑众，请陛下宽心，不要理它。王曾又派人去汴河一带查看，并无一处决口。谣言从此消匿。王曾沉着冷静，不信妖邪，不信谣传，用严肃的态度对待毫无依据的市井谣言，也正应了一句古话："谣言止于智者。"

更值称道的是，王曾还敢于直谏皇上，叫皇上不要迷信。

有一年，民间传说有人看到凤凰、有地方出了双穗的稻子等等吉祥的征兆。皇上想借此机会来宣扬一下,说这是皇恩普照的结果,便把王曾召来,问他意见如何。王曾说:“这些好兆头的出现固然是沾了皇上的光,但天有不测之风云,如果国家出现什么自然灾害,又怎样解释?岂不是遭人议论?”皇上觉得这话有理,便打消了原来的想法。

宋代皇帝,个个信奉道教,全国各地广修道观。京城更是道观林立,一座比一座修得豪华壮观。道观里面还设道官,与政府官员一样按品级领工资俸禄。所有负担当然最后都落在百姓头上,人民不堪其苦。这年,真宗又要修一座玉清昭应宫,预算下来,要花数十万两银子。满朝文武大臣都对此议论纷纷,但没有一个敢向皇上提出,王曾却大着胆子向皇上说:

“听说陛下要修建玉清昭应宫,靡费国库数十万银两。臣下冒昧进言,此事不可行。理由如下:第一,大修道观,开支巨大,我朝国库虽略有节余,但主要为发生突发事故和天灾所准备,如果用了,今后发生灾变,哪里来银子应急?第二,如果玉清昭应宫修好了,里面要安排许多道官,他们的品级如何定?定低了道官们不高兴,定高了朝廷百官有意见。除了道官,还有道士。他们的工资俸禄数目可观,这笔开支从哪里来?……”

王曾不厌其烦地连连说了五个理由,皇上听得有些不耐烦,但王曾说的句句是实话,是忠言,不好发作,只得接受,便取消了修玉清昭应宫的计划。在封建社会里,这样虚心纳谏的皇帝也并不多见。

更不多见的是真宗皇帝后来不但不嫌王曾在耳边唠叨,反而很想念、很希望听听他的唠叨,遇事总爱找他商量,往往深夜突然召见他,征求他对朝政的意见。有次召见后,真宗皇帝叫内侍传谕说:皇上有时找你,因事急,来不及穿上朝服就接见你,你不要见怪,以为皇上怠慢了你。可见皇上对他的尊重。真宗虽是至高无上的皇帝,不拿架子,懂得对臣下也要尊重,怪不得王曾对他那么忠心耿耿。

王曾死后,仁宗皇上亲自给他题碑,碑曰:“旌贤之碑。”宋代皇上对大臣赐碑篆,从王曾开始。并把王曾故乡改名为“旌贤乡”以示纪念。

梁克家威镇金廷

梁克家生活在一个屈辱的时代。他出生前后，正是南宋高宗、秦桧等为了向金朝求和讨好，杀岳飞岳云，罢韩世忠兵权，大肆出卖朝廷干得正起劲的时候。梁克家在学文的同时兼习武艺，练得文武双全的本事，以便将来报效祖国。

宋高宗绍兴三十年(1160年)，梁克家状元及第，后来官至右丞相。

那时，宋与金订了不平等的“绍兴和约”，规定：一、南宋称臣于金，并“世世子孙谨守臣节”；二、宋金两国东起淮水中流，西至大散关为界，原界外的土地均属金国所有；三、每年南宋向金国纳银25万两，绢25万匹。

除了这些条款，南宋还定期派使臣去金廷朝拜。每次，这个使臣的选择都要费一番周折，迟迟定不下来。

首先，既然是使臣，是一个国家的代表，要求自然很高，比如说要仪表堂堂，能言善辩，机智勇敢，有真才实学，还要有一定地位。但因为这是臣国派往君国的使臣，比对方低一等，小心翼翼也难免动辄得咎，看人家的脸色，受人家的奚落，往往受一肚子气回来，实在是一个屈辱的差事，因此很多人不愿去。哪怕是朝廷已经定了，被定的人也要推三阻四，找种种借口想法赖掉。

可今年决定的人选又理想，又顺利。

这个人就是梁克家。

他是宋朝状元，学问、地位都没有说的，而且年轻英俊，气宇轩昂。他听说朝廷要他出使金朝，感到正是一个报效国家的好机会，二话没说，就答应了。

一番准备后，梁克家带领使团出发了。经过一个多月的跋涉，他们到了金国首都燕京。梁克家等一行人住进了驿馆，等待金世宗完颜雍的召见，但等了十多天也无动静。

这完颜雍一向骄横自大，不把战败国宋朝放在眼里。以往宋朝使臣来，他都要恶作剧开玩笑,借机羞辱一番。这次他听说派的是个状元,心想:不怕你满肚子学问,也要叫你出出洋相。他决定先冷梁克家半个月,怠慢怠慢梁克家,而后把礼部官员叫来,如此这般吩咐一番。礼部官员领命而退。

第二天,驿丞摆下丰盛的酒宴,请宋使梁克家赴宴。席上,有礼部官员作陪。

酒过三巡,梁克家起身向作陪的礼部官员拱手说:"我有一事不明,特请赐教。"

金朝礼部官拱手还礼道:"国使有何吩咐,只管讲。"

梁克家说:"我奉宋皇圣旨,不远千里跋涉,来到贵朝,将我朝国书递呈完颜皇帝。但到此已十余日,尚未得到接见消息,特请教。"

金朝礼部官员道:"国使有所不知,我大金国以武立国,对有武艺的人最为尊敬。我朝世宗皇上早有旨下,听说梁国使是宋朝状元,文才天下第一,但不知武功如何。今命臣下带来弓一张,箭三十支,梁国使如果三十支箭箭箭射中靶心,明日就接见,少射中一箭则多等待一日。如果三十支箭皆不中,等一个月后再接见。"

这是一个侮辱性的条件,梁克家本不想答应,但转而一想,如不答应,他长期不接见,国书交不掉,回文拿不到,如何回去交差?再说,完颜雍本意是在小看宋朝无人,何不借这个机会让他看看?便问道:

"这话当真?"

"我皇亲口交代,岂敢有假。"金朝礼部官员说。

"那好,请拿弓箭来。"梁克家成竹在胸,毫不客气地说。

左右侍从将准备好的弓箭送过来,在八十步远的地方摆好靶子。

只见梁克家脱下外面的袍服,露出一身练武的短打,显得分外精神,他左手挽弓,右手搭箭,对准箭靶,嗖嗖嗖,一支支不停地射去,三十支箭,支支射中红星,挤在一堆像扎的鸡毛掸子。金朝礼部官员、驿丞及侍从惊呆了,好一阵才回过神来。接着,是一阵掌声和欢呼。

第二天,梁克家果然接到通知,说金世祖完颜皇帝有请宋朝使臣。

梁克家有这身武功,大扬了国威,使金朝上上下下对宋朝来使再不敢小看。

贤相谢迁

旧小说里形容宰相地位,常用“一人之下,万人之上”“帝之左右”等语,以说明宰相地位之尊贵、与皇上关系之密切。但旧小说里也常有“终日伴君如伴虎”“龙颜大怒”等说法,说宰相与皇帝亲密是亲密,但稍不留意,碰了虎须,触犯虎威,弄不好就被“咬”一口,重者丢命,轻者丢官。这种事在历朝档案里是随处可见的。明朝宰相谢迁就是一例。

谢迁,明宪宗成化十一年(1475年)状元,浙江余姚人。他在头年的乡试中也是考第一,故被称为“双元宰相”。史书上称赞他“仪观俊伟,秉节直亮”,是人才、品格俱佳的状元郎。明孝宗时,他与朝中名臣刘健、李东阳一起共同辅佐朝政,办事明断,朝野咸服,有“李公谋,刘公断,谢公尤侃侃”的美谈。

宰相是皇帝的第一谋臣,对皇上所办公私大小事往往都要挑剔干预,看是不是符合礼法祖制,有何利弊,有何影响,等等。如果发现有违祖制,不合规范,劳民伤财,影响皇帝形象的,立即直言相劝。皇上要是不听,有的就赌气辞官回家;有傻的,就冒死相谏,结果还真的丢了性命。谢迁就有这么一段向皇上进谏不听,辞官回家后被仇家诬告,险些丢掉性命的经历。

谢迁是个对皇帝忠心耿耿的臣子,爱在皇上面前提意见。宪宗刚即位,便要选妃嫔充实后宫。谢迁进谏道:先王才去世,尸骨未寒,坟也没有修好,就筹办选妃,于礼不合。皇上虽然觉得他破坏了自己的兴致,但他说得在理,只有“从之”。孝宗对宫中及府库内的贪污受贿、作奸犯科、吃宫缺、徇私情等现象十分痛恨,要以皇上的名义下令禁止。谢迁谏道“虚言设禁”,于事无益,要马上行动,下令“曹司”去查办,明天就把结果报上来,核实后严惩不贷,然后再“严立条约,有犯必诛”。孝宗皇上采纳他不发空头文件的建议,派人扎扎实实地办了几件案子,果然风气大变。谢迁还常常规劝皇上要亲贤士,远小人,勤学习,戒骄逸,皇上都虚心听取。

1506年武宗朱厚照即位,他是个贪玩好要不务政事、尽干荒唐事的皇帝，后宫佳丽三千，还“多居宿于外”；都城庙宇道观遍布，他还要“建寺观禁中”。他重用宦官刘瑾，由刘瑾把持朝政，在东厂、西厂外设内行厂，镇压异己，斥逐大臣，抢掠民间土地，无恶不作，闹得天怒人怨，“京师及山西、陕西、云南、福建相继地震”。谢迁多次向皇上提意见，不听；他打报告退职，皇上又不允许。他与大臣刘健共同写奏折，列举刘瑾种种罪行，请杀刘瑾以谢天下。皇上还是不听。二人便一起打报告，坚决辞去职务回家休养。

但刘瑾不放过他们，“鸡蛋里面找骨头”，查出有一年浙江应诏所举“怀才抱德之士”周礼等四人，皆谢迁同乡余姚人，而这个诏书又是刘健拟的稿，便假传圣旨，罗织谢迁徇私舞弊、拉帮结派、图谋不轨的罪名。他先把周礼等四人下狱，严刑逼供，“词连健、迁”。刘瑾以此为由，要置二人于死地。幸亏尚在任上的李东阳从旁相救，谢、柳才躲过这一难。但周礼等四人被充军戍边，刘瑾并以皇上口气下诏，从此后余姚人“毋选京官”。因为没有整倒谢迁，刘瑾不甘心，又策划其他阴谋加害于他。人们都为谢迁担心，但他在家中与客人吟诗作赋，下棋弹琴，谈笑自若，毫不在乎，并不把这桩事放在心上。

这刘瑾本是一阉臣，却不死心，还要当皇帝。也是他恶贯满盈，因与宫中“八虎”之一的太监张永争权夺利，发生矛盾，被一状告到武宗面前。这朱厚照一时还不信：平时对“我”如此顺从讨好的人，哪会干这等事？便命锦衣卫去抄查，竟然抄得龙袍、玉玺等只有皇帝才能使用的物品。锦衣卫又发现刘瑾所用的那把折扇，内藏两把锋利的匕首。这才使朱厚照稍稍清醒过来，命刑部彻底查处。这一查，查出一大帮，从内阁到六部尚书、翰林院以至二十四衙门，刘瑾的党羽共有大小官员七八十人之多。全国为之震惊。最后，刘瑾以“十恶”大罪中的第一条“谋反大逆”，被处以“磔”刑（即寸斩）。其同党一律“凌迟处死”。而以前被刘瑾诬陷的数百大臣，绝大多数得以平反昭雪，官复原职。

虽然刘瑾的案件也引起武宗很大震动，但他并不认真从中吸取教训，照旧荒废国事，“嬉游如故”，又潇潇洒洒当了好几年皇帝才死。

接着是世宗朱厚熜，即嘉靖即位。嘉靖专门派人去慰问谢迁，又经朝中大臣一再举荐，世宗任命他当宰相。但这时谢迁已 79 岁了。他不得已干了几个月，身体实在不支，辞官归里，四年后病逝。皇上给他封了个“文正”的谥号。史书称他为“贤相”。

谢迁一生在三个皇帝手下为臣，忠心耿耿，刚直不阿。因见不得刘瑾垄断朝政，欺君罔上，陷害忠良，他大胆向皇上进言请诛之，哪知遇上个昏君，差点被刘瑾所害。幸亏刘瑾自作孽，落得碎尸万段的可耻下场，而谢迁也才得以平反，也算各自“圆”了自己的梦。

两袖清风徐元文

俗话说：“三年清知府，五万白花银。”知府，比知县大一级，比起当朝宰相，要差一大截，三年下来，也会有大笔可观的好处。这还是“清知府”，如果是“浑”的呢，一任下来，地皮被刮一层，其所得就无法计算了。难怪清朝时期人人争相做官，大把大把地花银子买官来当，把当官当作一本万利的好买卖。

可是，就在清朝，有位状元徐元文，当了三十几年的官，最高当到当朝一品宰相，然而到告老还乡时，“舟过临清，关吏大索，仅图书数千卷，光禄馔金三百而已”。如此清廉的宰相谁都佩服。

徐元文是清世祖顺治十六年（1659年）状元，他一生有较长时间从事教育工作。他是个天生的好教师，“闲雅方重，言吐宏畅”；又是个称职的教育行政官员。他任国子监祭酒（最高学府主管官员）有一套科学严格的管理办法，对学生要求极严，哪怕是那些满族官员的子弟，有不听教育的，也“严加挞责”毫不宽贷，一时间“端士习，正文体，教坊大饬”。他还是个教育理论家，对教育培养人才、振兴国家的意义有深刻、独到的议论。他对当时选才用人上的人情推荐等坏风气提出批评，指出如果放任这种不正之风在社会上流布，就会出现庸才冒充俊秀、寒士不再用心攻读、士林风气败坏、教育行政法规名存实亡等严重后果。这些建议对清初端正考风、建立严格可行的考试制度有极大的价值。

徐元文的才能是多方面的，他具有政治家的头脑与魄力，凡经他办的事,都能做到平稳妥帖,不留后患。而且,他办事公正,不惧权势,很有主见。如奉旨修《明史》,他向皇上举荐明末抗清失败隐居的大学者黄宗羲参加编撰,黄拒不出山,他便把黄宗羲的著作介绍出来,给以评价。

参与平定吴三桂叛乱,他上书皇上:"三桂遗孽,旦夕伏诛,凡协从之众,恩许自新。"对投降立功者,"请以武职及入伍者与绿旗一体录用,余俱分遣为民"。他的建议,制止了滥杀无辜,有利于分化敌军,有"首恶必办,胁从不问,立功受奖"的意思,对稳定云南形势无疑起了作用。

他还先后对福建总督姚启圣、杭州副都督高国相、两淮巡监御史堪恭、御史萧凤鸣等有权势的官员所犯下的以权谋私、纵兵虐民、贪赃枉法等罪恶进行弹劾,奏请皇上查明真相,严加惩处。

由于徐元文办事精干,大公无私,忠于朝廷,皇上对他恩宠有加,任命他为刑部尚书、户部尚书等官职。后来大学士余国柱被罢官,皇上又提拔他为文华殿大学士,正式入阁为相。

然而,皇上的重用带来荣耀也带来麻烦,引起一些人的妒忌。特别是他嫉恶如仇、锋芒毕露的性格,招致一些人的打击和中伤。如副都御史许三礼先状告徐元文之弟徐乾学,"既解尚书任,不即归故里,与亲家高士奇招摇纳贿";然后勾结徐元文"入阁办事后,收江苏按察使李国亮贺礼银五千两,致有'去了余秦桧,来了徐严嵩'"及"'五方宝物归东海,万国金珠贡澹人'之谚"。把他与前朝奸相秦桧、严嵩相提并论,实在是够恶毒的了。徐元文上书辩白:"与国亮虽曾相识,初无交涉。"皇上查没查、结果如何,未见史载。大概属"查无实据"之类,最后不了了之。

不久,又有两江总督傅拉塔上疏弹劾徐元文及其兄刑部尚书徐乾学"至富至贵而不知足,招摇权势,恐吓通省宦民,颠倒是非,得多银钱;又纵子侄家人,出入大小衙门,扰害地方",等等。皇上看了这些奏折,只批了个"从宽免其审明","着休致回家"。

于是,回到本文开头,徐元文回家"舟过临清,官吏大索",结果一无所获。

徐元文的结局有些悲凉。两江总督傅拉塔状告徐元文的那些罪名如果成立,办事认真的康熙皇上绝不会轻易放过。现在是宽大到"免其审明"地让他回家，是不是还有其他原因呢？比如他锋芒太露，得罪的人太多，又是个汉人，对他过于信任会引起满族官员的不满，不如借势把他打发走算了。这种可能性是存在的，康熙终究是历史上少有的精明皇帝。

庄有恭痴心水利

庄有恭是清高宗乾隆四年(1739年)状元，广东番禺人。他在入阁为相前，曾任江苏巡抚、浙江巡抚、湖北巡抚、两江总督，其中前后两次任江苏巡抚。从历史记载看，他在沿海一带任职期间，对水利建设特别热衷，走一处建设一处，乐此不疲，且成绩斐然。这在中国古代官僚大臣中尚不多见。

江浙素有鱼米之乡的美称，但鱼、米都离不开水，而有水的地方地势多较低凹，这又容易引起水患。特别是沿海、沿湖、沿江一带，遇有汛情，大片大片的良田顿成泽国。庄有恭作为江浙地方最高行政长官，把保一方百姓、造福子孙后代作为己任，任职期间，多次大规模修筑堤坝，疏通淤塞，并亲自勘察、设计，总结出一套筑堤清淤的经验。作为一方大员，能把精力放在这种于人民有益于个人无补的事情上，其精神可叹可嘉。

乾隆十七年(1752年)，庄有恭向皇上上疏，鉴于“太仓、常熟，至昭文福山港”一带的土石塘工程急需完成，如果不及早筑堤捍田，遇伏秋大汛，后果难以设想。经丈量，要修9470多丈，请酌借库银16万两，即日动工，力争在汛前完工。他还提出把工程承包给地方绅士，让他们自募夫役，借款按亩扣还的办法，两年内还清。皇上觉得可行，“准予所请”。

乾隆二十五年(1760年)，庄有恭在去海宁、嘉兴、山阴等地考察堤防工程时发现，有不少险段需要马上修复，一处长2160丈，一处长2980丈，一处长410丈……有的需要加固，有的需要拆了重修。他还发现海宁南门外，三四月份潮退沙涨，计有18里之长。又在另一处发现新沙形成海堤外护，经过“审量沙势”，认为大可利用。在修建堤坝时，庄有恭采用“鱼鳞作法，逐层整砌”，“缓修作法，如式坚筑”，以及“修整坦面，加固排桩，令紧贴塘身”等办法，使工程结实耐用。庄有恭把这些都写成奏折，上疏皇上。乾隆看了，大大嘉奖一番。他特别对“新涨沙形成外护”一节感兴趣，认为“此佳兆也”，令庄有恭准备丰厚的祭品，对海神显灵要跪拜感谢。乾隆皇帝几度下江南，其中两次亲自接见庄有恭，并赐诗，表扬他对水利建设的贡献。

不过读了史书上有关庄有恭的记载，我们发现虽然他官至大学士，已是一品宰相之位，但总觉得他并不熟悉做官之道，一生磕磕碰碰，忽升忽降，大起大落。运来时两次皇上赐诗，倒霉时两次差点送命。直到死，皇上罚他的六万两银子都没还清。

他第一次倒霉是在江苏学政任上。当时有个浙江人丁文彬，趁他不在时送来一本自己写的《文武记太公望传》。这是本“禁书”。清代文字狱是很厉害的，可书生气十足的庄有恭没有把这当回事，认为丁文彬是个疯子，未予追究。这个丁文彬又带上他的大作去山东曲阜，送给孔子的后裔衍圣公孔昭焕。这孔昭焕虽是孔夫子嫡传子孙，书生气却较庄有恭要少得多。他嗅到味道不对，马上报告了山东巡抚杨应琚。皇上知道此事后怪罪庄有恭“故纵逆罪”，要严加惩处。幸好这时庄有恭思想开了窍，急忙认罪认错，皇上从宽处置，“罚学政养廉十倍”。这就是压在庄有恭身上一辈子也未还清的六万两银子的由来。

后来，他在两江总督任上，又发生江南漕运弊病，如粮户交粮以次充好、下级官吏勒索贪污等。再加上发生在泰兴县的命案，庄有恭查办有误，“大学士九卿拟有恭罪应绞”。眼看他性命难保，幸遇皇上开恩，从宽免死，“发往军台效力”；后又改为“戴罪署理湖北巡抚”，从死囚一下子变成省一级高官。

乾隆二十七年（1762 年）至三十年（1765 年），庄有恭又遇一次大起大落。先是皇上开恩，免去了他在江苏学政任上应罚而未交的银子六万两。接着又升为刑部尚书，协办大学士，入阁为相，暂时留在江苏巡抚任上。不久，去京赴任。但就在这时，发生“苏州府同知段成功纵役诈扰累民革职案”，牵连上庄有恭，被革去协办大学士职。在查办此案中，又发现他过去审案有故意从宽处理罪犯的问题，乾隆大为震怒，立即将他逮捕法办。大学士傅恒等根据他的罪行“拟有恭罪应斩监候，秋后处决”。以前在学政任内应罪未交银两虽宽免，现仍追缴。看来这次庄有恭是难逃厄运了。

又谁知，半年后，乾隆又赦免了庄有恭的死罪，还补授他为福建巡抚，又让他去沿海一带去发挥他的修坝筑堤的专长去了。不过仅两年后，他就死在任上。至于跟了他一辈子的那六万两银子罚款，到这时才真正“加恩宽免”了。

改祖制翁同龢遭贬

翁同龢是近代史上的著名人物。他是清咸丰六年（1856 年）状元，在朝廷历任工部尚书、刑部尚书、军机大臣、户部尚书协办大学士。他在中法战争、中日甲午战争中，反对李鸿章求和；在维新变法运动中支持康有为，企图实现光绪帝亲政，是一个从旧营垒中裂变出来的具有新思想的人物。他赞成改革祖制变法图存，因而受到以慈禧太后为首的守旧顽固势力的迫害。

比如发生在 1885 年的中法战争，彼时翁同龢正受命在军机大臣上行走，对法国侵略越南，强迫越南为其保护国，并利用红河水上通道入侵中国的图谋看得很清楚。当时以刘永福为领袖的黑旗军，与越南人民一道抗击法国侵略者，击毙法军主将李维业。法军大肆侵略越南时，妥协派不敢声援越南人民的抗法斗争，也不敢公开支持黑旗军。法军猛攻黑旗军，清军坐视不救。但这一切并未换得法军的好感。1884 年，法军主动进攻清军，李鸿章下令不准抵抗，悄悄与法军商议出卖越南的投降条约。由于前线战士的坚决反击，李鸿章与侵略者预订的阴谋才未能完全得逞。

但边境部队多为李鸿章嫡系，于 1885 年全部撤入关内，连关口都一度落入法军之手。年近七旬的老将冯子材督率各军在镇南关（现为睦南关）奋勇抗击，大败法军，一举收复了谅山等地。正在前方大胜之际，冯子材接到撤退命令。原来清政府已与法国侵略者在巴黎签订了投降妥协的停战条约。

翁同龢因极力主战而受到“严旨切责”，与军机处王大臣等一起“悉予斥退”。

后来，又经过甲午战争的失败，翁同龢认识到中国的前途在于变法。他利用与光绪帝的师生关系，把维新派领袖人物康有为引见给他。从此，开始了一场震撼中国历史的戊戌维新运动。虽然，这个运动因慈禧太后的镇压而失败，但中国终于向现代社会迈出了第一步。

维新运动失败后，积极支持这个运动的翁同龢以"近来办事多不允协，以致众论不服"，在皇上召对时"任意可否，喜怒见于词色，渐露揽权狂悖情状，断难胜枢齐之任"。皇上本应查明究办，"予以重惩"，姑念在宫内行走有年，不忍遽加严谴，"着即开缺回籍，以示保全"。

就这样，慈禧还觉得处理太轻，不解气，又补下一道"诛谕"，罗列翁同龢为光绪"授读以来，辅导无方"，"信口侈陈，任意怂恿"，又"力陈变法，滥保匪人"。慈禧认为原来决定"开缺回籍"的处分，实在太轻，改为："革职永不叙用。交地方官严加管束。"

于是翁同龢被送回原籍江苏常熟"闭门思过"去了。

直到宣统元年（1909 年），由两江总督端方上奏皇上，朝廷才撤销对翁同龢的处分，"开复原官"。不过这时他已死去五年了。

十二、状元清官录

中国封建社会是个“官”的社会,虽然皇帝最大,但“天高皇帝远”,与老百姓关系不大,与老百姓有直接关系的是官。中国古代社会,官的权力至高无上,一方百姓的生存乃至生死都在官的掌握之中。一旦遇上一任清官,百姓齐呼三生有幸,前世修得好。清官离任而去时,百姓立碑送匾,哭天抢地地送了一程又一程。因为官与老百姓的关系太密切了。

其实,老百姓心目中的清官,也不外乎是廉洁奉公、勤政爱民、刚正不阿、不畏强权、不贪污受贿、不徇私舞弊、办事公正、能为百姓做主等当官理应做到的这些事。但封建社会里昏官、赃官太多,能做到这些的官实在太少。所以,清官在人们心中有崇高地位。

从史料看,状元中的清官特别多,这大概与他们有一个高不可攀的状元身份有关。他们爱惜这个来之不易的荣誉,不敢胡来;再说,他们读的书更多,懂得廉耻,爱惜名声,小心谨慎,所以一般状元官员的政绩都较好。

当官不发财

“书中自有黄金屋,书中自有粮万斛。”当官发财,理所当然,就像种了庄稼该收获一样。可是,有这号读书人,考上状元当上官,不但没有发财,而且穷得叮当响,死了连棺材也没有。

宋高宗绍兴十五年(1145 年)状元刘章,节俭自律,为官清廉。有天,皇上问他:“刘爱卿,你是在修道练气功吗? 怎么总是红光满面不显衰老?”刘章回道:“启奏陛下,臣乃一介书生,不懂修道,只知节俭自律,没有贪欲,不事奢华而已。人们说晏婴一件皮袍穿三十年恐怕难办到,我以为并不难。”

刘章的话很有道理,人少些私欲,不贪婪不心凶,清贫守正,心胸自然坦荡,觉睡得着,饭吃得香,乐观豁达,当然不会显老。至于他说一件皮袍穿三十年并不难,是否来自他的实践,无从考证。但另有一位状元一件袍子穿了三十年,是经过皇帝验证,上了史书的。

辽圣宗十四年(996 年)状元张俭,是有名的清正廉洁的官员。有年冬天,他向圣宗皇帝奏事。圣宗看他穿的袍子已经很旧很旧了,便悄悄对侍卫说:“你把火盆里那个火钩烧红了,给他袍子上烧个洞,做个记号。”侍卫照办了。以后,张俭屡次上殿,圣宗看他依旧穿的是那件烙了个洞的袍子,就问:“张爱卿,你怎么老穿这件旧袍子?”张俭对道:“陛下,臣穿这件袍子已整整三十年了。现在风气不好,铺张浪费,互相攀比,我故意穿上这样的旧衣服给他们看看,让那些在穿着上追求时髦奢侈的人反省反省。”皇上觉得他的话很有道理,也知道他确实清贫,便说:“我要赏赐你一些财物,但不知道你需要什么。这样,你到我后府库里去,拣你用得着的,只管取。”张俭遵命,进了后府仓库,只见里面奇珍异宝、绫罗绸缎,各种各样物品堆积如山。但他只取了三匹布,便出来了。皇上见了更是感动,一定要重赏他,说道:“既然东西你不要,那好,你有五个弟弟,我赐他们统统进士及第。”

张俭叩头谢恩,但坚决不受。

张俭不仅清贫俭约,而且当官能为民做主,在政治上也很有眼光。

有一次,有司衙门向圣宗皇上报告说逮到八个盗贼,他下令立即斩首。但后来真正的强盗被捕获了,那八家喊冤,要求平反。张俭为此再三向皇上提出此事,圣宗听腻了,发怒说:“人杀都杀了,你难道要我偿命不成?”张俭道:“那八家老老小小,贫穷无告,理应加以抚恤,以安葬死者,安慰生者,这才合适。”皇上听了觉得他说得对,便同意了他的意见。

还有一次,辽国收到宋朝使臣送来的一封书信,在语言上有些不礼貌。圣宗皇帝大怒,决定亲自带兵去攻宋。张俭劝道:“陛下何必远劳车驾,不妨先派人去打听个明白再说。”皇上也觉得自己有些小题大做,便取消了御驾亲征的决定。

在状元官员中,像刘章、张俭这样廉洁自重的还有的是。

金太宗天会十年(1132 年)状元胡砺,在定州做官时,热心办学,亲自教授,晦人不倦,使定州的教学水平名列河溯之冠。他在深州为官时,发现有百余人的地方武装,每年要耗费大量国库。其实这些地方武装中的士兵,都是些市井无赖之徒,名为防盗,实则扰民。于是胡砺便决定把它解散了。不久,有人放出谣言说,某日盗贼要来抢劫杀人,专杀州官。人们说,还是把解散的武装重新组织起来,以加强戒备。胡砺说道:“不必,这些盗贼图的是钱,我一贫如洗,有什么值得防备的。”到了某日,他把平日守衙门的卫兵都撤了,竟也风平浪静,什么事也未发生。

还有个更穷的状元是元英宗至治元年(1321 年)状元宋本。他官至礼部尚书,但家里穷得连稀饭都往往喝不上。他不但没有公馆,连住的房子都是借的;死了以后,连棺材还是大家凑钱买的。因为他一生清廉,老百姓对他十分热爱和崇敬,参加他葬礼的人成千上万,“执拂者近二千”。

宋本家有当官不发财的优良传统。他父亲为官一任下来,穷得把房子卖了才凑够回家的路费。

为官一任造福一方

状元来自全国各地,其中相当部分出身低微,对下层人民的生活苦楚有切身体会。一旦考上状元当了官,不敢忘本,能替百姓着想,力争多做些好事。

邹应龙,宋高宗庆元二年(1196 年)状元。他在出任赣州知州时,发现当地一些贫民“养子不育”,便建起慈幼院,专门收养那些被父母抛弃的孤儿,救活了许多小生命。有年他回家探亲,恰遇发大水,灾民无食。邹应龙便把家中存粮全捐献出来赈济灾民。虽然他没有当上很大的官,但老百姓认他是个清官,在他家乡福建泰宁县修了庙宇长年祭祀他。

有的状元被贬官罢职身处逆境时,还时刻不忘给老百姓办事,这种精神更为可贵。

明朝武宗正德三年(1508 年)状元吕柟,性格刚直,宁折不弯。宦官刘瑾以同乡关系来拉拢他，遭到拒绝，便怀恨在心，伺机杀之。吕柟急忙告病还乡，躲过杀身之祸。刘瑾因谋反被诛后，吕柟复出，却又因向世宗皇上进言而获罪。他先是被关进监狱，后被贬为解州判官。吕柟到了解州，见到满街乞丐，便立即兴办福利事业，让鳏寡孤独老弱病残者有所养；又改革服劳役的办法，减轻人民负担，让百姓安心生产；然后兴修水利，扶持农桑，发展经济。短短时间，人民生活状况就有了改观。吕柟是个学者，远离京城是非之地后正好埋头做学问。他一生著作很多，有不少就是遭贬谪后写的。他还在解州办书院，亲自讲学，慕名前来求学的人络绎不绝。一个偏僻穷困的地方，被他治理得有声有色，受到远近百姓的赞颂。他死时，皇上特令停止上朝一天，他的家乡陕西高陵罢市三日，举行了隆重的葬礼，四方学者纷纷前来吊唁。

封建社会的官僚，最讲究的是摆架子，老百姓见而生畏，敬而远之。明代状元李春芳却不这样。他官至大学士，但对人谦恭，不以势凌人。就连这点好处，老百姓都不忘记，史书中还记下一笔。但他不是那种和气生财的好好先生，原则性很强。1567 年明世宗死，穆宗继位，他刚刚坐上皇帝宝座，便讲享受，下诏修翔凤楼。李春芳毫不客气地提意见说："陛下新即位，便大兴土木，耗费人力物力，这样好吗？"问得穆宗面红耳赤，忙下令停工。

清乾隆年间状元毕沅，在河南巡抚任上，遇天旱，百姓生活无着。他不隐瞒灾情，奏请皇上调拨二十万石粮食救急，又建议缓征民间积欠，让老百姓缓口气。他在陕西巡抚任上，见关外士子入关考试辛苦，便奏请皇上对嘉峪关以外、西北边陲城市迪化（乌鲁木齐）等地赴京参加会试的士子，给以驿马之便。皇上照准。从此关外士子进京参考行路难的问题得到解决。他终究是状元出身，对士子惺惺相惜，对读书人有特别的感情。

敢对秦桧说："不！"

一代奸相秦桧，上靠宋高宗撑腰，下有亲信党羽助威，横行朝廷，无所顾忌，大搞顺我者昌，逆我者亡。一时间，忠臣良将几乎被他铲除干净。满朝文武对他侧目而视，不敢说半个不字。唯有几个状元，敢摸他的老虎屁股，即使落得罢职免官甚至招来杀身之祸，也不后退。

张九成是个神童，8岁能背诵六经，10岁便能写一手好文章。他又刻苦，终日苦读，足不出户，参加宋绍兴二年（1132年）廷试，所写策对文章"忠愤激发，无所顾惮"。高宗皇帝看了也说他敢于触及时弊，观点鲜明，是非忠佞分得清，上至皇帝下到百官，读了都有好处，便点他为状元。但他主张恢复中原，反对向金求和，因而触犯了秦桧，两次贬官至边远地区，时间长达14年。

汪洋，18岁便考上状元，宋高宗特赐名为"应辰"。他年轻气盛，对秦桧的倒行逆施早就恨之入骨。他也坚决反对秦桧的投降路线，因而三次被贬官外地，长达17年之久，几乎饿死在异乡。

还有个赵逵，宋高宗绍兴二十一年（1151年）状元。本来在决定状元时，秦桧已另有安排，但宋高宗看上了赵逵的卷子，便点了他。秦桧心里很窝火，便迁怒怪罪考官王酽，把王酽的官也给撤了。

赵逵点了状元后，授教书郎。赴职时，征税官受秦桧指使去搜查他的行囊，除了少数散碎银子外，全部是书。出于对秦桧的蔑视，赵逵上任后也不去拜谒秦桧，这越发激起他对赵逵的忌恨，找机会向他下手。

秦桧一肚皮坏水，手中又有权，要整治个小小的状元，易如反掌。这天，他把赵逵召来问道："你奉诏写的《芝草诗》中有一句'皇心未敢宴安图'，是什么意思？我朝在高宗圣上治理之下，国富民强，四夷来朝，有什么不太平？"未等赵逵回答，秦桧又换了口气问道："听说你是四川资州人，离家又远，薪俸又少，有什么困难吗？"赵逵说："家乡离得太远，亲老跋山涉水来江南一趟是不方便。"秦桧说道："没什么，我这里先给你几百两银子，助你一把。"赵逵听了，含含糊糊应了一声，便退下了。

过了两天，一个秦桧的亲信来对赵逵说："秦承相不是要送你银子吗，这么好事，你还不去拿？去了也顺便表示表示谢意。这可是个好机会，有人想钻还钻不到哩。"赵逵听了，假装没听见。

秦桧还从来没有遇到过像赵逵这样软硬不吃的人，心想：你这么不识抬举，到时候叫你后悔都来不及。随即他召来亲信，商量收拾赵逵的办法。

也是赵逵福大命大,就在这时,秦桧一命呜呼。赵逵不但没挨到整,连原来挨整的张九成、汪应辰也都官复原职,回到临安。

其实,宋高宗对秦桧的趾高气扬、跋扈骄横早已不满,只是秦桧已形成气候,尾大不掉,一时间奈何他不得。再加上当初向金人投降议和,解除岳飞、韩世忠的兵权,以及连发十二道金牌,杀岳飞父子于风波亭,都是与秦桧一起谋划的,高宗对他虽早有不满, 时也难以下手。这下好了,秦桧死了,他松了一口气。他也假意去秦桧灵堂哭了几声,然后把赵逵找来说:"赵爱卿,你知道吗?你当状元,是我亲自点的。但你登第后,因有人从中作梗,长久见不到你。秦桧向我推荐人才,从来没有提到过你。现在我才明白,你是个不依附权贵的人。实在是天子的好门生呀!"并马上提他的官,任命他为起居郎,还说:"当时秦桧有权有势,炙手可热,群臣中不依附他的,只有你一个。"把赵逵表扬一番。赵逵却说:"启奏皇上,说起来还要请陛下见谅,小臣当时做得还很不够,没有像古人那样,面对面地与权奸抗争,只是做到不与他同流合污罢了。我想,我受陛下爵禄,却去权门奔走,不但不敢,在良心上也不忍这样做。"宋高宗听了,觉得他这番话说得真诚,发自肺腑,也很受感动。

潘世恩力荐林则徐

虎门销烟的林则徐,是中国近代史上无人不晓的人物。他由进士及第后,一直在清政府担任要职,虽然工作很出色,做下许多造福人民、维护国家利益的好事,却也几次受到诽谤诬陷,被罢官削职,贬谪边疆。但状元出身、在清廷历任礼部、兵部、吏部要员的潘世恩,慧眼识英才,两次上疏朝廷,称赞林则徐的才能品行,建议重用他。

清道光二十年(1840 年)林则徐在两广总督任上,对如何禁绝鸦片、如何防备英军侵略等问题,提出建议,上奏朝廷。当时潘世恩在兵部任职,皇上把林则徐的奏章交兵部讨论,潘世恩在回奏皇上的疏文中大加赞赏地说:"该督等所议定章程五条,或为变通旧例,或循守成规。通商所以裕民,贵兴利而除弊，抚近即以柔远。在因时而制宜，应如所请行之。以实持之以恒，则夷情悦服，而海防肃清矣。”特别提到林则徐根据当时情势制定的“得其情而后可以服其心”“峪其防而后可以祛其弊”“严内治以御外夷”的方略，作了充分肯定。皇上看了奏折马上朱笔一批：照准。

清道光三十年（1850年），林则徐经过一番人生波折后告病在家。潘世恩乘皇上登极求贤的时机，保举林则徐。他在上奏皇帝的推荐书上说林则徐“历任封疆，有体有用。所居民乐，所去民思”，请皇上征召来京，以备任用。时值太平天国军起义，道光皇帝下诏，任命他为广西巡抚，去会剿洪秀全。林则徐得到诏书立即起程赴任，但在路途中去世。这时，朝廷想起他以前“办事认真，不避嫌怨”，“力疾从公，殁于王事”的许多好处；而后是追赠太子太保，赐谥号“文忠”，撤销任内一切处分，厚恤家属，提拔儿子林汝舟，等等。朝廷对他的功绩大加宣扬，对他的逝世“殊深悼惜”。

然而以现在的眼光看，林则徐的死虽值得惋惜，但从他个人看，也算死得其时。如果他受命去镇压了洪秀全的农民起义，恐怕他晚年的历史将会有另一种说法。

转过话头说潘世恩，他的可贵之处在于他对林则徐的肯定和赞扬，都是在林则徐处于被非议被冷落时，这种精神很是难得。要知道，在那时，把人推荐错了是要负责任、受处分的。潘世恩就有这方面的亲身经历。

一次是他保举编修李汝珍“入直上书房”，即提升到一个要紧位置上，但他在去参加考务工作中因“怀挟”舞弊，被“夺职治罪”。这事涉及保举人潘世恩，便以“坐保不慎”的错误，受到“降级留任”的处分。

还有一次是保举一个叫童福承的编修“入直上书房”。但这位童先生因“品行不端”被弹劾，牵连到潘世恩，处分比上次更重，按吏部讨论的意见是“降三级调用”。最后还是皇上开恩，改了个“降四级留任”，保住了原官职。

这两件事说明，潘世恩对人的认识也有失察的时候；不过它更说明了另一个问题，封建社会为了维护自己的统治，也有一套严格的用人制度。

历代，由状元官员推荐的人才，后来成了国家栋梁之臣的例子很多。如宋仁宗时的状元王拱臣，力荐范仲淹、狄青。范仲淹是北宋有名的政治家，以敢言为人称道。他在任参知政事期间，提出建立严密的任官制度、注重农桑、推行法制等许多重大改革建议,以天下为己任,堪称一代贤相;狄青在抗击西夏侵略的争战中,屡建奇功。他熟知兵法,严明军纪,是有名的军事将领。

又如清道光年间状元张之万,他所推荐的左宗棠,在办理洋务、督办边务等方面都有突出贡献。虽然他参与镇压太平军和捻军,对农民革命犯下不可饶恕的错误;然而作为清廷大臣的张之万,能“唯才是举”,比起那些妒贤嫉能、压制人才的官员,其品格就高贵多了。

封建社会的官场是个大斗技场,钩心斗角,尔虞我诈,朋友义、师生情往往一概不认,以怨报德的丑剧一幕幕不断上演;而以德报怨的事例却很少听说。但宋仁宗庆历六年(1046 年)状元贾黯,处世以大局为重,不计前嫌,以德报怨,为状元史留下光彩的一笔。

本来,皇上要任命贾黯为翰林学士、开封府知府。殿中侍御史吕诲向皇上谏道:“贾黯这个人做做学问还可以,当行政官没有经验。”皇上采纳了这个建议,只任命贾黯为翰林学士。翰林学士只不过是个空头衔,开封府是北宋的都城,与贾黯同时代的包公就当过开封府知府。“包龙图打坐在开封府”,好不威风。因为吕诲的一句话,贾黯就没有当上位尊权重的开封府知府,说他心里没有点想法,恐怕也不实在。

不久,贾黯被任命为御史中丞,吕诲成了他的下级。但贾黯不计前嫌,不但不借机给吕诲小鞋穿,反而要提拔他到更重要的岗位上。这吕诲则因原来的事情对贾黯存有戒心,向皇上打报告坚辞不干。贾黯向仁宗皇帝解释说:“御史本是皇上的耳目,有什么话自然要向皇上说,我绝不会对吕诲有什么责怪。何况,当初吕诲当御史,还是我与另一个大臣推荐的。我知道他为人方正,性格纯厚,所以我才提拔重用他。这样做也是大家的意思。”仁宗听了觉得在理,便把吕诲召来,对他作了解释,使他打消了顾虑,接受了任命。

从史书上所记载的吕诲的表现看,他是不负贾黯推荐的。作为御史,他大胆提意见,直抒己见,不以个人好恶为取舍。贾黯推荐他当了御史,反过来他有意见照样提。他又不惧权势,连当朝重臣欧阳修、王安石的意见他都敢提。只是他的思想保守,又迷信天象,提的意见不一定准确。但作为谏官,知无不言,言无不尽,是值得肯定的。他后来还被提拔为御史中丞,成为宋朝知名大臣。

十四、状元作家群

科举制度，实际上是中国古代社会的选官制度，但这主要是通过吟诗作赋写文章的手段来进行的，所以无意间就培养出了一大批作家，其中状元中的作家为数更多，以“文豪级”而称雄于文学史的就有陈子昂、王维、贺知章、张九龄、文天祥、张孝祥、陈亮、杨慎等。而在当时和以后有较大影响，在文学史上留名的状元作家有柳公权、贾至、宋庠、张九成、王鼎、王鹗、罗洪先、汪绎、翁同龢、戴有祺等一大批人。

中国古代读书人惯用诗词以言志抒情，不管什么事，高兴的不高兴的，快乐的悲哀的，都要吟咏一番，至于赴宴、登高、旅游、赴考更是写诗填词的好题材。发展下去，举子落第要写，及第也要写；仕途亨通要写，罢官贬谪更要写；还有结婚、做生、生娃娃、办丧事，等等，无事不写，无时不写。特别是文友相交，你唱我和，你赠我酬，互诉衷曲，互相吹捧，哪怕是相隔千里，也寄首诗去，以表思念和问候。写诗填词成了中国古代文人生活中不可缺少的一部分，从这个意义上说，每个状元都是作家。如果那时也有作家协会的话，状元，全国三年才出一个的写文章高手，至少也要在国家级的作家协会里坐把交椅。

只是那时没有“作家”一说，一例都是业余作者。又因那时出版印刷困难，主要是手抄本，许多状元的传世之作都未能传下来，现在能见到的，那只是少数。

狂客诗人贺知章

在外国,诗人与女人分不开;在中国,诗人与酒分不开。“李白斗酒诗百篇”一直被传为文坛佳话。其实,与李白同时代的诗人中,以酒量闻名的远不止李白一人,杜甫有首《饮中八仙》的诗,一下子就点了八个人的名。诗的头两句写道:“知章骑马似乘船,眼花落井水底眠。”这位知章先生,喝得昏天晕地,骑在马上犹如乘一叶扁舟在江波里晃荡,活脱脱勾画出一个酒仙的生动形象。

贺知章,字季真,浙江萧山县人,是盛唐时代的著名诗人和名仕,于武后证圣元年(695年)考中进士第一名,官授礼部侍郎,兼集贤院学士、秘书监。

贺知章是个清高淡泊、风流倜傥的人。他豪放纵诞,不拘礼度,自号“四明狂客”,常常喝得醉醺醺的在里巷间游逛。诗兴来了,他一挥而就,立地成篇。他又善草隶书法,往往酒后题词,一气呵成,别具风采。

到了晚年,贺知章这种洒脱随和、笑傲人生的态度更是狂放。有天,他在长安紫极宫道观游玩,与大诗人李白巧遇。二人互相慕名已久,今日相会,一见如故,相见恨晚。他见李白那飘逸的神采,不凡的谈吐,脱口而出赞美道:“真乃天上谪仙下凡。”从此李白多了个“谪仙”的雅号。贺知章知道李白是有名的“酒仙”,便把他拉到一家长安城内最豪华的酒楼,叫上最高级的酒菜,两人对酌。真是酒逢知己千杯少,一直喝到红日西坠,玉兔东升。贺知章看天色已晚,叫过酒保结账。可一摸荷包,坏了,今日出门走得匆忙,忘了带银子。情急中忙解下腰带上的金龟,作酒资付账。若干年后,贺知章已辞世,李白回忆起这件事心头还滚过一阵热浪。他有一首《对酒忆贺监》的诗,是专门记这件事的:

四明有狂客,风流贺季真。
长安一相见,呼我谪仙人。
昔好杯中物,翻为松下尘。

金龟换酒处，却忆泪沾巾。

贺知章83岁那年得病，神情恍惚，梦游皇宫，几天后方才醒来。他自觉奇怪，便向皇上打报告辞职，回乡当道士。玄宗皇上下诏同意。他于是把自己的公馆改为道观，题名“千秋观”。又请皇上将周宫湖改为放生池，易名为“镜湖”。皇上也照准。

临别回乡这天，唐玄宗特赐诗送行，又在东门举行盛大的送行仪式，皇太子及朝中百官都来饯行，十分风光。

回乡不久后贺知章病逝，终年86岁。

贺知章的诗传下来的不多，但在文学史上很有地位。比如他的《回乡偶书》，千百年来广为传诵：

少小离家老大回，乡音无改鬓毛衰。
儿童相见不相识，笑问客从何处来。

他还有五言诗《题袁氏别业》也很有味：

主人不相识，偶坐为林泉。
莫谩愁沽酒，囊中自有钱。

张九龄献诗免祸

张九龄，字子寿，广东曲江县（今广东省韶关市曲江区）人。他7岁能文，13岁就上书给广州刺史陈述自己的政治见解，受到赞扬。武后长安二年（702年）考中进士，玄宗开元元年（713年）策对第一。后来官至宰相。

张九龄文思敏捷，下笔有神。玄宗每有紧急诏令，都找他来撰写。玄宗北巡，带他同行。有次撰写赦书，接连写了13张，一挥而就，无须起草。

李隆基不仅欣赏张九龄的文章才学，对他潇洒庄重的仪表、进退有度的举止也很有好感。他对左右说："朕每见张九龄，精神顿生。"凡推荐人才，请玄宗皇上任命时，他都问："风度若能九龄否？"史称，张九龄体弱，常有病，但风度翩翩，柔中见刚。用现在的话说，张九龄具有一种气质之美，病态之美，男士中的林黛玉之属。

但张九龄更大的优点还在于他的品格端正和刚正不阿。他身为一国之相，作风正派，光明磊落，不为利诱，不惧权势，凛然不可犯。

如皇妃武惠阴谋废除太子瑛，为得到张九龄的支持，派太监来说："有废必有兴，只要丞相助之一臂，保证宰相永远当下去。"张九龄当面厉声谴责来人，并立即向玄宗报告，及时制止了一场阴谋。

安禄山入朝，张九龄看他那野心勃勃、骄横跋扈的样子，对人说："将来幽州生乱者，必此人。"朝廷派安禄山讨伐契丹，大败而回。范阳节度使张守珪将他押到长安，请朝廷处理。张九龄在奏折上批曰：出师战败，按律应斩，不容宽免，并对玄宗皇上说："安禄山狼子野心，有逆相，宜即诛之，以绝后患。"玄宗不但不听，反说张九龄要杀害"忠良"，赦免了安禄山不说，还给他加官晋爵。后来"安史之乱"爆发，玄宗狼狈西逃时，才捶胸顿足，痛心疾首，悔恨当年没有听张九龄的忠言。

唐玄宗要用李林甫为相，张九龄直言相谏道：不可，否则会有后祸。玄宗不听，让李林甫当上了宰相。李林甫是个奸佞小人，以"口蜜腹剑"著称，对张九龄处处打击陷害。他向玄宗皇帝打小报告说，张九龄不过是个会点文字的小吏，不识大体，不具有宰相的才能。一心要把张九龄排挤掉。

李隆基晚年，变得昏聩多疑，是非不分，忠奸不辨，听信了李林甫的谗言，想对张九龄采取极端手段。这年秋天，玄宗皇上叫太监高力士给张九龄送去一把白羽扇。张九龄心中一颤，他明白，这是一个暗示，忙向玄宗献赋一篇，表明自己的忠诚与无辜。其中说："纵秋气之移夺，终感恩于箧中。""苟效用之所得，虽杀身而何忌？"意思是说，秋天的扇子虽然暂时用不着了，可以放于箧中以后再用，如浩荡的皇恩一般，永远让我享受；只要于天下有利，我虽死也无憾。皇上见他言词恳切，没有向他下手，只是贬了他的宰相，改任尚书右丞，不许参与政事。

张九龄明白,根子在李林甫那里,要躲过这场祸事,还得让他对自己放心。他在给玄宗皇上献赋的同时,给李林甫写了一首《归燕诗》:

海燕何微渺,乘春亦蹔来。
岂知泥滓贱,只见玉堂开。
绣户时双入,华轩日几回。
无心与物竞,鹰隼莫相猜。

李林甫虽然不学无术,对这样的诗还是能理解的。张九龄自比为春来秋去的燕子,不久将退出朝政;又给李林甫戴顶高帽子,把他比为高飞云天、去向远大的“鹰隼”。于是妒恨的心理有所缓和。

然而张九龄还是被随便安了个罪名逐出长安,贬为荆州都督府长史。不过他也没把这件事放在心上,空时写诗自娱,倒也落得清闲自在,无忧无虑。他写于此时的《感遇》诗之四,就是他这种心情的写照:

孤鸿海上来,池潢不敢顾。
侧见双翠鸟,巢在三珠树。
娇娇珍木巅,得无金丸惧?
美服患人指,高明逼神恶。
今我游冥冥,弋者何所慕?

这是首寄兴高远、寓意含蓄、风格潇洒的抒怀诗。作者自比为海上孤鸿,在天际遨游。见有翠鸟在高树巅筑巢,他说这能躲过“金弹”的射杀吗?衣服穿得太漂亮会遭人议论,德行高远也会引来忌恨和伤害。我,一只海上的孤鸿,将飞向冥冥深处远离人寰,远灾避祸。这不值得与我同志趣、同命运的人羡慕吗?

张九龄还有些脍炙人口、流传千年的佳作,如那首《望月怀远》:

海上生明月,天涯共此时。

情人怨遥夜，竟夕起相思。
灭烛怜光满，披衣觉露滋。
不堪盈手赠，还寝梦佳期。

此诗被认为是张九龄的代表作。诗人借景抒情，远望一轮皎洁的明月，怀念起远方的“她”来。在这同一时刻，她一定也在月光下思念他。此情此景，勾起许许多多的往事；而今天各一方，相见无期。微风，送过来一阵凉意，但愿今晚做个美好的梦，在梦中与她相会。

还有那首《湖口望庐山瀑布水》：

万丈红泉落，迢迢半紫气。
奔流下杂树，洒落出重云。
日照红霓似，天清风雨闻。
灵山多秀气，空水共氤氲。

这是一首描写大自然的诗，庐山瀑布的景观气势色彩，皆收于笔底，使人们在欣赏大自然无比秀美的景色中得到精神的寄托与陶冶。其风格恰如张九龄的人品：潇洒、俊逸，有一种可感而不可言的灵气流贯其间。

文思机敏柳公权

柳宗元是唐宪宗元和三年(808年)状元，官至司封员外郎、太子少师，常不离皇上左右。因为他写得一笔好字，文思又敏捷，皇上爱与他写诗联句。

这年夏天，皇上在便殿上诗兴来了，便出了个上句：“人皆苦炎热，我爱夏日长。”群臣纷纷应对，皇上都看不上，只觉得柳公权的那两句“熏风自南来，殿阁生微凉”对得好，命他题写在殿堂之上。这当然是件光彩的事。只见柳公权饱蘸墨汁，运足底气，用五寸见方的大字，把皇上的前两句和自己对的后两句，恭恭正正写在大殿的墙壁上。诗好字也好，珠联璧合，相得益彰,皇上点头称赞,群臣连声喝彩,柳公权自己当然也很得意。

唐武宗把个宫妃打入了冷宫,又想把她召回来,他灵机一动,想了个两全之策。他把柳公权召来说:有个宫妃冒犯了我,我一气之下把她废黜了,现在我想把她重新召回,但气还没有消,如果能得到你写的一篇诗,也许我的气就会完全消了。说着,便命太监把纸笔呈上。柳公权接过笔来,不假思索,立成一首七绝:

不忿前时忤主恩,已甘寂寞守长门。
今朝却得君王顾,重入椒房拭泪痕。

武宗看罢,觉得写得很有意思,既入情入理,又分寸适当。四句诗,28个字,把一件事的前前后后写得清清楚楚,还写出了妃子的内心活动,真是难得的好诗。他马上叫太监去府库里取出上好的绸缎20匹赏赐给他,又命人把那个妃子叫出来,谢过恩人柳公权。

作为皇上的近臣,柳公权常常利用一些机会向皇上提意见,有些意见还提得很尖锐、很大胆。

有天,唐文宗在殿上举着衫袖对臣下自我表扬说:"你们看,我这件衣服已洗过三水了。"

众大臣纷纷发言,称颂皇上是节约的模范,古往今来难得的圣君。唯独柳公权一言未发。文宗感到奇怪,便问道:

"柳爱卿,平日你总爱发表点意见,今天为什么不说话?"

柳公权便说道:"陛下贵为天子,富有四海,应当多在纳士招贤、远避小人方面,多在听取臣下诤谏、分清是非方面花心思。至于穿洗过几水的衣服之类,节约是有限的,不过小事一桩。"

皇上听了虽然觉得很不入耳,也觉有理,不便发作。

柳公权是著名的书法家。他先学王羲之,后学颜真卿,结构稳健,笔力遒劲,有自己独特的风范,与颜真卿齐名,世人将其并称为"颜柳"。几朝皇帝对他的书法都很感兴趣。有次唐穆宗问他:

"柳爱卿,你的书法何以这么好?"

柳公权回道:“启奏陛下,写字用笔在心,心正则笔正,笔正,字自然就写好了。”

穆宗皇上是个聪明人,听出他在借题发挥,用谈写字向自己提意见,心想:他也算说对了,这段时间我荒纵政事,一心游乐,意见提得有水平,我注意改。不过他碍于面子没有说出来。

柳公权书法精到绝伦,朝野为之倾倒。凡王公大臣死了,子孙没有求到柳公权写的碑志,被视为不孝。甚至外国来朝入贡者,都要以重金购买柳公权的字,可见其影响之大。正因为他的书法名气大,反把他诗人的名气给压了。

“人中之龙,文中之虎”陈亮

中国人以谦虚为美德,已经当了很大的官了,还口口声声“下官”“卑职”;无职无权的老百姓已经够小了,还自称“草民”“小民”。至于文人,则有更多的把自己说小、说低、说贱的说法,如本是大师级的文章老手了,在同行面前还连说“献丑,献丑,班门弄斧”;本来诗文写得好,又一笔好书法,自己看了都很满意,但写在条幅上送给一个大老粗,上面也写满了什么“教正”“雅正”“斧正”“补壁”之类的自谦之词。

陈亮则不然,他竟毫不谦让地说自己是“人中之龙,文中之虎”。好大的口气!

陈亮何许人也?

他是南宋光宗绍熙四年(1193 年)状元,是历史上有名的哲学家、思想家和文学家。

南宋是个出大忠臣、大奸贼的时代。陈亮出生前两年,大汉奸秦桧为了降金,以“莫须有”的罪名杀害了爱国英雄岳飞父子。陈亮 7 岁那年发生这样一件事:朝廷殿前军校施军,出于对奸贼秦桧陷害忠良的义愤,策划杀死秦桧,但事败被捕。当秦桧审问他时,他回答道:“全国都在抗金,唯独你要当奴才。所以我要杀了你!”

从小，陈亮心中就有了榜样。长大以后，他目睹南宋朝廷从皇上到诸多大臣偏安妥协，醉生梦死，不图恢复中原，只求得过且过，苟安一时，便挺身而出，向孝宗皇帝上《中兴五论》，提出在政治上任用贤能，在军事上积极防守，在经济上增加收入等一些建设性意见。可是由于权臣的阻挠，陈亮辛辛苦苦写的这篇文章皇上根本没看见。后来，他又连续五次上书给孝宗皇帝，提出更具体、更尖锐的意见，以我国历史上南北对峙的教训，指出抗击侵略、振兴国家是人心所向，大势所趋。如果偏安一隅，不思进取，必然造成国家的长期分裂，最后还会导致灭国之祸。他指出："一日之苟安，数百年之大患也。"他还针对南宋朝廷因循保守、政治腐败的现状，提出改革政治，变革法度，"节浮费、斥虚文、严政条、惩奸吏"等一系列主张，以振兴国家。

这些忧国忧民的真知灼见虽未被皇上所采纳，但在朝野却引起一阵阵轩然大波，起了振聋发聩的作用。

陈亮还把目光伸向哲学思想领域，与当时处于正统地位的朱熹唯心主义理学思想展开斗争，以无官无职的布衣小民的身份，上门找身为浙东盐茶司的朱熹，就"王道"与"霸道""天理"与"人欲""利"与"义"等哲学理论问题，与他进行了十天面对面的辩论，对当时沉迷浑浊的学术理论界猛击一掌。

但陈亮的一片赤诚和精辟见解并不为世人所理解，反倒被人视为"狂怪"和"异端"，为当权者所不容。他被"诋讪交起，用空言罗织成罪"，数度关进监狱，"人皆欲杀"，几乎丢掉性命。比如有一次他酒后失言，触犯了朝廷的忌讳，有人借此陷害他入狱，把他打得体无完肤。此事闹到孝宗皇上那里，孝宗在刑部报上的案卷上批道："秀才醉后狂言，何罪之有？"这才放了他。

虽然屡受迫害，陈亮仍为抗金统一而奔走呼号，为求真知而与论敌辩驳，信念不失，精神不倒。没有点"龙"的精神，是坚持不下去的。

然而更能表现他"龙"的拼搏奋斗精神的，是在他51岁那年。他带着满身精神与肉体的伤痕参加进士考试，结果竟然高中第一名状元。这一成就甚至连他的论敌也不得不佩服。不过，认真说，还有一个人也令人佩服，那就是宋光宗赵惇。他不计较陈亮几次入狱的"前科"，坚持唯才是举，在考试面前人人平等的原则，亲笔将其提为第一。在历史上，光宗在位仅数年，一个无大建树的匆匆过客，但仅从这件事上看，他是够得上“英明”的。南宋皇帝多数昏庸无能，但有时有的也还比较清醒明智，懂得爱惜人才。陈亮头次保得性命，这次当上状元，多亏了孝宗、光宗两位皇帝，不然，他就是个彻底的悲剧了。

考上状元的陈亮，被授佥书建康军判官厅公事。但因为他长期贫病交加，心境烦闷，几次入狱，“病而继以囚系”，“精泽内耗，形体外离”，竟在赴任途中一病不起，客死任上，年仅52岁。

陈亮的文学成就甚为可观，他在世时，诗文已广为流传，“学士争诵惟恐后”。有《陈亮集》30卷，其中有许多散文和诗歌精品。

对于散文写作，陈亮有一套理论见解，他在《书作论法后》一文中说：

> 大凡论不必作好语言，意与理胜则文字自然超众。故大手之文，不为诡异之体而自然宏富，不为险怪之辞而自然典丽，奇寓于纯粹之中，巧藏于和易之内。

陈亮是主张“文以载道”的。这个“道”，就是上文所说的“意与理”，也就是中心思想。写文章要有实在的内容，不要片面追求形式的诡异险怪。文章当然要有新意、有巧思，但均要建立在思想内容的基础之上，寓藏于和易平淡之中，凡大手笔的文章，无不如此。

这些见解现在看来也很平常，但在形式主义泛滥的南宋，对净化文风是非常有意义的。

陈亮长于政论文，那几篇向孝宗皇帝的上书，可称得上是他的代表作。下面试举《戊申再上孝宗皇帝书》中的一段：

> 臣尝疑书册不足凭，故尝一到京口、建业，登高四望，深识天地设险之意，而古今之论为未尽也。京口连冈三面，而大江横陈，江傍极目千里，其势大略如虎之出穴，而非若穴之藏虎也。昔人以为京口酒可饮，兵可用，而北府之兵为天下雄。盖其地势当然，而人善用之耳。臣虽不

到采石，其地与京口股肱建业，必有据险临前之势，面非止于靳靳自守者也。天岂使南方自限于一江之表，而不使与中国为一哉？

淳熙十四年（1187年），南宋投降派总代表宋高宗赵构病死，陈亮认为这正是推动抗金事业发展的好机会。但投降派制造“江南不易保”“长淮不易守”的论调，连连遣使向金表示屈膝政策不变。陈亮为驳斥投降派的谬论，于次年亲去长江沿岸的京口、建业一带考察地形，得出与投降派恰恰相反的结论，认为江南“不必忧”，和议“不必守”，敌人“不足畏”，江淮据险可守，只要朝廷一意抗金，统一大业完全可以实现。上举这段文字，论点明确，凿凿有据，语言精练雄辩，极具说服力和震撼力。

陈亮的词，在宋词中也独具一格，主要表现是具有强烈的政治色彩，风格豪放凌厉，感情激越昂扬，有时直接把政治言论写入词中，但因糅合得体，也不显牵强。如那首著名的《念奴娇·登多景楼》：

危楼还望，叹此意，今古几人曾会？鬼设神施，浑认作，无限南疆北界。一水横陈，连岗三面，做出争雄势。六朝何事，只成门户私计！　因笑王谢诸人，登高怀远，也学英雄涕。凭却江山管不到，河洛腥膻无际。正好长驱，不须反顾，寻取中流誓。小儿破贼，势成宁问强对！

这首词，实际上是陈亮《戊申再上孝宗皇帝书》中政治见解的艺术概括，明指直陈，慷慨激昂，气势宏阔，奔放雄壮。其以艺术手段煽起人们的政治热情，有强烈的鼓舞力量。

边荒诗人杨慎

杨慎，号升庵，四川新都人，明武宗正德六年（1511年）状元。他活了71岁，但有35年的时间充军发配在云南永昌（保山）边荒之地，至老死在那里。

杨慎的最早一篇诗作“发表”在11岁时。那年冬天，他到乡下玩耍，见到满山盛开的红梅,看得入神,天黑了也不回家。陪他的管家便把灯笼挂在树上,让他看个够。看着看着,那灯光映照下的梅花如朵朵燃烧的火光,突然照亮他的灵感,他便顺口吟诗一首:

疏梅悬高灯,照此花下酌。
只疑梅花燃,是觉灯花落。

这首题为《赏梅》的诗,很快在小城新都传开,大家都为这位小诗人的诗才所折服。

14岁那年,他写了首《马嵬坡》:

凤辇匆匆下九天,马嵬西去路三千。
渔阳鼙鼓烟尘里,蜀栈铃声夜雨边。
方士游魂招不返,词人长恨曲空传。
蛾眉尚有高丘在,战骨潼关更可怜。

写得这么成熟,这么深邃,连当时诗界领袖礼部尚书李东阳都称赞"此非寻常子所能",立刻收他为弟子。

19岁那年,杨慎考中举人;21岁时进京赶考,主考官见了卷子,夸为"雄文","已置首选",可惜因火烛烧了卷子而冤枉落第。他三年后再考,殿试第一,中了状元,被授翰林院修撰,后来升为经筵讲书官,专给皇上讲经史,讲前朝圣君治国之道,让皇帝从中学习、借鉴。

杨慎的父亲杨廷和是当朝首辅大臣,其弟杨淳为兵部主事。杨慎妻女诗人黄娥之父黄珂是兵部尚书。如果不发生意外,如果遇上开明的君主,如果杨慎学得乖巧些通达些,如果……然而历史是没有如果的,它坚持自己的运行轨迹,于是,一系列的灾难就落在杨慎头上了。

事情出在那场"议大礼"的争执上。专横自私的明世宗破坏先皇祖制,与朝臣发生了争执,杨廷和被迫辞职回家。杨慎年少气盛,参与抗议明世宗倒行逆施的斗争被打得半死,而后被发配边疆,"永远充军"。

如果没有这场灾难，凭杨慎的才能与品德，他可能成为一个高级官员，甚至如他的父亲一样成为首辅大臣。但历史没有如果，它有自己的轨道，它要造就杨慎为一个诗人，一个困顿在蛮夷边疆的边荒诗人。

苦难出诗人。因为个人的苦难，就会更加关注他人的苦难、国家民族的苦难。杨慎在云南边疆的半生中，深入民间，深入底层；广为交游，视界开阔；远离尘嚣，心性开展；咏史怀古，讽陈时事……诗路大开，诗风大变。以前诗中的才子气、书院气少了，充溢在诗篇中的是来自生活的新鲜与明丽，来自对人生、对历史的深入探寻与思考。

如《层台驿》：

陡坂千百磴，破店两三家。
湿灶薪无焰，硗田饭有沙。
瘦兵宵泣血，猛虎昼磨牙。
行路难如此，羁愁一倍加。

这是诗人在贵州毕节山区看到的穷苦山民的生活场景。那高山野岭中几间破屋，冷火湿灶，毫无生气。百姓已穷苦到如此地步，但兵役之灾，官吏之残，仍频频光临。这种景象是杨慎在富饶的家乡新都、在他做官的繁华京城很难见到的。

又如《军次书感》：

凭高一望倍凄然，日暮乌啼生野烟。
天地侧身孤旅外，江湖短发乱兵前。
屈平憔悴渔翁向，韩信栖迟漂母怜。
何事穷愁无伴侣，东风独坐感流年。

充军在这荒僻的边疆，天涯孤侣，无限凄凉。极目远望，夕阳西沉，炊烟缕缕，昏鸦点点，更增添许多惆怅。迷蒙中，屈原、韩信的身影从历史深处走来，又引起他的一番联想和对目前境遇的嗟叹。这些感受，不是亲历，是虚构不出来的。

再如《竹枝词》之八，其内容和氛围那么欢快和明丽，把读者引向另一片天地：

上峡舟航风浪多，送郎行去为郎歌。
白盐红锦多多载，危石高滩稳稳过。

这么新鲜、明亮还带有生活甜味和激情的诗，使我们怀疑竟出自这位放逐诗人之手；而这正说明杨慎的乐观放达，要不然，他也真难以熬过那么漫长的岁月，活过古稀之年。

杨慎的贡献是多方面的。他在云南几十年，各地设馆授徒，教授了许多少数民族学生。滇南的所有州府志都有他授徒情况的记载，当地名士几乎都出自他的门下。人们"以文章魁天下，以文章教后学"来赞美他。

按明朝惯例，充军者年满60岁，可以子侄替役。杨慎过60岁后多次打报告请求"替役"，但那些善于揣摩小心眼皇上的权臣们一直推托不办。到65岁时，云南巡抚顾应祥默许他迁居四川泸州。此处虽离新都好几百里，但到底更近了。然而五年后新换的巡抚，硬说杨慎私自潜逃回四川，派人把他押解回云南戍所。年过七旬的杨慎，病老交加又受此辱，悲愤不已，写下《六月十四日病中感怀》以抒发内心愤懑：

七十余生已白头，明明律例许归休。
归休已做巴江叟，重到翻为滇海囚。
迁谪本非明主意，网罗巧中细人流。
故园先陇痴儿女，泉下伤心也泪流。

这是发自灵魂深处的呼叫与呐喊，我们从中读到对世事不公正的质问与谴责，读到对所谓"明主"的愚忠与痴情，也读到对自己一生的悲叹与伤感，但唯独没有读出一点追悔与懊丧。这恰恰又是他的悲剧所在。

这首诗写成后不到一个月，杨慎便客死在云南边城永昌了。

但是八年后穆宗即位，给他平了反，追赠他为“光禄寺少卿”。

又过了60年，朝廷再一次为杨慎追封，加谥号为“文宪”。四川家乡和云南一些地方还修建了纪念杨慎的祠堂和庙宇，塑了他的像，以供后人瞻仰。不过此时，他的坟头上已长出参天大树了。

落魄诗人戴有祺

戴有祺，清康熙三十年（1691年）状元，江苏金山人。

此人虽为状元，但结局甚为潦倒，最后连吃饭都成了问题。

这大概是个历史的例外。按说，当朝状元郎，无论怎样落魄，也不至于穷到连碗饭都混不到的程度。但戴有祺确实狼狈到了这个地步。

原先，他还是有钱的，还修过漂亮的公馆，他在里面吟诗作赋，静养安息。他大概书生气太足，成天不事经营，或埋头读书写作，或漫游名山古刹，看他那些闲散无聊、无所作为的诗句，就足资证明。如“听雨堪清暑，看书当养疴”；“世间尽有闲鸣犬，何必驱驰尽入云”；“但作闲人何必隐，不耽佳句易成诗”。不愁衣食时尽可以有这样的闲情逸致，但坛子里没有米，一切都是妄语。看书虽可以“养疴”但不可能解饥；你可以不“入云”，但不能不吃饭；做“闲人”也好，做“隐士”也好，专心寻找佳句入诗也好，至少也得饮食无虑才行。如果一心只在诗歌里浪漫，拖了一屁股烂账，最后只得把公馆卖掉。一旦卖得来的银子花光，告贷无方，羞于启齿，那只有挨饿了。这是对无所作为、无所事事者的报复，状元也不例外。

“诗，穷而后工。”饿肚子写的诗自有一番苦涩一番空灵。且看他的《贫甚》：

对镜饿惊雪满颜，鹑衣席帽久萧然。
天将风雨消长日，人在牢愁度小年。
僦舍为家真是旅，休官学稼却无田。
惭他圯上学黄石，辟谷仙兼忍辱仙。

他大概已经饿了好些天了，陡然照镜已面目全非认不得自己了。贫困饥饿的日子自然度日如年：自己的房子卖了，租间破屋算有个栖身之地，但身份已是羁旅人，不是主人了。休官不做却又无田可耕。住没住的，吃没吃的，只有去跟道士学辟谷，忍辱含垢练一身不吃不喝的本事。

这种来自切身体验的诗自然写得真切。只是最后那句使人觉得有些虚假，真是饿到要学“辟谷”的地步，何必不凭“状元”的招牌和才识学问去找个饭碗？据说，戴有祺的书法还很有特色，连康熙皇上都很赏识。孔乙己连个秀才都不是还有丁举人请他去抄书，堂堂状元郎、书法家还愁没有人请吗？故“辟谷”之说经不住推敲，且当自我调侃或故作惊人之笔，更为贴切。但不管怎么说，作为状元，他写得这么坦率和真诚，也让我们长了见识。

田园诗人汪绎

短篱矮屋板桥西，十亩桑阴接稻畦。
满眼儿孙满檐日，饭香时节午鸡啼。

这是康熙三十九年(1700年)，状元汪绎写的一首题名《田家乐》的诗。这首诗把农家生活加以过滤，加以净化和诗化处理，平和恬淡，其乐融融。世人读之如身处桃花园，立足尘世外，于平淡中达到一种美的极致。

他还有首与诗友相聚时相互酬唱的诗，虽不是写的田园风光，但其韵味极其相似：

凭高风物欲凌秋，门外平湖碧似油。
暝色已归鸦背外，斜阳犹恋柳稍头。
疏疏远岫屏间画，点点轻帆镜里鸥。
不尽萧条东涧水。至今呜咽为谁流。

气韵高远，神情俱俏。此诗写的是自然界的秋景、黄昏，却透露出作者心境的萧索孤寂，达到物我两忘、情景合一的境界。

中国古代知识分子，总的倾向是入世的、进取的，但一般都较脆弱，经不住打击，当仕途受挫或遇到意料不及的生活波折时，就躲进老庄哲学的蜗壳中把自己封闭起来，或归隐或抽身，以图平安、平静地了此一生。

然而汪绎不同的是，他在考场拼搏的同时，就给自己设计好了一条退避之路，不把考上状元做一个起点，而当成一个人生完满的句号。当他在殿上听到传胪三唱其名，也许有短暂的激动。但在游街的马上，面对如潮的人群，作为制造这壮观场面的主人，他想的不是为未来作一番辉煌的设计，而是在酝酿这么两句诗：

归计未谋千亩竹，浮生只办十年官。

通向权力极顶、富贵极致的大门已打开，脚还没有踏进去，他就给自己想好了一个平常得不能再平常的归途。即使当官嘛，也以十年为限。

人们都惊异他的这首诗竟然说得这么准，考上状元后当官未及十年就一命归天，永远与青山绿水为伴去了。

这是他无意中写出的那句诗应验了，古人把这叫"诗谶"，据说是很灵验的。看来，古人的想象力比我们丰富得多。

十五、状元魂——文天祥

如果要为中华状元中的英雄烈士立传，文天祥应是第一人。他谱写了状元英烈传中最光辉灿烂的一页。从传统道德看，他是忠臣义士，是“文死谏，武死战”，“威武不屈、利诱不动”的典范；是使一切卖国求荣、背祖忘义，有奶便是娘的乱臣贼子汗颜的一座高山。从新道德标准看，他热爱祖国，忠于人民，为了民族尊严在敌人面前宁死不屈，“粉身碎骨全不顾，要留清白在人间”。他是民族之魂、民族之星，是民族的楷模与丰碑。

原来他当状元也与名字有关

文天祥生于南宋理宗端平三年（1236年），江西吉安人，家中薄有田产，大概属中小地主之类。父文仪，一生虽未做官，却酷爱读书，天文、地理、医药、占卜，样样书都读，装了满肚皮学问。母亲曾珏，也爱读书。文天祥是他们的第一个儿子。据说，生文天祥时，曾珏梦见满天祥云，故取名天祥。母亲做了个吉祥的梦，给儿子取了个吉祥的名字。后来这个名字果然给儿子带来好运，在他考状元时还真的起了作用。

文天祥有个弟弟叫文璧，只比他小一岁。为了让儿子将来有出息，文仪专门请来名师为两个儿子当教师。后因家道中落，无力续聘，辞了家庭教师，由文仪亲自授课。他对儿子要求很严，每天布置新课，夜夜灯下背诵。能背还不行，还要能讲。凡书中精辟之处，他便抄在纸上，贴于墙壁，要儿子们反复诵读，至记住为止。为了儿子读书，文仪见好书就买。一时身上无钱，他脱下衣服当了也要买下。文仪有个书屋叫“竹居”，里面摆满了书架，架上各类书籍琳琅满目，像个小图书馆。

稍长，文天祥就去县上和州里的学校读书。20 岁那年，他与弟弟在吉州白鹭书院结业，同时考中吉州贡士，取得了进京考进士的资格。

宋理宗宝祐四年(1256 年)正月，天祥、璧生兄弟在父亲陪同下去京城临安(杭州)参加考试。在礼部举行的会试中，兄弟二人都通过了初选。下一步是殿试，合格了就是进士。

说起来很不凑巧，就在殿试的前两天，文天祥生了病。这是三年一次的机会，错过了太可惜。殿试这天，文天祥强打精神，拖着病体，在父亲和弟弟的搀扶下走到考场。因为参考的举子很多，进考场又不准走大门，一律从狭窄的旁门进去，来回一挤，文天祥被挤出一身大汗。当在殿廊上找到自己的座位时，他只觉得一阵轻松，病居然好了。他看了试卷题目，稍作思考，展开卷纸，文思如涌，下笔万言。不到半下午，一篇思路清晰、主题鲜明、见解精辟、文采飞扬的文章就写出来了。

这份殿试考卷的全文至今还可以看到。虽然它是用大半天工夫即兴写出来的文章，但从其内容，我们可以读出文天祥的思想观念、政治见解和为人品格等。

考题因是皇帝亲自出的，叫“御试策”。题目很长，一共有 586 字之多。开头讲一番天道无极、阴阳五行的大道理，然后就自然灾害不断发生，人民生活困苦；人才奇缺，士风败坏；国家财力困难，军事力量薄弱，边防紧急，盗匪猖獗等问题，要考生们发表意见，提出对策。题目中，皇上还很虚心地表示要认真听取意见，以改变风气，增强国力，达到富国强兵、国泰民安的目的。

文天祥针对皇上的提问，开门见山地回答道：

> 臣闻天变之来，民怨招之也；人才之乏，士习蛊之也；兵力之弱，国计屈之也；虏寇之警，盗贼因之也。

译成现在的话就是：天灾是人祸造成；人才缺乏是士林风气不正；国力太弱因国家太穷；虏寇侵犯因盗贼蜂起。

接着,文天祥对这些问题一个个进行了分析。如第一个问题,他把“天变”与“民怨”联系起来,揭露人民生活困苦的原因是统治者对人民贪得无厌的剥削压榨。他说:

今之生民困矣,自琼林、大盈积于私贮,而民困;自建章、通大频于营建,而民困;自献助叠见于豪家巨室,而民困;自和籴不间于闾阎下户,而民困;自所至贪官暴吏,视吾民如家鸡圈豕,唯所咀啖,而民困。

文天祥够大胆的,他在分析当今百姓穷困不堪、民不聊生的原因时,首先对古代帝王如何聚敛财富、大兴土木、不恤民力、奢侈挥霍加以揭露,“借古讽今”地批评南宋偏安江南一隅,历代皇帝大造宫殿、寺观、御花园,搜集民间珍奇古玩据为己有,闹得民穷财尽,怨声载道。文章中点的是汉、唐皇帝的名,说的是宋朝皇室的事。

对豪家巨室的批评、揭露,文天祥就不拐弯抹角了。他毫不客气地指出,这些人为了讨好皇帝,“自献助叠”,送黄金白银、珍宝玉器、精美食品、绫罗绸缎、古玩字画,皇帝喜欢什么送什么。这种风气至今仍盛行,甚至皇上要造宫殿、修花园,豪绅们都殷勤地送这送那,而这些负担最后都落在老百姓头上,导致老百姓困苦不堪。

政府还搞什么“和籴”的办法来盘剥百姓,巧取豪夺,使不少人倾家荡产,这也是造成民困的直接原因。

文天祥指出,特别是那些贪官暴吏,把人民当栏里的鸡、圈里的猪,随意宰割、压榨,这就是老百姓困苦的原因。

在回答完第一个问题后,文天祥焦虑地叹息道:“东南民力竭矣!”

第二个问题谈人才和士习,文天祥将当时的士风败坏情况作了这样的概括:

父兄之所校诏,师友之所讲明,利而已矣!其能卓然自拔于流俗者,几何人哉?心术既坏于未仕之前,则气节可想于既仕之后。

父兄师友教的都是为了“利”，这样，能保持清醒头脑，不陷入低俗的人能有几个？心术在未当官以前就学坏了，当官入仕之后能讲什么气节？读书人是非好坏不分，一心以追逐个人名利为宗旨，必然就会出现这样的一些怪现象：

竞奔于世要之路者，无怪也；趋附于权贵之门者，无怪也；牛维马絷，狗苟蝇营，患得患失，无所不至者，无怪也。

大家都去奔世要，附权贵，蝇营狗苟。在这样的风气之中，好人也会变坏，能出真正的人才吗？于是文天祥说：

臣以为变今日之士习，而后可也。士风一淳，人才或于是可得矣！

文天祥还揭露了另一种借道学升官的人。他们投宋朝历代皇帝信奉道教之所好，不谈国计民生，不顾百姓疾苦，终日只讲天理性命，天地阴阳，以求闻达。这都是没有实际价值的。他建议国子监的学生要学经学，也要学治国之道和边防、水利等实用学科，培养实际工作的能力，把士林中的虚夸清谈之风彻底扭转过来。

随后他谈国防和财力的关系。文天祥在文章中说，二者关系至为密切：兵力不足，要招兵，就得发饷；国家没有钱，发不出饷，兵当然就无法招。可是他问道：皇室和大臣们大修寺观，在建设上争奇斗巧，豪华装饰，要花多少银子？宫廷之中“靡金饰翠”“霓裳羽衣”要多少开支？皇上对贵戚近侍大把大把地赏赐，要不要钱？如果把这些开支省下来，“专以供军，则财力未有不足者”。把朝廷没有钱办国防的责任归咎于朝廷，算是击中了要害。

关于“虏寇”与“盗贼”的问题，文天祥写道：

臣闻外之虏寇，不能为中国患，而其来也，必待内之变；内之盗贼，并不能为中国患，而其起也，必将纳外之侮。盗贼而起于通虏寇，则心腹之大患也。

文天祥这里所指的“虏寇”，主要是北方的女真、蒙古的军事贵族，“盗贼”指的是农民起义军。说虏寇不足为患，是完全可以战胜的，这是对的；但说因为有了农民起义才招致北方侵略，这就错了。至于说“心腹之大患”是所谓“盗贼”通“虏寇”，更是毫无根据。文中所举北方伪齐皇帝刘豫派人送金银给农民起义领袖杨么的例证，说明“虏寇”与“盗贼”相互勾结，纯系南宋统治者对农民起义军的污蔑。刘豫派人带上财物来收买杨么是实，但杨么把来人全部杀了投入江中，显示了他的一身正气和民族气节。这说明文天祥不明真相，偏听偏信。但如果联系后来文天祥始终不愿与农民起义军合作一致抗击元军侵犯的做法，可见他也有明显的偏见。他把“盗贼”即农民军当作首先剿灭的对象，去掉“肘腋之蜂虿，怀袖之蛇蝎”才能消灭虏寇，收复中原的见解，更是极其错误的。

文天祥在“御策试”的考卷中所谈以上四点，除了最后一点外，其余观点见解精辟，论据确凿，尖锐犀利。一个年仅 21 岁的青年书生，竟然有如此胆识和灼见，实在不容易。

然而更能说明他胆识过人的，还在于文中最后那几段话。比如针对考题要求答卷用词“勿激勿泛”，文天祥写道：

> 臣等尝恨无由以至天子之庭，以吐其素所蓄积。幸见录于有司，得以借玉阶方寸之地，此正臣等披露肺肝之日也。方将明目张胆，謇謇谔谔，言天下事，陛下乃戒之以勿激勿泛。夫泛固不切矣，若夫激者，忠之所发也，陛下胡并与激者之言而厌之邪？厌激者之言，则是将胥臣等而为容容唯唯之归邪？

文天祥直接向皇上提意见了：皇上你要求考生发表意见不要措词过于激烈，也不要泛泛而谈。可是我们好容易有这么个机会，把蓄积已久的心里话向你披露肝胆直言不讳地说出来，你却要我们“勿激勿泛”。“泛”固然不好，但“激”是出于忠心，有什么不好？你把“激”与“泛”相提并论，讨厌激烈的言论，岂不把我们当成唯唯诺诺的人了？

这些话已经是够尖锐激烈的了，但文天祥还不就此罢休，紧接着又写道：

然则臣将为激者与？将为泛者与？抑将迁就陛下之说，而姑为不激不泛者与？

这简直是在质问：皇上你看"我"该"激"还是该"泛"，或者按你所说的那样，做一个"不激不泛"的人？其语气不仅仅是质问，而是抗议。

殿试，是整个考试最后也是最关键的一场，成败得失在此一举。历来考生在殿试考卷上都是对皇上歌功颂德，顺着皇帝的心意发挥，只有这样才有高中的可能。可文天祥吃了豹子胆，竟然在写给皇上看的考卷上如此大胆，如此放肆，如此不恭，不计一切后果。可见文天祥并不是把猎取功名当作这次考试的唯一目的，而是要利用这个机会，"借玉阶方寸之地"向皇上进言献策，希望皇上采纳他的主张，把国家治理好。

幸亏文天祥遇上理宗赵昀这位肚量大的皇帝。

说起理宗，还有段历史小插曲。他原是一个民间平头百姓，只因为姓赵而交了好运。当朝太师右丞相史弥远为了控制朝廷，废了嫡脉正宗的皇太子赵竑，把民间找来的这位赵姓青年拥立为皇帝，继位为理宗。所以他长期被史弥远玩弄于股掌之中。不过这时史弥远早已死去，理宗已当了那么久的皇帝，也算是锻炼出来了。他看了文天祥的文章，对文天祥的一片忠心很是欣赏。本来考官推荐文天祥为第七名，他御笔一挥，改为第一，而且说："此天之祥，乃宋之瑞也。"一句话点破玄机，原来文天祥能当上状元，还沾了名字的光。不过经过皇上金口玉言这么一说，文天祥的朋友们起哄了，都叫他把名字改为文宋瑞。

绝意仕途，息隐林泉

读书做官，这是封建社会知识分子的最终追求。文天祥寒窗苦读十余年，而今高中状元，有了做官的大本钱，他又是个热心社会，立志要干一番事业的人，为何年纪轻轻却绝意仕途，流连山林起来？这当然有原因。

进士考试的黄榜放出来后，文天祥名列第一。他、他的父亲和弟弟都异常欢喜，但不无遗憾的是弟弟落了选。这倒是小事，弟弟反正还年轻，这次没考上，下次再考。不幸的是父亲在发榜的第二天就生病，第四天竟客死于临安。终年42岁。大喜接着是大悲，兄弟二人护送灵柩回老家办理丧事。我国历史以孝治天下，按规矩守父丧要三年，就是现职官员也要离任回家"丁忧"。

文天祥守丧期满，有人劝他向宰相上书求官，他不。吉州知州要代他向朝廷申请任命，他也不。原因很简单，因为当时朝廷被一帮佞幸小人把持，他耻于与他们为伍。他又发现，理宗皇帝对他的"御策试"虽感兴趣，但只是叶公好龙而已。

不过文天祥还是去了临安，但不是为了求官，而是陪他弟弟去应试。这次，他弟弟考中了进士。因为文天祥考中状元时父亲病逝，没有履行向皇帝谢恩的手续，这次与弟弟一起补办了。这时，朝廷任命他为"承事郎，签书宁海军节度判官厅公事"。承事郎是个官衔，有名无实。"军"是地方行政区划，略低于州府，即给个官衔去地方上任管理文书公事的官员。但他还没有上任，就发生了一件震动朝野的大事：蒙古军又向南宋大举进攻了。

早在文天祥出生的头一年，蒙古曾与南宋合作灭了南宋的死对头金国。但新的更危险的敌国蒙古却向南宋不宣而战，曾几次攻占南宋重要城池，烧杀抢掠，无所不为。后因蒙古内部出现权力之争，才稍有停歇。现在，蒙古内部稳定了，大汗蒙哥调三路兵马，向南宋发动全面进攻。

可是南宋朝廷皇帝昏庸无能，大臣相互倾轧，君不像君，臣不像臣，在敌人进攻当前议论纷纷的不是迁都，就是讲和。文天祥心急如焚，挺身而出写下著名的《己未上皇帝书》直陈己见，指出迁都之议是小人误国，"皇上为中国王，则当守中国；为百姓父母，则当卫百姓"。他又说：何况现在有"三江五湖之险""六军百将之雄"，只要陛下有勾践那股卧薪尝胆的精神，有孙权那种剑斫书案与曹操死战的决心，唤起全国人民同仇敌忾，敌寇死在旦夕。

除了这些尖锐的意见，他还提出强兵卫国、激励士气的许多具体建议。特别对当朝奸相董守臣的欺君罔上、为非作歹的种种罪行进行了揭露，希望皇上严加查处，以正国法。

这是一个激昂慷慨"触犯天颜"的奏章，呈上去后，知道内容的人都替文天祥捏把汗。然而这没有引起皇上的重视，皇上既没有采纳，也没有怪罪，更没有交有司查办。皇帝当到这个份上，也实在令人"佩服"。

正在这个时候，前方传来好消息：蒙军受挫，全线撤退。

原来这是枢密使贾似道一手设计的骗局。

贾似道受命领兵去解鄂州之围，但惧于蒙军的威势，悄悄派人去向蒙军统帅忽必烈求和。恰值此时传来蒙哥在四川合川战死，以及漠北王廷准备立新王的消息，相比之下，还是当"大汗"对忽必烈更有诱惑力。贾似道来求和，正好顺水推舟，抽身回漠北去争王位。于是他答应所请，订下南宋每年给蒙古银20万两、绢20万匹为条件，划江为界，两不相侵。贾似道隐瞒了求和真相，向理宗上表说："诸路大捷，江汉肃清，宗社复而为安。"被蒙在鼓里的理宗皇上以贾似道立下"再造王室"之功，进一步提拔重用。这个谎言瞒得很紧、很久，直到南宋灭亡都未被拆穿。就连文天祥也信以为真，还把贾似道当作一个人物来称赞。

忽必烈率兵回到漠北后，靠武力当上大汗，打了五年仗，战后又要安定内部，没有时间对南方用兵，南宋又多苟安了几日。

文天祥一直没有到任，后改任其他官职，他也坚辞不受，却自愿请求"祠禄"，去管理道观。朝廷同意了。这本是个安排年老体弱、罢官罢职官员的闲差事，25岁的文天祥却要去争着干。

文天祥的心境是可以理解的。古代有抱负的读书人，要实现自己的政治理想，唯一的道路是向皇上上书，提出自己的建议，望皇上采纳颁行。可是文天祥两次冒险上书，都未起任何作用，而他寄予重望的理宗皇帝，却越来越不理事。再看朝廷之中，坏人当道，正气难伸，一派乌烟瘴气，与其去官场滚一身污泥，不如遁出化外，求一时之清闲。此后，虽然他也任过好几次地方官，如湖南提刑、赣州知州等，但仕途艰险，官场黑暗，他心灰意冷，向往世外隐居生活，在家乡修了个文山山庄，过起悠闲自在的散淡生活来。他有两首诗就是写这时的生活和心境的：

日日骑马来山中，归时明月丢在地。
但愿山人一百年，一年三百余番醉。

钓鱼船上听吹笛，煨芋炉头看下棋。
剩有晚愁归别浦，已无春梦到端闱。

昔日激昂慷慨的斗士，如今变得这么潇洒飘逸，活脱脱一个陶渊明再生。但他这时才 30 多岁。

文天祥虽倾心经营自己的文山山庄，但对于国家大局并未忘怀，“身在江湖，心存巍阙”。“青春岂不惜，行乐非所欲。”眼看奸臣误国，国势日衰，北方忽必烈称帝大都，建立元朝，虎视江南，文天祥哪里平静得下来？

文状元起兵勤王

咸淳十年（1274 年）是南宋灾难深重的一年。这年度宗病逝，贾似道扶年仅 4 岁的赵显为帝，即宋恭帝；这年元军大举进攻，连连攻陷鄂州、黄州、江州等重镇，国家处于危亡关头。文天祥再也按捺不住，又要有所行动了。

然而这一次不比以前，以前是一而再地向皇上写奏章，提出救国方略，恳求皇上恩准。这一次反过来了，是皇上下《哀痛诏》求臣下了。《哀痛诏》说得实在“哀痛”：“先帝倾崩，嗣君冲幼……”接着说元军攻陷襄樊，顺江而下，许多州县相继落入敌手，大兵压境，临安空虚，望文经武纬之臣、忠肝义胆之士、起诸路勤王之师，前来救驾。朝廷将不吝爵赏，予以重奖。

平日朝廷一呼百应，可这次响应者寥寥，只有文天祥、张世杰二人而已。

这时文天祥在江西提刑任上。他一改过去任情放诞的作风，接到诏书的第三天，就变卖家私，聚集粮草，运用平日在百姓中的威望，振臂一呼，应者云集，几天工夫就有两三万人参加他领导的义军。有好心人劝告他说：你一介书生，以乌合之众去迎战元军，无异于驱羊饲虎。文天祥答道：“我也知道如此，但国家养育臣民三百余年，一旦有急，征兵天下，竟无一人应召，我万分愤慨,所以自不量力,以身赴难。望天下忠臣义士能闻风而动,共赴国难,以挽救宋朝。”他还说:“乐人之乐者忧人之忧,食人之食者死人之事。以身许国,理所当然。”

朝廷此时果不食言,见文天祥起兵勤王,“不吝爵赏”,立刻封他为枢密院副都承旨、江西安抚副使等相当现在省部一级的官职;半年后,又提为工部尚书;最后再提拔他为右丞相兼枢密使,都督诸路兵马,还兼临安府尹,负责保卫京都。不过这时南宋王朝已是树倒猢狲散的境地,在朝堂上宣布任命时,一共只到了六个人。平日济济满朝的文武大员,降的降,逃的逃,没降没逃的都躲在家里“生病”。

文天祥受命于危难,尽管朝廷给他权力,但那些投降派,那些妒忌派,专为文天祥设置障碍。投降派怕文天祥奋力抗战打破他们投降新朝做官的美梦;妒忌派怕文天祥勤王建功把自己比小了。他们竭力阻碍文天祥的勤王军参战。如文天祥驻守平江,以拱卫临安,宰相陈宜中、留梦炎等两次下令叫他移军余杭,致使平江落入敌手,常州也被攻陷。由元军宰相伯颜率领的部队在攻常州时,久攻不下,便驱使城外百姓运土筑垒,连人带土一起筑成高垒。破城后,全城数万人被杀,只有七人因躲伏在桥坎下得以幸免。

因朝廷投降派指挥失当,调文天祥至余杭,造成几个城镇失陷,不知情者以为文天祥贪生怕死,一时间议论纷纷。文天祥百口莫辩,最后将朝廷两道调他的文书张挂于城门上,人们看了,才真相大白。

元兵加紧进攻,投降派加紧求和,派去的使臣向元宰相伯颜表示,愿以称侄纳币为条件请和。伯颜说:你就是称侄孙也不行。使臣表示还可以再降价,只要保存宋朝宗庙社稷,称什么都行。一心要消灭南宋的伯颜,不让保存宋的朝廷名义,并要南宋派丞相去谈判。

这时南宋的丞相是陈宜中,他怕被扣不敢去。副相留梦炎,见国家将亡,乘混乱时逃得不知去向。这留梦炎也是南宋的状元,国家危难当头却临阵脱逃,后来又投降了元朝,不知他那一肚皮忠孝节义这时都到哪里去了。

最后这个谈判的任务落在文天祥身上。当时文天祥的好友及部下都反对他去元军营中,但文天祥认为事已至此,天大的危险也顾不上考虑了。再说,如能用语言打动对方,让他们暂时退兵,也不虚此行。他抱定不为利诱、不被威屈、不辱使命的决心到了元营。

伯颜问道："丞相来谈投降的事吗？"

文天祥道："投降是前丞相一手办的，我一概不知。我奉朝廷之命，前来谈判。"

伯颜说："那好，你讲。"

文天祥说："忽必烈在攻宋的诏书中，并没有说要灭宋，你为什么一定要灭我宋朝？"

伯颜无言以对。

文天祥又说："以前你们几次与本朝订约，大多失信。现在两国丞相互相共商条件，亲订盟好。如有诚意，应退兵平江，把和议情况奏知双方朝廷，再续议。"

伯颜与宋使多次打交道，没见过有这等说硬话的。他心里佩服，口中却说："现在你们已是末日，还嘴硬。你是不是想来试试我的刀？"

文天祥笑道："我是宋朝状元宰相，只欠一死报国，感谢你的成全，请便吧！"

伯颜心中另生一计，说道："随你来的几个人都回去，请文丞相留下，等他们回来，大事商议完毕再回。"

文天祥一再抗议，也没有用。他被扣留了下来。

临安朝廷见文天祥未回，大家都无了主见，答应了所有投降条件。南宋偏安江南的历史从此结束。

在伯颜的安排下，投降仪式很正规很隆重，由 6 岁的皇帝赵显率领大臣面北跪拜，宣读降表，宣告皇帝退位。而后，清点府库，封存档案。又把宫中的卫队、宫女、乐师、内侍集合起来，一一点名，记入俘虏花名册。仪式进行得也还顺利。只是第二天后宫花园池子里飘满了宫女的尸体，数数有几百具之多。

这边元军营帐里，开展了紧张的对文天祥的劝降工作，但他丝毫不为所动。伯颜叫降将去劝，一个个被骂得狗血淋头，羞愧而退。连伯颜也佩服他是条汉子，杀了他，不好交代，但他又如此顽固不化死不投降，一时间不知该如何处置。

虎口脱险

恰在这时元世祖忽必烈下旨，要南宋降臣到大都（现北京）拜表献土，伯颜逼文天祥同行。文天祥只得带上随从跟使团北上。在上船这天，文天祥有个部下叫杜浒的要求同行，以便一路照应。路上，文天祥与杜浒多次策划逃跑，终未能得手。有次竟是同行的原南宋官员贾余庆向元军告了密而失败。

十余天后，船到镇江，等待过江。

这是一个逃跑的好机会。由于押送的元军对杜浒看守较松，他借外出喝酒之机，探寻逃跑的办法。这天碰巧遇见一个为元军看管船只的老朋友，请他相助，事成后赠金两千两，并封承宣使。这老朋友正色道："我不是为了钱，也不是为了官，而是为了救大宋的一位丞相。我什么都不要，只求丞相写个帖子，以后大功告成，好做个见面的凭证。"杜浒又活动了几处，都愿效力。他回去讲了，文天祥心头一阵热。因为第二天就要过江，他们决定当晚逃跑。

是晚，文天祥以感谢房东为名，设酒摆宴，把押送官王千户也请了来，一起饮酒。这王千户对文天祥一向看管很紧，因为明天他们就要过江北上，城中又戒备森严，也就开怀畅饮起来。不多久，便酩酊大醉，不知人事。文天祥、杜浒等一行，换了衣服，启门而出。因有杜浒找来的官灯引路，顺利到了江边，找到早就准备好的船只，众人上了船，急急向宋军控制的真州划去。

正当大家松一口气时，忽然碰上一条元军巡江大船。船上元军问："什么船？"艄公回道："打鱼船。"元军不信，一边大叫："歹船停下！"一边紧追上来。正在危急时，巧遇落潮，大船搁在浅处动弹不得，他们眼睁睁看着"歹船"从鼻子底下溜了过去。

文天祥等一行到了真州，叫开城门。城里人听说文丞相走脱来投真州，奔走相告，都想一睹丞相风采。只见摩肩接踵，人流如潮，挤满了大街小巷。文天祥觉得这场面比他二十年前中状元打马游街还热烈、壮观。

狼狈大逃亡

真州守将苗再成，对宋朝忠心耿耿，见到文天祥高兴万分，认为以他丞相兼枢密的威望，团结两淮守军，中兴宋室大有希望。他向文天祥谈了自己的想法，策划今后军事方略。二人越谈越投机，半夜后才各自就寝。

文天祥一行接连休息了两天。第三天，苗再成请文天祥一行到城外察看地形，由苗再成手下的王都统陪同。出了城外，王都统忽然掉转马头，纵马入城；然后紧闭城门，不让文天祥等再入城。

文天祥一行正惶然不知所措间，忽见城门开处，出来一彪人马，为首的军官对文天祥说："请丞相下马，有事相商。"文天祥心想可能要在这里杀自己了。不觉叹道："真没想到，才逃出敌人牢笼，却又死在自家人手上。"但死也要死个明白，他便大声问道："你们究竟要干什么？"

那军官道："请丞相莫误会，今日之事非苗将军之意，而是淮东制置使李庭芝派人来说丞相投了元军，到真州是来劝降赚城的，下令叫杀了丞相。我家苗将军不忍加害，特派我来送行。不知丞相准备投奔哪里？"文天祥说："去扬州。"那军官道："扬州李制使正要杀丞相，岂不自投罗网？"文天祥无可奈何地说："事已至此，只有向他剖白。他一定要杀，只有听天由命了。"

原来昨天苗再成收到李庭芝的谕示，说文天祥叛变，逃到真州是为了劝降，命杀之。苗再成将信将疑，后又听民间谣传，说文天祥一行十数人岂易逃脱，是元军派他来赚城的。

这本是伯颜在文天祥逃跑后为断其归路造的谣，但从当时情势看，那么多文臣武将都纷纷降元，文天祥也未毕不降。在真假难辨的情况下，苗再成采用了个折中的办法：既不杀，也不留。苗再成虽一介武夫，倒有其精细精明之处。然而他更精细的是命前来送行的军官观察打探文天祥的真实意向。军官带领50余骑人马送了一程，看他们确实没有背叛朝廷的意向，便放了他们，回真州复命去了。

文天祥一行经过艰苦跋涉，终于到了扬州城下。当看到那高高城墙上一队队来往巡逻的宋军时，他又是高兴又是犹豫：高兴的是见到自己的军队，犹豫的是李庭芝既然下命令叫苗再成杀自己，现在送上门来，虽剖腹挖心，也说不清楚。与其送死，不如另图良策。经过一番商议，文天祥决定经高邮到通州，去找宋将杨师亮。

路途之中，连连遇到危险。

一次，他们在一个土围子里休息，远远见一队元兵过来。眼看就要进土围子了，这时忽然狂风大作，风雨交加。元军忙拐弯去一个大院落避雨了。文天祥等人躲在土围子的墙里，耳听墙外阵阵马嘶人吼，脚步杂乱。要不是下雨，任何一个元军伸过头来，就会发现他们，真是危险至极。他们后来才知道，这一支元军正是押送南宋降臣拜表献土去大都的，因文天祥的逃跑，兵力增加到几千，浩浩荡荡开了过去。

还有一次碰上元军，几个人分散到竹林草丛中去躲，有两个随从被发现，一个被射瞎了眼，一个被割去头发。杜浒也被抓住，送了银子才得以逃脱。文天祥躲在草丛中未被发现，但脚被元军的马踏得血流如注，文天祥忍痛一动不动。元军过后他发觉受伤不轻，好几天不能走路，只得由随从用筐子抬着走。

还有一次路上碰见扬州守军，有七八个人，跃马横刀，挡在文天祥等人面前，不由分说举刀便砍。文天祥忙拿出银子，那伙人才未下手，放了他们。堂堂宋朝宰相遇上宋朝士兵，还得送钱买命。文天祥悲叹不已，他的诗句“金钱买命方无语，何必豺狼骂北人”就是记这件事的。

这几次遭遇虽然危险，但都过去了。然而发生的另一件事却叫文天祥难过了好久。

文天祥逃出来一共带了十一人，都是多年的心腹和知交，但这天早晨起来准备赶路时，发现有四个人不见了，遍寻不得。原来这四个跟随多年的心腹吃不了苦，对前途失望，带着分藏在自己身上的银子跑了。文天祥方叹知人之难，但转而一想，觉得也是好事，不坚定的分子跑了，剩下的是忠诚之士。果然，余下的这七个人，一直跟随文天祥转战各地，受尽苦难，都以死相从。

他们好不容易到了高邮，听说李庭芝行文通缉捉拿文天祥，一行人未敢进城,绕道而过。

经过一个月的危险旅程,他们终于到了通州。通州守将杨师亮也曾接到李庭芝的“文丞相赚城”的文书,但他不相信。后来又打探得镇江府走了文丞相的消息,更证实了他的看法。他把文天祥一行热情接到衙内,让他们安心休息。文天祥利用这个时间,把从临安到通州一路所写诗词一百余首,编成诗集《指南录》,表示一心向南方矢志不移的心愿。

这时,他听说临安陷落前,吉王、信王两个王子在人们的保护下逃到永嘉(温州),许多大臣聚集在那里,酝酿重新建立朝廷,要重振兵马,收复失地,挽狂澜于既倒。

再造辉煌

德祐二年(1276年)五月初一,逃出临安的度宗长子益王赵昰在福州登极,改元景炎,是为端宗皇帝。端宗任命了文武大臣,准备以福建沿海一带为根据地,重振旗鼓,中兴宋室。文天祥得知这个消息,十分振奋。他又得到通知,命他去福州见驾。于是他从通州登船,泛海南下。在船上,面对波涛翻滚的大海,思绪如涌,写下流传千古的诗句:

几日随风北海游,回首扬子大江头。
臣心一片磁针石,不指南方誓不休。

他以磁针永远指向南方的比喻,表明自己对宋王朝矢志不渝的忠诚和战斗到底的决心。

他到了福州,拜见皇上后,被朝廷授通议大夫、右丞相兼枢密使、都督诸路军马等一长串官职,但他坚辞不受。原因是他不满意左丞相陈宜中的为人行事。当初临安被围,陈宜中悄悄溜走,只顾自己逃命,而今又大权在握,与这种人在一起很难有所作为。最后他只领了枢密使之职,离开福州深入内地,准备扎扎实实、轰轰烈烈干一番事业。

文天祥在福建南剑州成立督府，聚集粮饷，广招兵马。消息传出，八方响应。原赣州勤王军旧部人马来了，一些零星的抗元武装也来了，还有一些退隐在家的宋室官兵也来了。长溪有个姓谢的青年，变卖了家产，招集数百人投南剑而来。万安有个和尚，打着“降魔”两字的大旗前来效命，并自称“时危聊作将，事定复为僧”。

文天祥此次组织的督府军，较之以前的勤王军，人数更多，声势更大，战斗力更强，在与元军交战中连连取胜，收复了不少县城。形势发展令人鼓舞。

元军江南统帅部大为震惊，派精锐部队前来攻打。临时组织起来的督府军不是对手，连吃败仗。特别是督府所在地南剑州因守将逃跑而失陷，军心动摇，形势急转直下。这时元军又展开诱降攻势，派人送信给文天祥劝降，遭到严词拒绝。他又对部将中有背叛行为的钱汉英、王福、吴浚等下令斩首，以稳军心。

元军劝降不成便加紧进攻。文天祥为避其锋芒，保存实力，组织部队向江西一带退却。元军统帅李恒率骑兵紧紧追赶。文天祥几次遇险，幸得部下冒死相救，方得逃脱。

一次，文天祥被追过一个山岭，老将巩信正驻军山上。文天祥过去后，元军到了。巩信带几十个士兵死守隘口，为迷惑敌人，布下疑阵。李恒追到岭下，见宋军严阵以待，怕有埋伏，不敢轻易进攻，便命部下放箭。巩信连中数箭，站立不住，便在路边一块石头上坐下。其余士兵虽有的被射伤，有的被射死，却或坐或立，没有倒下。李恒怀疑后山有伏兵，派人绕道山后，并未发现一兵一卒。李恒上了山岭，发现巩信等全都壮烈牺牲。这么一耽误，文天祥早已走远了。

又一次，元军在大雾中追文天祥，渐渐“追上”了。他们发现一乘轿子里面坐个当官模样的人，问他是谁，他只答：“姓文。”元军问轿夫，也都说姓文。元军以为捉住了文天祥，忙押到元帅帐前请赏。李恒也未见过文天祥，不辨真假。询问中，那人昂首挺胸，怒目而视，一口咬定姓文以外，什么话都不说。直到后来问到个没有骨气的俘虏，才点出他是督府督参赵时赏。李恒受了愚弄，大发雷霆，命令押下去严惩。赵时赏冒名顶替，争取了时间，使文天祥又一次逃脱。

以后,文天祥在江西一带领督府军也打了几次胜仗,但终因寡不敌众,只得撤退到广东岭南一带,以待时机。这时他把母亲及长子接到身边。其妻欧阳夫人,次子佛生,女儿柳小娘、环小娘皆被元军俘虏,押送大都去了。

因长期流动打仗,文天祥与朝廷失去了联系。他想与朝廷联系上,以便配合行动。

可是这时的端宗小朝廷已被元军撵出福州,乘船漂流于海上,成了名副其实的流亡政府。这个政府在陆地上只有些零星队伍,但在海上拥有一支数量可观的舰队。不过,这已是最后的本钱了。为了安全,舰队驻在大海中的厓山,整个朝廷的皇帝大臣都在船上办公。

这时,又发生一件不幸的事,端宗病逝了。国不能一日无君,他们马上又拥立 8 岁的卫王赵昺为帝,改年号祥兴。陆秀夫代陈宜中为左丞相,张世杰为枢密副使,枢密使仍为文天祥。

文天祥本想去厓山,但未能成行,只得在沿海一带伺机行事。可恨的是这一带盗匪横行,为了安抚百姓,文天祥一行又不得不分兵对付。

此时,元朝派元帅张弘范统大军水陆并进,一心要扫清沿海宋军余部。元军攻占了文天祥督府所在地海丰。文天祥率部退进山中。

这天,元军统帅张弘范同时接到两处捷报:文天祥被俘。两处都把"文天祥"押到大营请功。一对面,原来有个是真的,有个是文天祥的部将刘子俊冒充的,他想用冒名顶替的办法赢得时间,让文天祥逃脱,不幸被当面认出。元军对刘子俊恨之入骨,竟把他活活煮死。

文天祥是在逃离海丰后不久被元军包围被俘的。他拔剑自刎未遂,又取出身藏的冰片吞下,但药力失效,只拉了一阵肚子就好了。他被押到张弘范帐中,元军叫他跪下。他说:"我见到伯颜都不跪。"元军问:"为什么不跪?"文天祥回答得很干脆:"能死不能跪。"

元军将佐见他这么顽固,提出把他杀掉。张弘范说:"杀了倒成全了他的忠心美名,不能杀。"他还亲自为文天祥松绑,请他上坐。文天祥只求给他一把剑自刎殉节。张弘范则好言相抚,待为上宾。

张弘范自有他的打算,他要去进攻厓山,消灭那个海上的小朝廷。他要带上文天祥让他去看看他所忠于的那个小朝廷的覆灭。他认为只有断了文天祥对宋朝的最后希望,文天祥才会投降。

煎熬生命

祥兴元年(1279 年)二月初六,这天天气特别恶劣,一早就是满天乌云,海风怒吼,几丈长的大船也摇来晃去,颠簸不停,使人头晕目眩。坐在船舱中的文天祥眯上眼睛,好像回到了童年与弟弟在后花园荡秋千,摇呀,荡呀,越来越高,越来越快,弟弟怕了,大叫起来。文天祥睁眼一看,才是船上的元军叱骂征来的船夫。文天祥明白,张弘范把他押到船上是有意来折磨他的,要他亲眼看看宋朝的最后时刻,好让他死了那条心。可是他又觉得张弘范的安排并不高明,说不定会弄巧成拙。比如说,张弘范要是被打败了呢?被打败了宋兵掩杀过来把文天祥救了呢?这并不是不可能。

文天祥心中是有数的:元军在总体上是处于优势,但在这个局部上他们并不占优势;元军在陆地上占有优势,在海上却处于劣势。他算了一下,张世杰的舰队有大小船 1000 余艘,其中多是大型楼船,兵员总数 20 余万,还有熟习水战的几员大将。而元军,一共有大小船只 500 余艘,还有 200 艘因迷航没有及时赶到厓山。他们还有一个致命的弱点是士兵多为北方人,不习水战,上了船站立不稳,头昏眼花,呕吐不止。举不起刀,发不了箭,怎么打仗?文天祥越想越兴奋,他站在船舱里,透过窗户远远望去,宋军船舰阵容果然齐齐整整,稳如磐石,在大风浪里也岿然不动。原来宋军船只都用铁链紧紧拴在一起,再大的风浪也摇它不动。

看到这,文天祥说声"不好",如果用火攻,岂不重蹈曹操赤壁之战的覆辙?他真想向张世杰喊话,提醒他千万注意。可自己身在元军看管之下,莫说不准喊,就是喊了,隔那么远他能听到?

元军果然用火攻,若干装满柴草引火之物的轻舟,点燃之后向宋军船队漂去。眼看烈火熊熊的小船很快靠近宋军大船,可远远地就被宋军早就准备好的长木杆顶住,靠近不了;有靠近的一时也引不燃大船。因为张世杰早有准备,许多大船船舷上都涂了泥土,根本烧不着。元军火攻不成,反倒贴上不少船只。文天祥见了,悬着的心放了下来。

但张弘范又使出另外的办法:他把船的两舷蒙上布幛,命士兵手持盾牌躲在布幛后面。宋军见敌船过来。乱箭射去,都插在布幛上了,并未伤人。待船一靠近,元军纷纷跳上宋船,双方短兵相接,杀成一团。由于宋军船只全都连在一起,上了这只船,腿一跨就上另一只。这些北方来的元军,在自家船上还摇摇晃晃,上了宋军连接起来的大船,如履平地一般,正好给他们提供了施展武力的有利条件。他们越杀越勇,眼看占了上风。

文天祥远远看到这场面,如万箭穿心。他不忍再看下去,头深深地埋在两臂之间,失声痛哭起来。

张世杰看大势已去,忙派小船去皇上大船上,准备把赵昺接过帅船一起突围。但保护小皇上的陆秀夫觉得来船太小,不容易穿过布满元军的海面;且在混战中来人身份不明,如果是元军假冒张世杰派来的人,岂不上当?他拒绝了来人。然而情势已十分危急,陆秀夫决定与皇上一起殉难。他先叫妻子、儿女跳海自杀,再对赵昺说:“国事至此,陛下应当殉国。远有靖康之役徽钦二先帝蒙难之鉴,近有德祐皇帝被俘虏受侮之例,陛下不能重蹈覆辙啊!”说罢背着九岁的赵昺跳进滚滚波涛中。其他太后、诸多宫女,也都跳海殉难。

文天祥目睹了宋亡的最后一幕,他在回忆当时的心情时写道:“厓山之败,亲所目击,痛苦酷罚,无以胜堪。”他只有“坐北舟中,向南恸哭”。他想跳海自杀,但元军对他防范很严,连舱门都不让出。

那天晚上,仍然狂风不断,又夹着暴雨,倾盆而下。天公也在为大宋的灭亡哭泣致哀。

冲出重围的张世杰虽然还有百余艘战船,但又遇上飓风,有的撞坏,有的沉没。左右劝张世杰上岸暂避,他拒绝说:“已经没有必要了,我为宋朝已仁至义尽。一君被俘,复立一君,君亡,又立一君,现在国已无君。这是天意。”说罢也坠水而亡。

张弘范消灭了督府军,最后灭了宋朝,趾高气扬,在厓山北壁上刻了“镇国大将军张弘范灭宋于此”十二个大字。但很快有人把字削去,改刻为“宋丞相陆秀夫死于此”,以纪念这位殉难的忠臣。

张弘范把文天祥押到广州。他想:这下你文天祥还有什么可说的?这天他大摆宴席,庆祝胜利,也邀文天祥为座上客,还向他敬酒。

文天祥推过递来的酒杯,一语双关地说:“张将军,你的情,我心里明白,但我绝不领受。这酒,你自己喝吧。”元军副元帅庞钞儿赤见文天祥不识抬举,恼羞成怒,对他破口大骂。文天祥也毫不畏惧地痛骂他一顿。庞钞儿赤拔刀威胁,文天祥冷笑道:“元帅请便。”后来他在诗中写道:“平生读书为谁事,临难何忧复何惧。”正是他当时心理的写照。

元朝政府决定把文天祥押往大都。这是一次更为磨人、更为揪心的生命煎熬。

他们从广州到大都,横穿中国南北,行行复行行,一共走了五个月零十一天。

途中,文天祥几次想到死。第一次是离家乡吉州前七八天他开始绝食,估计到家乡时已饿死,能尽节故乡,归葬本土,也算“瞑目长往,含笑九泉”了。押送他的差官怕他饿死不好交差,劝他吃,逼他吃,捏着鼻子灌他吃,都被拒绝。他饿了八天,不但没死,身体也没有明显衰弱。而这时船已过了吉州。他只有暂时放弃死的打算,复又进食,接着又产生学屈原那样投江自尽的念头,可转而一想,在荒僻的江河里死得不明不白,太没有价值,不如将来从容就义,也不枉一生,于是自杀的想法渐渐消淡。他听说船到了建康(南京)要停留一段时间,他又想到逃跑,如果能跑掉,再举义旗,岂不比死更有意义?

然而这次想要跑脱就困难多了。镇江那次跑脱后,给元军造成那么大的麻烦,他们吸取了教训,加强了戒备,沿途又封锁了消息,就是插了翅膀也飞不脱。文天祥准备到了建康后再找机会。

可是到了建康,防范更紧了。文天祥身边只有一个随从,势单力薄,难以成事,成天只写诗填词来打发枯燥悲伤的日子。

他正在绝望时,忽然有了个难得的机会。流散在江淮一带的抗元义士,打听到文天祥的行踪后,决定乘元军押送他过江的时候劫人。一切筹划得很周密,而且与文天祥取得了联系,只等押解文天祥的船只一到江心,埋伏两岸的小船便一拥而上，杀了元军，救出文丞相。

大概张弘范有什么预感，过江这天，他亲自布置水、陆两军严加戒备。过江的渡口几次变换，最后选择在东洋渡口。渡江前，十里之内不许停泊闲杂船只。渡江时，数艘满载元军的船只把文天祥的座船夹在中间。两岸又布置了骑兵和步卒，铁桶似地把文天祥包裹在中间。纵有天大本事，也难以从重重包围中把人救出来。众义士只有顿足叹息，眼睁睁看着元军把文丞相押过江去。

过了大江，一马平川，又是元军长期经营的地盘，文天祥要想逃跑更是难上加难了。

不过这时的文天祥经过长途跋涉，流览了万里山河，纵观了历史进退，对生与死看得更深刻、更透彻了，“人生自古谁无死，留取丹心照汗青”。他清楚地知道元朝最高统治者不惜花这么大的代价，把他从南方送到北方的目的，无外乎劝他投降。但他决心已下，志不可移，一定要做个顶天立地的汉子。

甘洒热血写春秋

十月初一，文天祥踏着当年的头场初雪走进了大都的城门。他被安排在专门接待投降官员的会同馆里。

关于自己的命运，文天祥早就设想好了：先是软的，各种各样各式人等的劝说；不奏效，就来硬的——各种各样花样百出的肉体折磨；再不奏效，一刀结果性命。如此而已。

一切，果如文天祥所设想的程序进行。不过，他没想到的是在这个过程中他所遇到的人和事给他的精神和情感的打击，是那样的剧烈和沉重，使他几乎难以承受。

元世祖不愧是个雄才大略的开国之君，他在招降和利用宋朝旧臣上很有一套办法。他一定学过心理学，对文天祥采取了一套完整的心理战术。

第一个来劝降的是留梦炎，就是那个临阵脱逃的南宋状元宰相。他现在已是新朝新贵。因为他地位与文天祥相当,都是状元宰相,用他来现身说法再恰当不过。结果他被文天祥一顿臭骂,弯腰低头地退了出去。

接着来的是瀛国公赵显,就是那个德祐皇帝,他被押送到大都后,削去帝号,封了个空头衔瀛国公。但他只有9岁,不懂得劝降。不懂不要紧,只要来了,就可以向文天祥表明:皇帝都降了,你当臣子的还有什么可说的?不过文天祥有他的策略,不能像对待留梦炎那样臭骂一顿撵出门去,毕竟他是"皇上"。文天祥请他面南而坐,自己向北而跪,痛哭流涕地连声说:"圣驾请回,圣驾请回。"半懂事的赵显愣住了,把临来前教他的那些话全都忘了,不知吞吞吐吐说了几句什么话,就走了。

第一个回合,文天祥赢得很轻松。

元世祖的第二套方案是派当朝大员来压降。

阿合马,是元朝初年权倾朝野的大人物,他亲自传见文天祥。

文天祥自然知道他的来历和地位,但毫无惧色、昂首阔步走上堂来,先拱拱手,见有个椅子,也不要请,就面对阿合马坐了下来。

阿合马用凶狠的目光盯了他一眼说:"你知道我是谁吧?"

文天祥说:"早就听说了,你是宰相。"

"既然知道我是宰相,为何不跪?"

"我是南朝宰相,你是北朝宰相,都是宰相,怎么能跪?"

阿合马也不生气,却意味深长地讽刺道:"你是南朝宰相,怎么会到这里来呢?"

文天祥回答道:"南朝用我当宰相太迟,如果早些,北方人到不了南方,我南方人也到不了北方。"

阿合马是个鄙陋勇夫,自知辩不过文天祥,走了。不过他走后,文天祥的日子就不好过了,他被带上了枷,关进大牢,受尽折磨。

一个多月后,孛罗丞相传令召见。

只见大堂之上,孛罗丞相高高在上,两边是杀气腾腾的刀斧手。

孛罗本想用自己的威势吓吓文天祥,叫他屈服,谁知他竟然毫不在乎地走进大堂,向上拱拱手,算是打个招呼。

堂上的通司(翻译)气急败坏地吼道:"跪下,赶快跪下!"

文天祥说:“我是南方人,行南方礼,不能跪。”

孛罗还没见过敢这样藐视他的人,命令左右按他跪下。但文天祥抵死不跪,任打任踢,坐在地上不动。

孛罗耸了耸肩,也无可奈何地问道:“你有什么话说?”

文天祥说:“天下有兴有衰,我文天祥忠于宋朝,矢志不渝,只求一死。”

孛罗说:“你说你忠于宋朝,德祐嗣君不是你宋朝的君主吗?”

文天祥说:“德祐皇帝不幸被俘,此时以社稷为重,君为轻。为社稷计,已别立君主。”

“可是你们立的两个君主都已不在,你还尽什么忠?”

“宋朝不可救,这是天命,我文天祥只有一死以尽忠。”

孛罗见他顽固不化,就说:“你要死,我偏不让你死,把你监禁起来。”

文天祥回答得很简单:“听便。”

孛罗见文天祥死不愿降,主张把他杀掉,但元世祖不同意。

文天祥就这样被长期关押起来。但他并不因此而悲伤,“直弦不似曲如钩,自古圣贤多被囚”。当囚徒又有什么,苏武、司马迁、班固、范晔这些历史上有名的大人物不都当过囚徒?他又想到许多名垂史册的著述,不都是在监狱中、在流放中,在种种磨难中完成的。于是他安下心来写作,《指南后录》《集杜诗》《正气歌》等等被后世称为“诗史”的伟大作品,就是在大都的监狱中写成的。

为了折磨他的肉体,他们给他戴上铁链和木枷,长期不取下来。生活条件也很差,每天只给一钱五分做伙食费,文天祥还得自己做饭,经常弄得满身满脸的烟灰尘垢。稍不如意,他还要挨狱卒的呵斥辱骂,幸而很久没有像孛罗这样的人来纠缠,日子虽苦,倒也安静。

稍后,生活条件有些改善。狱卒知道他喜欢吃甜食,给他送些糖来。不过,他总觉得这糖吃起来没有家乡的糖甜。他后来才知道,北方的糖是用甜菜做的,南方的糖是甘蔗做的。他又联想到小时爱吃甘蔗,有次去偷吃邻家的甘蔗,蔗渣丢了一大堆,父亲发现了,还把自己狠狠地揍了一顿。那时,他觉得父亲打得好痛好痛,现在摸摸挨打的地方,还微微觉得一阵酸痛。

有个狱卒对他很好,除了送水送饭,还跟他讲几句话。有天从他口里听说有两个宋朝的降臣不知什么事犯了错，被杀在柴市口。文天祥听了先是一惊，后来很快平静下来。不知怎的，他突然想到小时吃的那堆甘蔗渣，他觉得这风马牛不相及的两者之间，似乎有些内在联系。

“狱中日月长”，可是，文天祥成天忙着构思他的诗作，日子也觉得好过。秋去冬来，几易寒暑。他想，忽必烈的耐心也真好，要不就是国事太忙，把他给忘了。

其实，忽必烈没有忘记文天祥，他的耐心也是有限度的。他正在实施他的第三套方案。

这天，文天祥收到一封信，打开一看，竟是女儿柳娘写的。他流着热泪读这封信。信中，柳娘告诉父亲，她与母亲、妹妹，都在大都宫里，穿的是道袍，成天诵念道经，过的是囚徒一样的生活。文天祥看了信，柔肠寸断。三年了，亲人近在咫尺，却不能见面。他在回信中说：“收柳女信，痛割肠胃。人谁无妻儿骨肉之情。但今日事到这里，于义当死，乃是命也，奈何！奈何！”“可令柳女、环女好做人，爹管不得。泪下，哽咽，哽咽！”其实，他只要说一句“我愿降”，妻子、儿女马上都能见面团聚，而且能与他一起共享富贵，但他不！他对女儿说：“痴儿莫问今生计，还种来生未了因。”叫女儿不要对父亲心存幻想。

这本是很厉害的一招，但这时对“俯仰经行处，死生谈笑间”，“宋故忠臣墓，真吾五字铭”，决心赴死的文天祥来说，已起不了大的作用了。

接着弟弟文璧又来探监。但文璧已降元，文天祥对他很冷淡。文璧自觉无趣，走时留下元朝宝钞四百贯给哥哥用。文天祥却说：“此逆物也，我不受。”文璧只得又带回去。文天祥对弟弟降元很气愤，在诗中写道：“弟兄一囚一乘马，同父同母不同天。”表示与他决绝。

第三套方案的失败，忽必烈才发觉自己还是低估了对手。他要亲自出马。

元世祖至元十九年(1282 年)十二月初八，忽必烈召见文天祥。

文天祥来到皇宫的大殿上，站在当中，向上一揖。侍卫要他跪下，他不跪。侍卫准备动手按他。

忽必烈摆了摆手，示意不要强迫他。

忽必烈说话了:“文天祥,你在大都已三年了,你应该好好想想,如果能回心转意,像忠于宋朝那样忠于我,我会给你在相府留个位子。”

文天祥说:“天祥是大宋的状元宰相,大宋既灭,我只求速死。”

忽必烈听了,叫人传话说:“你不当宰相也可以,在枢密院任职,如何?”

“我什么都不要当!”文天祥坚定地说。

“那你愿意怎样呢?”

“只求一死!”文天祥说得斩钉截铁。

忽必烈打心眼里佩服。他把目光扫视了一圈殿下的文武大臣,只见他们一个个屏声静气地勾着头看自己的脚尖。偌大一个宝殿静得出奇,就连大殿外旗杆上风吹彩旗的哗哗声都听得清清楚楚。

忽必烈轻轻叹口气。他没想到,他能打遍天下,横扫千军,却败在这个书生手下。他向侍卫扬扬下巴,示意把文天祥带下去。

元朝大臣们都感到文天祥活着对自己的威胁,不约而同地上奏元世祖说,既然他不愿降,就成全他,速赐他一死。忽必烈也觉得这个人太可怕,同意了大臣们的建议。

第二天,十二月初九,大都通街戒严,一队队骑兵在街上来回巡逻。午时,一辆囚车在柴市口停下,文天祥从容安详地走下来。虽然元兵层层设防,但围观的人仍如潮水般涌来。监斩官怕发生变故,向市民们解释:“文丞相是南朝忠臣,皇上任命他当宰相他不当,愿求一死,以遂其愿,非同一般杀人可比。”同时催促刽子手准时行刑。

文天祥漫步走向行刑地,问身边的人哪边是南方,然后面南拜了两拜,准备就刑。监斩官最后问道:“文丞相还有什么话说,如有,回奏了可以免死。”文天祥怒目而视道:“没有说的,请便吧!”

这位伟大的英雄就这样从容、坦然地就义了,时年47岁。

十六、状元诗人王维

弯弯曲曲人生路

话说王维在岐王李范的策划安排下，化装成伶人，随岐王进了太平公主府邸。他一曲《郁轮袍》弹下来，满座动容；再献上自己的诗作，太平公主看了惊叹不已，马上表态，改变原先推荐张九皋为状元的决定，转而支持王维，使王维顺顺当当被点为状元。因为他精通音律，朝廷给他分配了个专业对口的"大乐丞"的官职。他如鱼得水，大显身手，写了大量词曲，让教坊梨园弟子演唱，很快流行全国。传唱至今的著名古曲《阳关三叠》就是他这个时候创作的。但不久出了个大问题：他手下伶人竟私自表演了只能给皇帝看的"黄狮子舞"。这可是个非同小可的事。

中国古代社会，等级制度森严，就是跳舞唱歌之类的娱乐活动，皇帝与臣民之间也有严格的界限。《论语》中有篇叫《八佾》的短文，写道："孔子问季氏，八佾舞于庭，是可忍也，孰不可忍也！"佾，跳舞的行列。那时规定，天子才能用纵横八个人组成的舞蹈队；季氏只是个大夫，规定只能用"四佾"，却要"八佾舞于庭"。孔夫子对此很气愤，问道："要是这样的事都忍了，还有什么事不可忍呢？"可见问题的严重性。

作为乐官，王维失察，被贬到山东济州当个司仓参军的小官。这件事对他的打击很大，他一度很悲观，认为一辈子就这么完了。他在"纵有归来日，多愁年鬓侵"的嗟叹中，匆匆过了十来年。直到张九龄当了宰相，召他回西京时，他已开始踏入中年了。他被任命为右拾遗、给事中等官职。正当他想一展抱负时,张九龄受到奸相李林甫的排挤,被罢相贬去荆州。王维此时沮丧至极。从此,他一改积极进取的人生态度,转而变得消沉起来。他在长安附近的终南山隐居,后来在辋川买了房产,奉母修行,过起亦官亦隐的居士生活来,一心吃斋念佛,不问世事。

然而世事偏要来过问他。天宝十四载(755 年)发生的那场"安史之乱",他未能逃脱,被安禄山俘虏,押去安禄山称帝的"燕"都洛阳,仍授以"给事中"的职务。但王维装聋作哑,拒不接受。安禄山深知他的才华,没有加害,而是把他关在菩提寺,企图软化他。

有天,安禄山在凝碧池设宴,命俘虏来的梨园弟子们奏乐。其中有个叫雷海青的乐工,将乐器扔在地上,向西大哭,被安禄山肢解碎尸处死。消息传来,王维十分悲痛,成诗一首曰:

万户伤心生野烟,百僚何日更朝天。
秋槐叶落空宫里,凝碧池头奏管弦。

"安史之乱"平息后,唐肃宗将陷贼的官员全部下狱。王维因写了这首诗免罪,加上他弟弟平叛有功,请求以削去自己的官职为他赎罪。后来,王维被任命为中书舍人、给事中、尚书右丞等官职。但这段经历始终是他头上的一团阴影。

王维的弟弟王缙,也是个博学多艺的才子。兄弟二人情感笃厚,又都信佛,官至宰相,故有"朝廷左相笔,天下右丞诗"之誉。

王维 30 岁丧妻,未娶,后半生在孤居中度过。特别是他生命的最后几年,退朝以后,或与僧徒玄谈,或焚香独坐,以禅诵为事。当年那个英气勃勃的王维已无影无踪,成了名副其实的"诗佛"。

上元二年(761 年),王维病逝,终年 61 岁。

写尽人间相思苦

红豆生南国，春来发几枝。
劝君多采撷，此物最相思。

王维这首《相思》诗，一代又一代传唱了 1300 多年，至今未见稍有“褪色”，反而读出更多的新意。直白浅露、易读易懂中却饱藏着人类最普通、最可贵的情感，每个读者都从中读出自己的滋味来。因为，它的背后隐藏着一个动人的故事。

相传，古时一男子出征，死在边地。其妻日夜思念，哭于树下，泪哭干了，流出来的是粒粒鲜红的血滴，血滴化为红豆，红豆生根发芽，长成大树，结满一树红豆，人称相思子。夫妻天各一方，相思至泣血，可见其爱之深，其情之热。小小一粒红豆，饱含了人间男女欢爱之情、相思之苦。

这只是个传说，下面是个真实的故事。

王维多才多艺，能诗会画，与朝廷王公贵族多有交往。宁王李宪家中娇妻美妾无数，却又看上一个烧饼师傅的老婆，想方设法把她霸占过来，对她特别宠爱。过了一年，宁王问她：“你还想你那位烧饼大郎吗？”她默不作声，连问几次都如此。宁王便把那个烧饼师傅召来。她见到后泪流满面，泣不成声。当时在座的文人见了都很感动。宁王对他们说：“诸位都是诗人，请你们就这件事赋诗一首。”

王维最先完成，念道：

莫以今时宠，能忘旧日恩。
看花满眼泪，不共楚王言。

念完，王维补充一句说：“题名《息夫人》。”

原来“息夫人”是另一个故事。

息夫人是春秋时息侯的夫人，楚文王灭息以后，把她占为己有。到了楚国后，她一直不说话。楚文王问她道：“你为什么不说话呢？”息夫人回道：“像我这样，又有什么可说的呢？”

诗人把这两个故事写进一首诗里，一个新故事带出个老故事，用老故事点示新故事，把烧饼师傅妻子与息夫人的不幸加以联系。二人时代虽不同，命运都一样；特别是她们对自己不幸遭遇的反抗方式也一样，均以沉默相对，却无声胜有声。诗人在借古喻今中还巧妙地融进了借古讽今的意思，隐约表露出对烧饼师傅妻子的同情和对宁王的谴责。

在座的其他文人看到这样的好诗，只有赞叹的份儿，都不敢再写了。

《失题》中所写的相思，则又是一种。

唐朝是个国力强盛的朝代，为了讨伐、征服周边国家、部族的侵犯和叛乱，许多男儿被派往边疆，家中留下年轻的妻子或恋人。她们苦苦地盼望着，年年岁岁魂牵梦绕地思念着：

清风明月苦相思，荡子从戎十载余。
征人去日殷勤嘱，归雁来时数寄书。

古诗写男女相思多以夜晚为背景，往往又与月亮分不开，乍看起来是惯用的技巧，在于营造气氛，但细想起来有充分的生活依据：白天，人们忙耕织忙劳作忙衣食，即使想“相思”也只能是短暂的瞬间；只有夜晚，有成片成块的时间属于自己，可以从容不迫地细细回忆，慢慢品咂，可以漫无边际地去遐想，去编织一个美丽完整的梦。再说，夜晚本属于青年男女所专有，他们之间最值得回味、最值得留念的事多发生在夜晚，“人约黄昏后”自古如是。因此，夜晚最能勾起他（她）们对过去美好时刻的回忆。而明月，一向又象征团圆和圆满。一面是一轮圆圆的明月，一面是爱情的缺失，巨大的反差激发着人们的希望，他们想有个圆满的未来。

一首七言绝句，不容许铺垫和衬托，头一句就直奔主题，写这位妇女在清风明月的良宵之夜的相思之苦。她的苦非同一般，已长达 10 年之久，而且至今音讯渺渺，叫她怎么不焦急甚至绝望呢？

如果再仔细想，这诗中的女主人公和她的夫君，家境定然很贫困，要是家中富有或者其夫君有一定地位，也不致长达10年难通信息。那自然会想到另一种可怕的可能，那就是她的夫君已牺牲在边漠沙场，这绝不是毫无由来的猜测，“古来征战几人回”“可怜无定河边骨，犹是春闺梦里人”等诗句都产生在唐代。如果这些诗句不幸言中，那这位大嫂（大姐）的相思之苦就将终生陪伴了。

侠骨柔肠，铁马金戈

但王维在他的一些边塞诗中转换了角度，一扫闺怨相思的绵绵柔情，用慷慨激昂的强音去歌颂、赞扬戍边作战的英雄和他们保家卫国的献身精神，如他在《送赵都督赴代州》中写道：

忘身辞凤阙，报国取龙庭。
岂学书生辈，窗间老一经。

这首诗写出了盛唐开元、天宝年间的那种蓬勃向上的进取精神，也是诗人内心爱国激情的涌动和倾泻。

他的《少年行四首》更写出一代誓死报国男儿的英姿和风采。

如《少年行》之一：

新丰美酒斗十千，咸阳游侠多少年。
相逢意气为君饮，系马高楼垂柳边。

《少年行》之二：

出身仕汉羽林郎，初随骠骑战渔阳。
孰知不向边庭苦，纵死犹闻侠骨香。

这些游侠少年，浪漫豪爽却都有志气，是一群忠肝烈胆的汉子，绝不是呼朋引伴、斗鸡走狗的酒囊饭袋，一旦边境有警报，他们就会马上奔赴前线，为保卫祖国而战。《少年行》其三就是写他们这种表现的：

一身能擘两雕弧，虏骑千重只似无。
偏坐金鞍调白羽，纷纷射杀五单于。

如此威武，如此神勇，使我们想到后世小说中写的那些于千军中取敌上将首级如探囊取物的英雄。

王维还有一次很有意义的塞外之行，亲自领略了塞外风光，有了切身体会，诗歌的风格为之一变。

开元二十五年（737年），汉西节度使崔希逸战胜土蕃，王维奉旨带着朝廷的奖赏，以监察御史的身份去凉州劳军，并留在那里兼任判官，住了两年之久。那首《使至塞上》的千古绝唱，就写在此时：

单车欲问边，属国过居延。
征蓬出汉塞，归雁入胡天。
大漠孤烟直，长河落日圆。
萧关逢候骑，都护在燕然。

诗中描写的边塞景物，开阔、和谐，疏淡有致。其中"大漠孤烟直，长河落日圆"两句，把沙漠一望无际的气度、明丽壮观的景象，一览无余地展现在我们面前。仅凭这两句诗，读者就可以想象出一幅表现边塞风物气象神韵的画来。难怪宋代大文豪苏轼说王维的诗，诗中有画；王维的画，画中有诗，这绝不是毫无依据的瞎吹捧。

《送元二使安西》是一首没有直接写边塞但边塞味更浓的诗：

渭城朝雨浥轻尘，客舍青青柳色新。
劝君更进一杯酒，西出阳关无故人。

安西,在今新疆库车,古西域诸国总称。在渭城送元二出使西域,恰逢朝雨,可为君洗去轻尘;柳色方新,正是春暖之时,一路无风霜之苦。然而,由柳色青青的内地到沙漠荒野的西域,又是去执行一项艰巨的外交任务,这自然是一次悲壮的告别。于是饯行的酒敬了一杯又一杯,难忘的友情、良好的祝愿都溶进杯杯酒中,流淌在主、客的心里。

王维曾把此诗谱曲入乐,在送别的宴会上反复演唱,一般首句不重复,后三句重复三次,故又名《阳关三叠》,反复吟唱,流连不断,以表达依依惜别、难舍难分之情。

《陇西行》则勾画的是边关生活中极其紧张的一幕:

十里一走马,五里一扬鞭。
都护军书至,匈奴围酒泉。
关山正飞雪,烽戍断无烟。

一骑马飞驰而来,传来边境告急文书,原来边疆重镇酒泉被围。在一片大雾迷濛中,报警的烽火点燃了。

这只是一场战争的序幕,犹如一部历史战争片的片头。这种如小说悬念似的开头,一下子就把读者紧紧抓住了,人们被飞动的人物、紧张的气氛所吸引所打动。但这不是电影,也不是小说,它只是一首短短的小诗,它留下一个较大的艺术空间,让读者通过自己的想象去补充,去创造。

还有那首《观猎》:

风劲角弓鸣,将军猎渭城。
草枯鹰眼疾,雪尽马蹄轻。
忽过新丰市,还归细柳营。
回看射雕处,千里暮云平。

古代军人围猎,是一种练兵方式。诗人以旁观者的身份,写将军一次围猎的经过。

将军拉开了硬弓，正在瞄准。那强劲的手，如一双铁钳，稳稳地控制着弓和弦；那尖利的目光，随奔逃的猎物紧追不舍。这时，一阵劲风吹过，那紧绷的弓弦发出尖锐的颤声。这是一个将军射猎大特写镜头，那色彩、那力度，可视可感。这位孔武有力、坚毅沉着的将军，正是国家民族力量意志的体现，是盛唐国力强盛、威镇四海的形象化体现。

接下来，写将军追逐猎物的神态和心情："草枯鹰眼疾，雪尽马蹄轻。"射中了猎物，跃马追寻，残雪在马蹄下翻飞，藏身于草丛中的野兽，哪里躲得过将军锐利的目光？最后，在一阵欢快轻松的笑声中，带着猎获物尽兴而归。这时回首方才射猎处，已是云霭一片，离得很远了。

这首诗让我们领略到了距离现今一千多年的唐代，军人们的军旅生活和精神风貌，以及盛唐时的人文景观和时代气息。

归隐田园，一心向佛

王维中年以后立志归隐，但并不是完全告别官场、远离尘世的归隐。其实，他一直在做官，只是经常住在山庄和别墅，该上朝的时候上朝，该办公的时候去办公，属于那种逃避现实、敷衍政治的半官半隐的"市隐"类隐者。

促使他这样做的原因是多方面的，但主要是宗教。

唐朝初年道教盛行，唐太宗李世民就说道教始祖李耳是他的祖先；后来武则天当皇帝又提倡佛教，说她当皇帝符合佛教的预言。

佛、道思想对王维都有影响。中年后的王维生活遇到波折，再加上当时政治黑暗，他不愿和邪恶的当权者同流合污，又怕得罪他们，不敢和他们决裂；同时他年岁也大了，变得更加世故，便在佛老无欲无为思想影响下，退守人生，抱得过且过的圆通混世态度，在田园隐逸中寻找乐趣，消磨日月。他有一首《终南别业》的诗，很有名，算得上是他隐逸山林的"诗宣言"：

中岁颇好道，晚家南山陲，
兴来每独往，胜事空自知。

行到水穷处，坐看云起时。
偶然值林叟，谈笑无还期。

独往独来，无忧无虑。过去未来事，皆抛九霄外。闲步野外，淌溪至尽头。悠坐山前，望断天边云。偶遇果园老者，漫无边际地谈天说地，尽兴方休。真是神仙般的日子。特别是"行到水穷处，坐看云起时"，写得心旷神怡，是隐逸诗中难得的佳句。

与这首诗格调相近的《渭川田家》写道：

斜阳照墟落，穷巷牛羊归。
野老念牧童，倚仗候荆扉。
雉雊麦苗秀，蚕眠桑叶稀。
田夫荷锄至，相见语依依。
即此羡闲逸，怅然吟式微。

可以说，这是唐代版的农村风俗，或耕归图，是王维农家乐组画当中的一幅。画面平静、安详、和睦，一派太平祥和景象。它采自现实，但更多采自想象。

王维迷恋山水，用极精细的笔墨写自然景色，如《鹿柴》：

空山不见人，但闻人语响。
返景入深林，复照青苔上。

傍晚时分，落日余晖照射着空山寂静的林木，又反射在青苔上。这时，人们从山中回来，然但闻其声，不见其人。诗人着力渲染一种深幽的境界，也在追寻一种人迹罕至、与世隔绝的山林生活。

如果把以上三首诗加以比较，可以看出，王维在不断向自己内心深处退却。前两首，"人"在作品中占着主导地位、支配地位：有自己，也有他人，"谈笑无还期""相见语依依"，人际交往，情感交流，絮絮叨叨，充满人间烟火味。

可是在《鹿柴》这首诗里，虽然有两处地方写到“人”，但都隐在背后，只闻其声了。这固然是作者在创造一种艺术境界，却也反映了他那种超脱尘嚣、懒于交往的心态。

王维初隐逸时，只是远离闹市，远离是非，与几个志同道合者“弹琴赋诗，啸咏终日”；而后期，则断绝与人来往，“焚香独坐，以禅诵为事”。这种由逃世到避人的变化，固然因为他对宗教的痴迷，但直接原因与他在生活中受到的刺激有关，如他的被贬、被俘，他的中年丧妻等。另外，张九龄被罢相，对他影响很大。他有一首《寄荆州张丞相》的诗写道：

举世无相识，终身思旧恩。
方将与农圃，艺植老丘园。

从个人来说，张九龄对他有“相识”之恩，把他从贬谪的济州召回长安，从而结束长达10年的晦暗日子，又开始一段人生。但作为一代忠臣贤相的张九龄落得被贬的下场，他感到世事莫测。再有，接替张九龄的竟然是被称为“口蜜腹剑”的小人李林甫，这对他的刺激更大。

作为佛教的虔诚信徒，王维相信好人好报、恶人恶报，可是他无法理解这颠倒了的世界。

然而宗教的奥秘就在于它有一个诱人的另外世界：佛教有来世，道教有仙界，基督教更有天堂。古往今来许许多多如王维那样聪明，乃至比他更聪明的头脑，都无法看透和拒绝这另一世界，因为它虚无缥缈。但他们宁信其有，不信其无。因为越聪明的人越觉得那个世界难以看透，于是聪明人忙着给来世积德，给子孙修福。好人好报这世没兑现，打个欠条，下世来领；恶人这世没有现眼现报，记上一笔账，来世加倍索赔。他们相信“善恶终有报，只是时未到”。

晚年的王维大概就是抱着这种信念坐在蒲团上打发日子的。

但这种解释总觉得还不够。

刻骨铭心儿女情

王维30岁丧妻，孤居30年终身未娶。这是他生活中一个难以解释的"谜"。

30岁，正是风华正茂的年龄，他又是风流倜傥、诗名天下的状元郎，为何没有续弦、没有纳妾？甚至连当时视为文人墨客风韵雅趣的狎娼宿妓，在王维身上的传闻也不多见。王维如此这般地固执操守、洁身自好，到底为了谁？

有一个动人的传说回答说，他为了一个女子。

说起此事与那件王维遭贬的"黄狮舞案件"相关。

王维21岁中状元后被任命为大乐丞，是礼部属下专管音乐、舞蹈方面工作的官员。他除了自编自导搞些音乐、舞蹈节目外，还常常到长安一些民间艺术团体走走看看。

这天，他来到了小有名气的歌舞班"柳园"。

听说大乐丞状元郎王大人来视察，柳园上下都感到荣幸，很热情地欢迎他。

这柳园的班头姓柳，原先在江湖上跑，是个身怀绝技的艺人。他把歌舞和民间技艺结合起来编些节目，很卖座。他的班子里有二三十个男女演员，各有一套绝活，还当场给王维表演了几套。王维看了很满意，对柳班头说，最近平定土蕃叛乱的大军班师回朝，皇上要对他们慰问犒赏，希望柳班头准备一两个好节目，到时候会用得上。柳班头听了，自然十分高兴，满口应承下来。

过了两天，王维到柳园打算问问节目准备的情况，柳班头不在。他正准备往回走，忽听身后传来一声银铃似的呼唤："请状元相公留步。"

王维回过头来一看，不觉大吃一惊，原来是个美貌无比的姑娘。只见她那胖乎乎的圆脸上，忽闪着一双又黑又亮的大眼睛，说话间，朱唇轻启，露出一排又白又亮的玉齿，看得王维眼花缭乱。王维虽是学富五车的状元郎，也一时找不出如何形容她美的词儿来。

王维不觉随姑娘进了客厅。刚刚坐定，姑娘捧过茶来。无意间，他又见到她那双又白又胖的小手，手背上那匀称、美丽的肉窝儿紧紧地吸引着他的眼睛，把姑娘看得很不好意思，赶紧缩回袖子里去。

以现代人的审美尺度看，这姑娘似嫌胖了点，但唐时，妇女以胖为美，所以她在那时算是最标准的美女了。

这姑娘见王维神情有些慌乱，忙赔笑道："家父一会儿就回，请状元相公稍坐。"

王维这时稍定下神来，问道："柳班头是你父亲？"刚说完，王维就有些后悔：这不是明知故问吗？

"是家父。"姑娘点点头。

"你家里还有什么人？"王维自觉平静下来，恢复了些状元的风度，说话有点棱角了。

"只有父亲跟我，母亲早已……"说到这，姑娘声音有些哽咽。

王维忙把话岔开，向她提出另一个问题："你读过书吗？"

"跟我父亲认些字，只是不多。"

这姑娘在生人面前谈吐大方，毫不拘束，王维心里很佩服，不过他觉得她有点野。

"我还忘了问你，你叫什么名字？"

"我叫柳静，安静的静。"

"静，太一般。"王维觉得要压一压她的野性，说着，还摇了摇头。

"什么太一般？"姑娘急切地问。

"你掰着指头数数，这条街上有多少个姑娘叫'静'的，更莫说整个长安城了。"

姑娘默了默，果然这条街就有好几个，便说："你一定会取名，给我取个。"

"好，你听着，我给你取个'靓'字。"

"不好不好，'亮'，像个男孩子。我们这条街上叫'亮'的男孩子比叫'静'的女孩子更多。"姑娘急了，抢着说，怕说迟了那名字粘在身上就甩不掉了。

王维看了好笑，便做出有学问的架势说："我说的这个'靓'，不是你说的那个'亮'。我这个靓跟你那个静是姊妹，都是'青'旁，而且还可以读静……"

"那你写给我看看。"

"好，你看……"王维从茶盅里蘸了点水，就在桌子上画起来，还对她讲这个字的意思。她凑过头来，细看细听。以前，总以为这状元多么多么了不起，他不就在我面前，跟平常人一模一样，不，要比平常人好……

近了，王维把她看得更仔细了。他觉得这个"靓"字配她再恰当不过，不，简直就是为她造的。无意间，他闻到一股淡淡的馨香气息，从她的鼻孔和嘴里轻轻漫过来，只觉得一阵晕眩，好像喝了酒。

"不行不行，你边写就边干了，还是写在纸上。"说着，她立刻取过纸笔。王维也不客气，提起笔来，写下两个饱满的大字"柳靓"。

这天，柳班头太阳偏西才回来。但他俩并不觉得等得久，好像还有许多话没说。

晚上，柳班头留王维吃饭。当月亮高挂，他离开柳园时，真的有些醉了。

以后的日子，王维三天两头到柳园，直到同僚们开始用变了调的话问："又到柳园检查节目呀？"他才觉得自己已经陷得太深而无力自拔了。

如果不出问题，按故事情节的正常发展，这王维与柳靓之间的关系会有顺理成章的美满结局。

生活中偏偏就爱出现意外。

这天，王维的顶头上司，礼都官员李林甫把他叫去神秘兮兮地说："有人反映你导演的那出'狮子滚绣球'套用了'黄狮子舞'。这到底是怎么回事？"

王维听了，感到奇怪，更感到愤怒。两个月前，柳班头请他去看他们新排的"狮子滚绣球"。他看了，觉得技巧还不错，但没有什么新意，就给否定了，叫他们另排一个，怎么又成了他"导演"的"黄狮子舞"了？这么一联系就厉害了。他忙向李林甫作了解释。李林甫听了，笑道："我听了就不相信，这黄狮子舞是可以随便演的吗？一定是以讹传讹，误会，我问清楚就行了，你也不要把此事放在心上。有我在，保管没事。"李林甫拍着胸脯说完以后，又笑着问道："王兄，听说你与那柳班头之女……"

王维只觉得李林甫这人平时笑眯眯的，没有那种盛气凌人的皇亲国戚架子。他也干些斗鸡走狗的勾当，但没发现他做过什么黑良心的事。加上他是自己的上司，又问起来了，也就毫无顾忌地将如何与柳家姑娘相遇，如何给她改名，以及现在如何，将来怎样，竹筒倒豆子一般讲个干净。

李林甫听了，一阵哈哈大笑，连说："王兄艳福不浅，可别忘了请我喝杯喜酒。"接着，又对他宽慰一阵。

从李林甫那里出来，王维总觉得放心不下，赶到柳园，与柳家父女见面，把李林甫所问之事讲了一遍。

柳班头听了，猛地站起来说："此事从何说起？完全是无中生有的陷害，有人早想把我挤出京城了。状元公你也要小心，说不定有人见你年轻得意，在背后做什么手脚。不过状元相公你放心，这事因柳某而起，要是有什么麻烦，我一人承担。"

在一旁听得清楚却又不明白的柳靓说："怎么就为这个还没上演的节目，能惹出这么大的事儿？幸好状元相公没让演，当时我心里还很不乐意。我演那个要绣球的，跳上蹿下，把人都累死了。"

王维说："这事也许是虚惊一场。刚才李大人说了没事，班头和靓小妹也不必挂怀。"

哪晓得两天以后，柳家父女被关进长安府大牢，王维也被刑部传讯，取保候审。王维好久都不明白，这刑部怎么把这事侦察得如此清楚，连与柳靓的事都了解。这档子事他谁也没说，除非……他想到李林甫。可是已经迟了。

于是一个美丽的开始，就这样破碎地结束了：柳班头被充军塞外；柳靓因是主演，被收监关押；王维以失察罪被贬为济州司仓参军。

唐开元十二年（724 年），王维带上妻子去济州。他心里很不平静，在《被出济州》一诗中写道：

微官易得罪，谪去济州阴。

执政方持法，明君无此心。

他感叹仕途艰险，人心叵测。对前途，他很悲观：“纵有归来日，多愁年鬓侵。”

他觉得自己太窝杆，也太傻。想来想去，一切都归结在李林甫身上。这个小人，为了往上爬，花言巧语，从自己口中骗去的那些话，结果都成了自己的罪状。这时，他才对李林甫这样的“繁华子”有了深刻的认识。在被贬谪期间，他写了不少诗对这些贵胄子弟加以揭露和讽刺。其中《寓言二首》之一写道：

朱绂谁家子？无乃金张孙。
骊驹从白马，出入铜龙门。
问尔何功德？多承明主恩。
斗鸡平乐馆，射雉上林园。
曲陌车骑盛，高堂珠翠繁。
奈何轩冕贵，不与布衣言。

这些“金张子孙”承皇上恩泽，成天斗鸡射雉，不学无术却掌握国家大权和人民生死。而自己，不正是这批家伙的牺牲品吗？

政治的挫抑本已使他心力交瘁，但意外的打击又接踵而至：年纪轻轻的妻子却在一次病中去世。由于没了家，他更“自由”了，哪里要他去，他都不拒绝。几年间，他踏遍了北方许多城市。

这天，王维正在荥阳他供职的一个小衙门里闷坐，门卫来报，门外有位来自长安的刘先生求见。

王维还没有想出来是哪位刘先生，只见外面进来一人，约莫二十七八岁年纪，微黑的脸上挂着几绺稀稀的黑胡须，头戴一顶旧草帽，风尘仆仆，满脸倦容，见了王维，一揖到地，说：“王兄别来无恙。”

奇怪，这汉子看起来相貌堂堂，怎么说话女声女腔，中气不足？他再细看，那双黑亮黑亮的眼睛怎么与她如此相似，他不敢相信，嗫嚅地问道：

“你是……”

“我是柳……”

果然是她，柳靓，女扮男装，千里迢迢，真不容易。他的心在颤抖，想去马上拉住她，但他犹豫了。他已经为她柳家吃够苦头了，如果与她相认，甚至与她在一起，岂不把自己彻底葬送？他急忙把伸出的手缩回来，表情木然地说：

"我不认识你。"

"你？我是柳……"

还没等她说下去，王维打断她，斩钉截铁地说："我不认识你！"

她愣住了，用那双又黑又亮的眼睛盯住他。

王维避开她锥子般的目光，缓缓从衣袋里摸出一锭银子说："我不认识你，但你既然这么远来找我，我也不会让你白跑一趟。"

他把银子放在她面前的桌子上。她没接，甚至看都没看，只笑了笑，露出那排雪白的牙齿；然后，扭头大步走出门去。

这天晚上王维彻底失眠。但他为自己能断然处理这件事，避免因儿女情长带来更大的麻烦而庆幸。

第二天是初一，衙门不办公。王维睡到中午才起床。刚刚洗漱毕，有人敲门。他刚一开门，她就跨进门来，还是昨天那身打扮：

"王大人，你是真的不认得我了吗？昨天，衙门里人多眼杂，我不便硬要你回答。今天只有我们两个，你回答我，你是真的不认得我吗？"

王维愣住了，不敢回答。

"王大人，你看。"她摘去草帽，露出满头青丝。

王维看着她，不说话，只是脸色灰白。

"你再看。"她撕去嘴边贴上去的那几绺胡须。

王维看到一个完完全全、真真实实的她，他曾经至深至诚爱过的那个柳靓。但他紧咬牙关，决定不说话。

"王大人，我们父女连累了你，我愿意做牛做马来偿还。我去年出监，才知道父亲已客死塞外。我想到来找你，跑了大半年，先去济州，说你到了郑州；我赶到郑州，说你去了滑州；我赶到滑州，又说你在荥阳。真把你找着了，可你不愿相认。细想我也不怪，你是当朝状元，现在落难也是暂时的，我不耽误你的前程。我只让王大人知道，在这个世界上有个痴情女子在牵挂你，想念你。直到死，她都是你的人。你不愿意回答我，说明你心里已认了我。好，咱们后会有期。”说罢，贴上胡须，戴上草帽，转身大步而去。

王维望着她的背影消失在门外，始终没说一句话，任随牙齿把嘴唇咬出血。

一连几天，王维不吃不喝，人瘦了一圈。

这天，他支撑着到衙门里点了卯，枯坐了半天。下班回到住处的门口，只见一个出家人站在那里，见王维过来，深深一揖，说道：“贫僧这厢有理了。”

竟然是她，王维头一胀，差点一跤跌下去。

“今天，我打扰状元相公，是来还你一个物件。”说罢，从贴身里衣里取出一个布包，层层解开，从里面取出一张纸——那张写有“柳靓”两个大字的纸，双手恭恭敬敬地交还给王维。

这时，王维再也控制不住，两行热泪夺眶而出，深情地连声喊道：“柳靓，柳靓，柳……”

“状元相公，把我们的缘分留给来生吧。阿弥陀佛。”说罢，她又深深一揖，转身飘然而去。

王维想喊住她，但声音哽在喉头，没喊出来。

柳靓的身影早已消失得无影无踪了，他还愣在那里。清醒过来时他想起那纸，可是已被一阵风吹得不知去向了。

开元二十二年（734年），王维34岁时回到长安，后来官至右丞，也算不小了，但终身未娶。他中年信佛，晚年更甚。他在诗中写道：“一生几许伤心事，不向空门何处销？”他相信有来世，希望来世能了却那段情缘。

十七、状元词客张孝祥

唐代有位诗人名张籍，他一向喜欢杜甫的诗，一心想学，但怎么也学不到手。这天，他突发奇想，把杜甫的诗卷烧成灰，拌上蜜糖每天喝几次，以“令吾肝肠，从此改易”。张籍喝了杜甫诗卷烧灰兑的糖水是不是有效果，已无从考察，但300年后，张籍的后代中确实出了个了不起的文人——张孝祥，他是南宋时连中三元的状元，著名的文学家和政治家。他尤其爱读杜甫的诗。

中状元险遭杀身祸

张孝祥选择到这个世界来的时间和地点都不好。他生于宋高宗绍兴二年（1132年），这时正是北宋被金人颠覆，南宋刚刚建立，正处面临金军侵略，岳飞等爱国将领统兵与之大战之际。父亲张祁带着一家逃难，躲在一个庙里。就在这时，张孝祥在僧房里出生了。因为处于战乱中条件太差，母亲时氏生他后不久便死去。张孝祥原籍安徽太和（一说为四川简阳），因避乱，随父迁到芜湖。张祁在芜湖置有田产，还“捐己田百亩汇而为池，环种芙蕖杨柳，鸥鹭出没，烟雨变态”，环境甚是优美。后来张孝祥自称“于湖居士”，这个大池子也就叫于湖了。

张孝祥从小聪明异常，读书过目不忘，下笔千言不打草稿，邻里称之为奇才。

大凡奇才，必有奇事。相传张孝祥小时在池边小屋读书，池中多蛙，往往吵得人心烦。有次他正在用心读书，池内蛙声聒噪，惹得火起，顺手抓过书桌上的砚台朝池中砸去。顿时，蛙声停止，而且从此再也不叫。人们感到稀奇，便把那个池子取名为“禁蛙池”。

张孝祥16岁时乡试第一，以后会试、廷试均第一，是宋高宗绍兴二十四年（1154年）状元，时年23岁。

这个状元，给张孝祥几乎带来杀身之祸。

原来在参加礼部进士会试时，考官汤思退为了逢迎讨好奸相秦桧，录取他的孙子秦埙为第一，列张孝祥为第七。但廷试时，高宗皇上看到张孝祥的卷子内容也好，书法也好，“立就万言，未尝加点”，“而又字画遒劲，卓然颜鲁公，亲擢首选”，把他提为第一，把秦埙改为第三，而且在殿上当众称赞张孝祥的诗写得好。秦桧心中很不是滋味。下殿以后，秦桧故意向张孝祥道：“说你的字写得好，你学的是哪家？”张答道：“学的颜鲁公。”又问：“皇上爱你的诗，那你平时爱读谁的诗呢？”答道：“最爱读杜甫的诗。”因为皇上表扬了张孝祥文章好、诗文好、书法好，秦桧心里很不是滋味，便意味深长地说：“天下好事，你都占尽了。”

秦桧如此妒忌张孝祥，主要还是因为自己的孙子没有考上状元。为了让孙子秦埙当上状元，秦桧可以说是费尽心机。他老早就精心安排，对各方面都进行了疏通，甚至把不听话的考官都给撤换了，结果功败垂成，让张孝祥这小子把状元给占了。他恼恨异常，想方设法地要对张孝祥进行报复。

还有件使秦桧对张孝祥恨之入骨的事，那就是张孝祥刚刚状元及第，便上书给高宗皇上要给岳飞翻案，说“岳飞忠勇天下共闻”，却被诽谤陷害，“朝廷冤之，天下冤之”，建议皇上立即为岳飞平反，“复其爵，恤其家，表其忠”，且应“播告中外”，“俾忠魂瞑目于九泉，公道昭明于天下”。

岳飞的冤案是秦桧一手制造的，张孝祥上书皇上要为他翻案，自然触及他的心病：好小子，我还没找你算账，你倒先打上门来了，给你点颜色看看。

此外，张孝祥无意间还做了件得罪秦桧奸党曹泳的事：那天，大殿唱名后，曹泳对张孝祥表示祝贺，还“揖于殿，以请婚为言”，要招他为女婿。一听说谈婚姻之事，张孝祥便沉默不语，表示拒绝之意。曹泳感到大失面子，便怀恨在心。

几桩事情加起来，秦桧及其党羽便使出他们惯用的伎俩，对张孝祥下手了。

他们找到个“突破口”:当时朝臣胡寅因为“讥讪朝政”被逐出临安,远斥边城。胡寅因与张孝祥之父张祁有些交情,秦桧抓住这点,先造舆论说:“不要看胡寅受了处分,被逐出都城,他还居然能使朋友的儿子当上状元。”然后又指示心腹向皇上奏本,说张祁与胡寅相互勾结,密谋造反。

一听说造反,那还了得。高宗皇上马上下令把张祁逮捕,交大理寺审理。

秦桧的主要目标是张孝祥。当秦桧一伙奸党已正在密谋如何借张祁谋反,顺理成章地把张孝祥网罗进去加以迫害时,秦桧忽得暴病,一命呜呼。

秦桧一死,扣在张祁头上的罪名自然被推翻,平反出狱。张孝祥也因父亲冤案的澄清,对他的怀疑被解除,提前被任命为“秘书省正字”。

张孝祥是幸运的,他逃过了这场灾难。秦桧当时身为宰相,是皇上的宠臣,要借个名目杀掉张祁、张孝祥父子并不费多大力气。当初,他对手握重兵抗金有功的岳飞父子都敢下手,何况官不显、位不尊的张祁父子?

拒提婚原来有隐情

在宣布张孝祥考上状元的金殿上,权臣曹泳向他提婚事,遭到张孝祥的拒绝,固然因为曹泳是秦桧亲党,为他所不耻;但另外还有一个原因,那就是他早已另有所爱。他们虽然没有正式结婚,但已同居,且有一子,只是没有公开而已。

曹泳不了解这些情况,所以才唐突相问,碰了个软钉子,演出使自己尴尬的一幕。其实,更感到尴尬的还是张孝祥自己。

张孝祥早恋,15岁时便与一位姓李的姑娘相爱,没有结婚就发生了夫妻关系,而且有了孩子。这在当时,是不合礼法遭人议论的事情,但因为很隐蔽,张孝祥考上状元后外界也不知道。尤其是经过曹泳提婚遭拒绝、张祁受诬入狱复出狱后,张孝祥觉得这事更不宜向外界公开,否则被人抓住把柄会惹出麻烦。经过一家人商量,并取得李氏的理解与同意,张孝祥娶表妹时氏姑娘为正室，李氏则被送回原籍娘家。

绍兴二十六年（1156 年）重阳节前一天，张孝祥由建康送别李氏回原籍安徽桐城。这时他们的儿子同之已 10 岁。

这是一次不得已的别离，是一次难舍难分又难以言说的别离。张孝祥在道别时写下一首《念奴娇》，把这种复杂的心绪写得真挚生动却又很晦涩含蓄。词曰：

风帆更起，望一天秋色，离愁无数。明日重阳尊酒里，谁与黄花为主？别岸风烟，孤舟灯火，今夕知何处？不如江月，照伊清夜同去。　船过采石江边，望夫山下，酌水应怀古。德曜归来，虽富贵、忍弃平生荆布！默想音容，遥怜儿女，独立衡皋暮。桐乡君子，念予憔悴如许！

张孝祥送李氏到江边，眼看风帆挂起，载着李氏的船渐渐远去，离愁别绪顿生心头：明日，你已黄花无主；今晚，不知船泊何处？自恨不能随船同去。船将经过采石矶江边，那矗立在岸边的望夫岩，必然会使你联系自己的遭遇生出一番感慨。应当请你谅解的是，我不是那种地位改变，刚得富贵就抛弃同甘共苦生活伴侣的人。这里，日已落暮，作者独立江边，遥望远处，眼前浮现李氏和儿子的音容，真是百感交集。我如此负心实出无奈，望桐乡仁人君子谅解我的苦衷。

词中，作者一再表达了不忍弃而终于不得不弃的难堪心理，对李氏和儿子有一种沉重的负罪感。他长期背着这情感的重负，这在他以后其他一些诗词中也有所表露。

由于这次不幸爱情的刺激，李氏回乡以后，决绝尘世，一心学道。家乡浮山附近有一个坐落在陡岩石壁上的天然石阁，里面供有道教祖师真武像。她早夕诵经，虔诚供奉，本想在此潜心修道，了却一生，不想与张孝祥的尘缘未了。三年后，张孝祥所娶时氏夫人病故。而此时，他又在朝廷中受到重用，担任了中书舍人等官职。这时他公开了与李氏的关系。后来他们的儿子张同之也很有出息，考上了进士，继承父志，在文学上颇有成就。

出入二相门，起落五州府

南宋150余年的历史实质上是投降派与抗战派的斗争史，但从整体上看，投降派由于有最高当权者皇帝的主使或支持，占据上风。因而，主战派常常处于被压制、被贬抑的地位。偶尔，由于某个投降派皇帝或当权大臣的死亡，历史对主战派透露出些许阳光，但为时不久，又被投降派煽起的阴云所遮没。因为苟安江左时间久了，从皇帝到大臣，多数都意志消沉，贪图享乐，满足于暂时的平静，沉醉于轻歌曼舞之中，不敢冒险主动出击；北方统治者摸透了南宋君臣的心思，常常以武力相挟，逼南宋赔款割地称臣称侄，南宋的日子过得很是窝囊。

卖国奸相秦桧死后，出现了一个难得的对主战派有利的契机：主战派的张浚被重用，张孝祥也得到提拔；但投降派总头目宋高宗尚在，秦桧亲党主要人物汤思退亦在位。待高宗死后，继位的孝宗皇上还是在和、战两派间举棋不定，后来因为汤思退等投降派的作用，张浚被罢官免职，张孝祥也受牵连被弹劾为“浚党”而落职。又过两年，汤思退失势，张孝祥才复官。

在这种进退反复与升降沉浮之中，《宋史·张孝祥传》对他有这样的评价：“张浚主复仇，汤思退祖秦桧之说力主和。孝祥出入二人之门而两持其说，议者惜之。”于是便有了“出入二相之门，两持其说”的议论。按现在的话说，有那么点“两面派”的表现。

历史也有粗心大意的时候，中国史家向有秉笔直书的优良传统，甚至对皇帝也不通融，但也有事实不清、材料不实，妄下断语的时候。根据细心人的考证，《宋史》对张孝祥的这段评语有误。张孝祥原先受汤思退推荐，有私交是实，但政见不合；后来他受到张浚的赏识和推荐也是实，但两人在主战上的看法是一致的。看来这“出入二相门”是有依据的，而“两持其说”纯属臆断，出了只看现象不看本质的偏差。

张孝祥的力主抗金不仅表现在他一当上状元就上书为抗金名将岳飞翻案上，他还写了大量宣扬抗战、鼓舞斗志、歌颂抗金英雄的诗词。比如绍性三十一年(1161年),金朝海陵王完颜亮征调大军,分兵四路,企图一举攻灭南宋。守将虞允文集合士兵与金兵战于采石,大败完颜亮,使他不得渡江,在东下扬州时被部下所杀。南宋小朝廷渡过一个难关,转危为安。张孝祥听到这个胜利消息,立刻写下那首著名的《水调歌头·闻采石战胜》:

> 雪洗虏尘静,风约楚云留。何人为写悲壮,吹角古城楼?湖海平生豪气,关塞如今风景。剪烛看吴钩。剩喜然犀处,骇浪与天浮。　忆当年,周与谢,富春秋。小乔初嫁,香囊未解,勋业故优游。赤壁矶头落照,肥水桥边衰草,渺渺唤人愁。我欲乘风去,击楫誓中流。

这是一首热情横溢、令人振奋的词。词的上阕写宋军击溃金军的战绩,自己闻得捷报后的无限喜悦之情,抒发了平生壮阔豪迈的志向和杀敌的决心。下阙描写赤壁、淝水两个古战场的荒芜凄凉景象,提醒人们江淮失地尚待收复,应以周瑜、谢玄等古代英雄为榜样,乘风破浪,击楫中流,夺回中原。全篇壮烈豪迈,音韵铿锵,具有强烈的思想震撼力和艺术感染力。

张孝祥不仅为抗击侵略、主张北伐而大声疾呼,还以实际行动实践他为宋王朝"刷无穷之耻,复不共戴天之仇"的誓言。孝宗隆兴元年(1163年)在抗金老臣张浚主持下出兵北伐,张孝祥积极应召,在都督府参赞军事,协助军务;但因与将领不合,在符离被金兵打败。张浚因此横遭攻击。而张孝祥此时毅然应命出任建康留守,全力支持张浚。当张浚被迫辞官后,汤思退暗派密使去金,教他们以重兵威胁南宋以成和议。张孝祥得知后,不顾个人情谊,对汤思退的卖国行径加以揭露,结果被弹劾落职。直到汤思退罢官回家死后,他才得复职。可见他抗金意志的坚定和对投降派斗争的坚决。

南宋是个没落的王朝,它之所以能维系一百多年,一则北方的金朝经常发生内乱,金、辽、蒙古之间战争不歇;另则南宋有一定军事实力,且有主战派的存在,遏制了北方的侵略,所以在风雨飘摇中尚能维持局面。南宋最高统治者以和议、妥协为主,但有时也利用主战派收揽民心,巩固边务,以对付侵犯,保障政权。这就造成一些主战派人物在政治上时起时落的情况。就张孝祥的仕途经历看,上上下下就有好多次。他曾官至中书舍人、直学士院、兼都督参赞军事，还兼领建康留守，但又数度被贬在家。他还先后被任命为抚州、潭州、荆州、静江、平江等地方官，时间长者一两年，短者仅数月。张孝祥不满40岁便逝世，在他短短十几年的官场生活中，忽上忽下，忽东忽西，频频调动工作岗位，仅此一端也可看出当时南宋政局的风诡云谲、变幻莫测。

然而张孝祥是个政治立场鲜明，有见解，有能力，而又肯脚踏实地实干苦干的人。无论在什么工作岗位上，他都能尽其所能，发挥聪明才智，把工作做得很出色。史书上有不少关于他政绩的记载。

他在抚州知州任上仅一年，当时"年未三十，莅事精确，虽老于州县者所不及"；他任平江知府，在那里"锄抑强暴，判决如流，庭无滞狱"。这些如现在填在鉴定表考核栏中的评语，很简单，但面面俱到，对他的思想品德、工作能力作了极高的评价。他还能根据所在州府的不同情况，因地制宜，扬长避短，抓住重点和薄弱环节，使当地工作很快就有了起色。在静江（桂林）有少数民族问题，他专门派人安抚；在潭州（长沙），因常发生农民起义，他便注意抓农业，使年丰民足，人心稳定；在荆州（湖北境内），因系边防要地，"当虏骑之冲"，又常闹水灾，他便把整治边防和筑堤防灾作为大事，"内修外攘，百废俱兴"。在这些州府地方官任上，张孝祥办事认真，不徇私情，关心民间疾苦，惩治豪强奸佞，留下许多治政美谈。

据《张孝祥谱传》记载，绍兴三十年（1160年）张孝祥被任命为抚州知府。有一天，所属临川县来报，说有一伙兵士哗变，大肆抢劫兵器库。张孝祥从报信人口中初步了解到一些情况，原来是兵士内讧厮杀发展而成。于是他不带一个随从，单人匹马赶到临川兵营中，喝令兵士立即停止争斗，各回营房。参加械斗的兵士见府官来临，其凛然威风不可侵犯，所言又句句在理，便纷纷放下武器回营。然后张孝祥把情况调查切实，将为首两名无端生事、扰乱兵营、抢劫兵器、煽起械斗的士兵斩首示众；其余从众，教育一番后免予追究，如再违犯，严惩不贷，做到"首恶必办，协从不问"。因他采取区别对待、分化瓦解的办法，一场骚乱很快平定下来。全城百姓交口称赞张孝祥的胆识和智谋。

孝宗隆兴元年（1163年），张孝祥任平江知府，在短短几个月的时间里，就办了好几件有益于百姓的好事。平江即今苏州，是当时南宋首都临安（杭州）的屏障，地理位置十分重要，但因地方官员贪污纳贿，纵情享受，置民生疾苦于不顾，百姓生活困苦，地方豪强横行。张孝祥到任后，先上疏朝廷，暂缓缴纳历年积欠，以稳定民心；然后注意扶植善良，惩治恶徒，以平民愤，匡扶正气。府城所在地有户大姓人家，凭借势力，勾结地方，私自煮海熬盐，谋取暴利，历届知府奈何他不得。张孝祥经过调查，摸清情况后，依据律令，对该大户立即拘捕，依法治罪，没收其盘剥所得积粮数万石。群众拍手称快。第二年，恰遇府治内发生饥荒，张孝祥便将这些粮食赈济灾民，救活百姓无数。

乾道二年（1166 年），张孝祥任静江知府兼广南西路经略安抚使，因说了些皇上听了不顺耳的话，便“以言者罢”。第二年又任命他为潭州知州。又一年，改任荆州，为荆安湖北路安抚使。一个地方的官位尚未坐热，又换地方，他感到世路崎岖，宦途艰险，故而发出“平楚南来，大江东去，处处风波恶”的慨叹。所以当得知去荆州任职时，他便上奏皇上请免，理由是有病，荆州乃“上游重地”，希望“别选名臣，使当一面”。但皇上未准。他勉强上任后又几次打报告要求回家养病，第二年批准，回到芜湖。

乾道五年（1169 年）夏，张孝祥在与抗金名将虞允文饮酒于芜湖舟中，中暑而亡，年仅 39 岁。孝宗皇上得知他的死讯后也情不自禁地发出“用才不尽之叹”。

宦海扁舟一词客

张孝祥从 23 岁中状元，到 39 岁辞世，从政 16 年。如果除去罢官休闲、因病休假，真正干事业的时间就更少了。但就在这不多的十几年里，本该做更多事情的张孝祥，却因为南宋朝廷从上到下弥漫的不图进取、苟且偷生、腐朽糜烂的风气所包围，他的志向和抱负不得伸展，而且仕途坎坷，七上八下，如一叶扁舟在宦海中沉浮，在多次险风恶浪中差点被打翻。那年他因言被罢官，从桂林任上北归时，路过洞庭湖，曾写《念奴娇》词一首，其中写道：

一叶扁舟谁念我，今日天涯飘泊。平楚南来，大江东去，处处风波恶。吴中何地，满怀尽是离索。

这是他当时心境的自我表白，也是他宦海沉浮的形象说明。张孝祥的宦海升沉，在一定程度上反映了他的政治抱负与理想的得失。十几年间，他写了大量的诗词，以抒发得志时的一腔豪情和失意时的满怀感慨。他的词集《于湖词》所收作品，加上其他词作，共有220首之多。他与之后的陈亮、文天祥，都是南宋时代著名的爱国词人。

词，是诗歌的一种，产生于唐代，盛行于宋代。它的出现与音乐有密切联系，是为了配合音乐的曲调而填写的。后来，依曲调填的词，不一定再配乐歌唱，各个调名只作为文字、音韵结构的定式，所保留的词牌如《蝶恋花》《浪淘沙》等，供人按格式填写。

宋代大词人中有苏轼、陆游、李清照、辛弃疾、文天祥等。张孝祥的名气虽比不上他们，但也是文学史上著名的词家。

从内容看，张孝祥的词有抒发爱国之情、忠义之气，表达豪迈坦荡的；也有描摹景物、咏唱自然，情绪飘然洒脱的；还有卧看飞云、旷达放纵，立意浑厚深远的。词作均蕴含丰厚，词情真切，特别是在主格调方面，充满了对祖国的忧思壮怀与对国贼权奸的愤慨怒斥。其词气势开阔，胸怀博大，语言壮丽，词风直逼苏轼。如他写于乾道二年（1166年）的《念奴娇·过洞庭》：

洞庭青草，近中秋，更无一点风色。玉鉴琼田三万顷，着我扁舟一叶。素月分辉，明河共影，表里俱澄澈。悠然心会，妙处难与君说。　应念岭海经年，孤光自照，肝肺皆冰雪。短发萧骚襟袖冷，稳泛沧溟空阔。尽吸西江，细斟北斗，万象为宾客。叩舷独啸，不知今夕何夕。

此诗是他在桂林任上因人中伤被罢官，北归时途经洞庭湖，又节近中秋，于夜渡舟中，触景生情而写。词的上片写自然风光。辽阔的洞庭湖风平浪静，在月光照映之下一片清澈。此时乘一叶扁舟，泛于其中，只感到自己的心灵与美妙的大自然已融为一体，其中妙处，难与君言。下片“孤光自照，肝胆皆冰雪”，表明自己的纯洁坦荡，一片忠诚。“尽吸西江，细斟北斗，万象为宾客”，运用浪漫笔法充分调动想象，显示自己驱遣造化的豪逸：我才是大自然的主人，万象不过是宾客，我把江水当酒浆，把北斗当酒杓，用以斗斟酌江水来款待宾客和自饮。正因为有如此宽阔的心胸，可以看淡世事，超然绝俗，叩舷而歌：“不知今夕何夕。”此词与苏轼的《水调歌头》“大江东去……”比较，在描写对象和风格上，在用优美的语言创造形象来传达感情上，都有相似之处。

但张孝祥与苏轼生活的年代毕竟相差一个世纪，虽然在政治上各有坎坷，但张孝祥面临的是严峻得多的国家民族的存亡问题。这反映在词作上，其格调更为悲怆和激越。如他的那首《六州歌头》：

> 长淮望断，关塞莽然平。征尘暗，霜风劲，悄边声。黯销凝。追想当年事，殆天数，非人力。洙泗上，弦歌地，亦膻腥。隔水毡乡，落日牛羊下，区脱纵横。看名王宵猎，骑火一川明。笳鼓悲鸣，遣人惊。　念腰间箭，匣中剑，空埃蠹，竟何成！时易失，心徒壮，岁将零。渺神京。干羽方怀远，静烽燧，且休兵。冠盖使，纷驰骛，若为情？闻道中原遗老，常南望、翠葆霓旌。使行人到此，忠愤气填膺，有泪如倾。

符离兵败后，朝廷中的投降派气焰大张，对张浚大肆攻击，并遣使向金人求和。张孝祥有感于此，在一次建康留守的集会上写下这首词。

词的开头，对符离之战作了追忆，以战后宋金双方的表现作对比：一面是“征尘暗”“悄边声”，戍守无人，边备不修；一面是“隔水毡乡”“名王宵猎”，哨所林立、金主夜猎；一面是“腰间箭，匣中剑，空埃蠹”，志士剑箭，尘封虫蛀；一面是“中原遗老，常南望”，盼王师北伐。而这时，朝廷不是重振旗鼓，思雪国耻，而是“冠盖使，纷驰骛”，急派使臣屈膝求和。

全词描述了淮河以北地区在金人蹂躏下的凄惨景象，倾诉了对朝廷屈膝求和行为的谴责与痛恨，寄予了对中原人民盼望光复的理解与同情，抒发了自己报国之志难以实现的悲苦情怀。

此词当场由歌女演唱，悲壮激烈，振人心扉。当唱到“闻道中原遗老，常南望、翠葆霓旌。使行人到此,忠愤气填膺,有泪如倾”,满座落泪,张浚不忍再听下去,“罢席而入”。

张孝祥很激进,但也很清醒。在他生命的最后两年,他对南宋朝廷已深感失望,“北伐”梦已彻底破灭,因而写下的词味道大变。如写于逝世前两年的《浣溪沙》:

霜日明霄水蘸空,鸣鞘声里绣旗红。淡烟衰草有无中。　　万里中原烽火北,一樽浊酒戍楼东。酒阑挥泪向悲风。

上片写荆州边塞荒凉的景象,下片抒发对万里中原念念不忘的感情,但语气消沉衰飒,有断肠裂肺之音。

又如写于逝世前一年的《浣溪沙》:

已是人间不系舟,此心元自不惊鸥。卧看骇浪与天浮。　　对月只应频举酒,临风何必更搔头。暝烟多处是神州。

词中的他卧看骇浪,对月举酒,俨然一化外闲客了,与“击楫中流”“忠愤填膺”时的张孝祥相比,已是另外一个人。其实原因很简单,因为他已知恢复无望,生平最大的政治愿望破灭,自不免情绪低落,悲观失望了。

张孝祥看得很准,之后几十年,南宋就这么窝窝囊囊过的,直到亡国。

十八、末代能臣状元孙家鼐

孙家鼐(1827—1909),字燮臣,安徽寿州(今淮南寿县)人,清咸丰九年(1859)状元。

孙家鼐主籍山东,明初朱元璋洪武年间,济宁府老官塘孙鉴、孙铠兄弟避兵祸携家人推独轮车辗转来到寿州置业落户,经明、清两朝五百余年子孙繁衍,至孙家鼐出生时,已形成人丁兴旺的大家族。

孙家鼐出生书香人家,排名第五。父亲孙崇祖是享受政府津贴的贡生,当过池州府的教授,对子女教育极严,他在厅堂上写有一副对联:

光阴迅速,纵终日读书习字能得几多,恐至老无闻,趁此时埋头用功;世事艰难,即寻常吃饭穿衣谈何容易,惟将勤补拙,免他年仰面求人。

他们日日面对父亲教诲,他的四个哥哥,个个读书上进,今年这个中举人明年那个中进士,喜报频传。孙家鼐后来居上,15岁那年考上秀才,以后考拔贡、考举人都顺利通过。可是正在他顺风顺水畅游学海奔向理想前程时,突然风云骤变,洪秀全在南面造反,捻军在北面响应,平静的家乡寿州顿时成了兵荒马乱的战场。恰此时,孙家鼐父亲去世,几个兄长又离乡外任。为了家人的生存和安全,他放下学业和身段,去县衙打工当幕僚,在家门口开店卖吃食,以养家糊口。局势混乱时,他又带上家人四处东躲西藏“跑反”,历经磨难。如此折腾七八年后局面平定了,当咸丰九年(1859年)己未科考的通知下达后,身心疲惫的孙家鼐对赴京会试已失去兴趣。母亲林老夫人看出了他的犹豫,叫住他说:“去!家里事有娘在哩!”

妙对对联中状元

晚清科场上已是一潭浑水。咸丰九年(1859)会试,年过三十的孙家鼐抱着最后一试的心态,轻松应考。当时监考大臣是户部尚书肃顺。此人来头不小,是郑亲王的亲弟弟,“顾命八大臣”之一。咸丰帝任命此人为监考大臣,一方面为了避免徇私舞弊,更重要的是想真正地为朝廷选拔出优秀人才。然而肃顺领命后怀有私心,一门心思要提拔自己的心腹高心夔,因而想出了一个损招。

以前的考试和现在不同。现在的考试是有时间限制的,在考试结束时间前必须交卷。而在当时,考试一般是到了天黑,或者是最后一个人交完卷才能结束考试,虽无明文规定,但早已是考试惯例了。肃顺就在考试时间上打了个擦边球。考试当日下午,天色尚早,高心夔奋笔疾书,早早答完了试题,连忙向监考官肃顺递眼色,肃顺立马下令收卷。来参考的举子们为了得个好功名,哪个不是斟字酌句,反复推敲后才敢往试卷上书写。有少数答完了,多数只答了一半。可这是监考大臣下的命令,所有人的卷子都被收了,一众举人苦不堪言,却又无处伸冤。孙家鼐也不例外,还有好多想法没有写出来,也只得匆匆在结尾处写上“臣谨对”,显得这篇文章是完整的。

不过这肃顺也没法只手遮天,他的做法引起了阅卷大臣的不满,于是大家心照不宣,高心夔虽然答完了试卷,也被以文采不佳等理由排名在后。最终,一份包括孙家鼐在内的十人殿试备选名单被呈到咸丰帝的手中。肃顺得知高心夔不在名单之内,存心搅局,提出异议,说阅卷大臣有失公允,参加殿试之人并无真才实学。此时考试已经结束了,难道重新考一次不成?咸丰帝看着手中的推荐殿试名单,计上心来,吩咐道:参加殿试的举人,现以大清王朝的兴盛为主旨,写一副对联,限时一个时辰。

卷子交上来了,咸丰帝翻看一遍后被这样一副对联吸引:

亿万年济济绳绳,顺天心,康民意,雍和其体,乾见其行,嘉气遍九州，道统继羲皇尧舜；二百载绵绵奕奕，治绩昭，熙功茂，正直在朝，隆平在野，庆云飞五色，光华照日月星辰。

这副对联对仗工整，读起来平仄平顺，更重要的是，此联不仅歌颂了清王朝的丰功伟绩，更妙在嵌入清朝历代皇帝的年号：顺治、康熙、雍正、乾隆、嘉庆、道光。这样的对联怎能不叫咸丰皇帝高兴呢？于是乎朱笔一挥，在作者孙家鼐的名字上画了个大圈，点他为状元。

历任多部门领导的全能型人才

考状元不就是为了当官么？可这官也不是每个状元都能当好的。像孙家鼐这样数十载官运亨通，能在国家各个部门担任高官的，千百年来，又有几人？这里，我们先了解一下清朝的官制。为加强中央集权，清朝的官制分为中央官职和地方官职两类，中央行政机构又设有六个部门：吏、户、礼、兵、刑、工，各部长官称为尚书。孙家鼐做过哪些部门的领导呢？且看：工部侍郎，署工部、礼部、户部、吏部、刑部尚书。作为一个文人，他除了没当过兵部尚书，其他五大部门的“一把手”都担任过了。光绪二十四年（1898年），他还以吏部尚书、协办大学士受命为京师大学堂（今北京大学）首任管理学务大臣（校长）。他还被任命为文渊阁大学士、体仁阁大学士、武英殿大学士。你千万别小看“大学士”。清朝不设宰相，大学士就相当于位高权重的宰相。期间，他又充任学务大臣、查库大臣、会试正考官、会典馆正总裁，等等。而且他还担任过“帝师”这样至尊至贵、至高无上的职务了。他确实是个少见的全能型人才。

夹缝中的“不倒翁”

孙家鼐所处的时代，实在是中国历史上最为不堪的几十年，尤其是中日甲午海战之后，随着《马关条约》的签订，世界列国都觉得中国是一只待宰的大肥羊，都想来分一杯羹，中德签署了《胶澳租界条约》，借去了胶州湾；中俄签署了《旅大租地条约》，租去了旅顺口、大连湾；中英签署了《拓展香港界址专条》……中国的土地被一寸寸“租借”，国家主权被一次次丧失践踏。作为当朝的皇帝爱新觉罗·载湉也是有苦难言，眼睁睁看着国家被割地赔款，却是无计可施。谁叫他这个皇帝是徒有其名、毫无实权呢。

载湉能登上皇位，也实属偶然，他其实是慈禧太后的亲侄儿。慈禧太后为了掌控国家大权，在咸丰皇帝病逝后才将他过继给咸丰帝。他年仅 4 岁就被推到了皇帝的位置。同时，为了更好地控制载湉，慈禧太后竟然要求光绪喊她“亲爸爸”。这个名义上的一国之君，终其一生都活在“亲爸爸”的阴影之下。按照清朝的祖制，皇帝 16 岁时就可以独断朝纲了，可是一向大权在握的慈禧怎肯轻易交出实权？表面上她搬进了颐和园，做出了不干预朝政的姿态，却要求载湉经常去颐和园请安，通过“请安”的方式继续掌控朝政。而皇宫离颐和园有 15 公里，按照当时马车的速度，一个来回也得要三四个小时，每月几次的请安奔波，让载湉苦顿不堪。

就是在这样复杂的政治背景下，孙家鼐作为载湉的启蒙老师之一，不仅能独善其身，而且官至尚书。一方面，他学识渊博，为官清廉，为了国家的前途支持皇帝维新改革；另一方面，他也审时度势，绵里藏针，在戊戌变法失败、后党筹谋想废黜皇帝时，他也力谏不可，并借病回避。因此，无论皇帝还是慈禧太后，都对他的为人与做事无可挑剔。他曾送翁同龢[晚清著名政治家，咸丰六年(1856 年)状元]一副对联：

欲能则学，欲知则问；
守身如玉，守口如瓶。

此对联可以说真实地反映了孙家鼐的为官之道和处世哲学。

北京大学首任“校长”

教育,是立国之本,所谓“百年大计,教育为先”。在光绪二十一年(1895年)甲午战争后,国家命运岌岌可危,光绪皇帝开始实行维新变法。当时朝臣认为,救国之本应该彻底改变学习的系统和培育人才的方法。孙家鼐也提出“国家要富强,民族要兴旺,首先要开办学堂”的主张。

光绪二十二年(1896年)初,光绪皇帝命孙家鼐在北京筹建一所大学堂,并任命他兼任管学大臣。但是,由于保守势力的反对,在既缺钱又缺人的情况下,京师大学堂一直未能开办起来。光绪二十四年(1898年)6月11日,光绪皇帝颁布了《明定国是诏》,正式宣布开始变法,其中将开办京师大学堂作为了重点列在诏文中:“将开办京师大学堂为各行省之倡,尤应首先举办,着军机大臣、总理各国事务王大臣会同妥速议奏,所有翰林院编检、各部院司员、大门侍卫、候补候选道府州县以下官、大员子弟、八旗世职、各省武职后裔,其愿入学堂者,均准其入学肄业,以期人材辈出,共济时艰,不得敷衍因循,徇私援引,致负朝廷谆谆告诫之至意。”8月9日,京师大学堂成立,孙家鼐被任命为第一任管学大臣(相当于校长之职),丁韪良被聘为总教习(如今的教务主任),择福隆安旧宅为校址,于12月开学,首批学生160人。

京师大学堂作为中国第一所“国”字号的新式学府,开创了中国综合性大学的办学先驱。孙家鼐在办学中并没有敷衍了事,而是竭力摸索,仔细研究课程设置,并提出了“学政治者归吏部,学商务、矿务者归户部,学法律者归刑部,学兵制者归兵部及水陆军营,学制造者归工部及各制造局,学语言、文字、公法者归总署及使馆参随……”等先进的学科思想。

戊戌变法失败后,为了保全京师大学堂,孙家鼐及丁韪良等经过多方奔走,这才有了现在闻名世界的北京大学。

创办实业身体力行

孙家鼐不仅是个老练的政治家、有创见的教育家,还是个有成就的实业家。

光绪四年(1878年),孙家鼐被任命在毓庆宫行走,给光绪皇上当老师。那时,光绪还是个“小朋友”,整天玩具不离手。不过他是皇帝,玩的是来自西洋的小汽车、小轮船、音乐盒、会报时的钟、能打鸣的鸡之类。这些东西上了发条,立马活动起来,能跑能跳,会叫会闹,光绪玩得很高兴。玩腻了,他再把它拆开,探究其中的秘密。孙家鼐见了本想陪着小皇帝高兴,但怎么也高兴不起来。他想,这些玩具来自西洋,人家的孩子打小就玩这个,可清朝的孩子小时玩的却是布老虎、木偶人、玻璃球,至多不过逮个蝈蝈,网个蜻蜓,长大了能和人家比吗?所以,当戊戌变法初起,光绪皇上下诏中提出倡办实业,提挈工商,奖励新著作、新发明时,他特别动心,决定在这个领域一展身手,做个表率。

孙家鼐在困顿潦倒时,有过开杂食店下海“练摊”的经历,胆子早就练了出来。他说干就干,带领族人集资白银30万两在上海开办阜丰面粉公司,于1900年投入生产,其产能、规模居远东第一。他又与河南安阳巨商马吉森共办广益纱厂,拥有纱锭2.5万枚,工人两千有余,于1903年投产,是当时中国创办最早、颇具规模的现代化纱厂。此外,他又组织、引导族人创办中国银行、北京自来水公司、天津洋灰厂、启新洋灰公司、井陉矿务局等民族工商业实体,堪与当时办铁冶、办造船、办铁路、办军工等著名实业家张謇、张之洞等齐名,为推动我国制造业现代化和民族工商业发展做出了巨大贡献。

十九、状元大使、状元部长和状元议长

状元，一个古色古香的称谓，竟然与现代社会才有的大使、部长、议长等官职发生联系，岂不有些荒诞？但19世纪末20世纪初真的出现了状元大使洪钧、状元部长张謇和状元议长骆成骧等三个著名人物，被视为政治舞台上三颗明星，一时间成为街谈巷议的中心，还扎实“热”了一阵子。

状元大使——洪钧

洪状元身兼四国大使

洪钧，清同治七年（1868年）考上状元，是年29岁。在担任了清政府若干重要不重要的官职后，他于50岁那年被任命为出使俄、德、荷、奥四国钦差大臣，光绪十三年（1887年）冬偕新婚夫人傅彩云（即后来的赛金花）赴德国柏林上任。

大使，可不是“一杯茶一包烟，一张报纸混半天”的轻松工作，用现在的眼光看，当一个国家的大使工作量也就满够分了，同时担任四个国家的大使，特别这四个国家中除荷兰略小外，都是欧洲大国、世界强国，非太平洋上岛国、非洲内陆小国可比。这样的任务落在一个不通外语，不懂洋务，装一肚皮四书五经的状元身上，其难度可想而知。

首先是忙。一上任，洪钧就带着不久前从勾栏里讨来的年轻太太，匆忙奔波在四国首都之间，呈交国书、参拜诸国元首，遍访四国大臣和各国大使，而后是没完没了的各种礼仪、庆典、招待会、生日酒会、鸡尾酒会,以及各种各样名目繁多叫不出名、记不清名的往来应酬,忙得洪钧晕头转向。

洪钧是个守旧的人,身为大使,成天泡在洋人中,却坚持中国的生活习惯,什么洋物也不肯用。不论什么隆重不隆重的场合,他穿的都是那套御赐的状元服,三道云式的布靴,里面套的土布袜子。有次因外出应酬多走了几步路,脚被磨破了,傅彩云劝他穿洋袜子,他不肯。后来他稍作让步,要傅彩云做的才穿。傅彩云满口答应,背地叫几个洋丫头做了几双,假说是自己做的,哄他穿上。试了试,他说:“是觉得要舒服些。”

到了欧洲,洪钧坚持吃中国饭。他原本是有名的美食城苏州城里有名的美食家,出使欧洲还带了两个技艺精湛的厨师,平时专伺候自己。遇使馆宴会,洪钧便亲自安排提调,做些色、香、味俱佳的中国菜肴让洋人们见识见识,每次都得到洋人的“中国菜滋味最美,最好吃”的同声赞誉。中国饮食文化享誉欧洲,洪钧当有一份功劳。

洪钧很古板,一切行为规范都照老规矩。他不穿洋服,使馆上下也一律长袍马褂。当时日本人在欧洲也有使馆,他们穿的都是洋服,洪钧嗤之以鼻。他还特别看不惯握手、拥抱、接吻之类的洋礼节,但有时也不得不学着敷衍一下。尤其是他带着傅彩云出席外交场合的应酬,见那些洋人拉着自己老婆的手亲,心里总觉着不是滋味,“男女授受不亲”的那句话,在心里老散不去。有次他去拜会俾斯麦,看那红面银须、说话声如洪钟、叱咤风云的铁血宰相,也斯斯文文、很有礼貌地拉着老婆的纤纤玉手亲一亲,他又突然感到很有意思。

那时,照相还是新鲜玩意儿。初到欧洲,外国记者要为这对来自东方大国的大使夫妇摄影留念,但洪钧坚决不同意。柏林有个蜡像馆,专门为世界知名人物塑像,陈列展览,曾几次派人来要为洪钧夫妇制蜡像,洪钧就是不肯。晚年的傅彩云与人谈起这两件事还很后悔。要是当年洪钧同意了,还永远留个少年时代的像在那里。

但洪钧也不是一概排外,他三年任满回国时,还专门为慈禧太后带回划水车、小火轮两样洋玩意,慈禧见了很高兴,留在颐和园里把玩。

洪钧还对电讯事业做出了贡献。当时中外交涉已开始用电文往返,外国用的是三码电文，中国用的是四码电文，费事又费钱。洪钧创造了一种以“干支”替代的三码电，既快捷，又省下数以万计的款项。这说明洪钧不但不斥洋，还做到了“洋为中用，土洋结合”。

教李鸿章“吐痰入盂”

“韩复榘的笑话多，李鸿章的洋相多。”此二人的笑话传说、洋相故事在民间广为流传，还有专书出版，甚为走俏。

李鸿章是清末有名人物，以专签不平等条约著称。在中法战争前夕，洪钧就对李鸿章的妥协政策不满，力主以武力抗击法国侵略，还联络他人上书弹劾云南巡抚在法军侵略面前执行李鸿章的逃跑政策。

洪钧出使欧洲后，有次李鸿章也去欧洲办理外交事务，住在柏林的大使馆内。那时李鸿章办洋务不久，初到国外，也不了解西洋生活习惯，常常闹些洋笑话。

这天，在大使馆与外国人举行谈判，谈着谈着，李鸿章觉得嗓门眼发痒，一口痰涌了上来。他平日在家里，地上吐惯了，但低头一看，鲜红的羊毛地毯，不能吐；左右看看，有个白花瓷做的、比洗脸盆小比饭碗大的罐子摆在墙边，里面装了小半罐水，干干净净的，他也不知那是做啥用的，不敢吐。这时痰已涌到喉头，再也忍不住，灵机一动，扭过头，叭一声吐在背后墙上。那口痰也争气，稳稳粘在墙上不动。这时李鸿章总算松了口气，转过身来继续谈判。外人国见了李鸿章此举想笑又不便笑，目瞪口呆地望着他发愣。洪钧在一旁气得直冒汗。但见李鸿章仍在那里比手划脚，侃侃而谈，毫不在意。

当天晚上，洪钧把伺侯李鸿章的差役叫来，交给他一个痰盂，叫他给李大人送去。这差役说：“禀洪大人，奴才给李大人早准备有痰盂。他不用，把痰都吐在墙上，害得奴才天天去擦洗。”

洪钧听了，又好气又好笑，便提笔写了张“吐痰入盂”的纸条，贴在痰盂上，叫差役送去。

这则笑话，因是民间口头创作，是真有其事，还是人们出于对李鸿章一贯投降卖国的不满故意编派他、挖苦他的，一时说不清楚。

不辱使命

洪钧是个状元,是个有头脑的人物。既然朝廷把出使欧洲四国的重任交给他,他立志不辱使命,处处注意护拥清王朝的国际形象,维护国家民族利益。有一年,朝鲜派使臣去俄国,事先未知照中国,洪钧很生气。那时,朝鲜是中国的属邦,竟越过中国去与另一个国家谈外交,那还行?他立即放弃去荷兰的计划改赴俄国,密切注意俄朝谈判的动向,并及时把情况向朝廷报告。

洪钧出使欧洲的19世纪末,世界正处在一场全球性大战前夕。当时,列强向帝国主义过渡已经完成。帝国主义与殖民地的矛盾,帝国主义之间的矛盾,都达到白热化程度。洪钧对这一形势有较清醒的认识,他在向清廷的报告中,分析当时世界形势说,德国正在扩军备战,其矛头主要指向俄国;俄国联合法国来对付德国,德国联合意大利对付法国,又联合奥地利以牵制俄国,并且运用"让地交权"来拉拢英国。各国关系十分紧张又十分微妙,他的结论是各大国间的矛盾不可避免,先是俄、德之间爆发战争,然后"牵连所及,势必欧洲鼎沸,群起争锋",扩大到一场大规模的战争。对战争的结局,洪钧估计:"德胜十居六,俄胜十居四。"

如果战争爆发,朝廷应采取什么态度呢?洪钧认为,朝廷"此时大可为局外之观,并为自强计,断不可开怨于俄,使其心有分顾"。

以上洪钧对当时国际形势的分析,以及建议朝廷应采取之对策,都是很有见地的,看不出一点书生气。后来,第一次世界大战果然爆发,其规模比洪钧想象得更大,其结局以德、奥、意的失败而告终,但他对战争的一些基本估计还是很有意义的。特别是他建议朝廷应利用帝国主义之间的矛盾,乘列强忙于战争的间隙,致力于本身的建设与发展,等等,是很有战略眼光的。

听说俄国要修西北利亚大铁路,洪钧马上上书提醒朝廷:"此路告成,则我东顾之忧益亟。"建议予以高度注意。得知俄国人在中俄边境地段恰克图一带越界采金,洪钧建议朝廷要作出反应,但那是荒山野岭,不宜驻兵防守,办法是朝廷也"设矿挖金"。这样一来,他们就不敢越界过来偷挖。这既增加了收入，又增强了国防。

洪钧是在中国国势日衰的情况下出使国外与列强打交道的。他在那样复杂的环境下，作为一介书生的状元，仅凭二十余年的封建官僚经验去与西方外交官周旋，能较快地适应工作，完成任务，不做有损国格人格的事，没在外交史上留下什么笑柄，也实属不易。

书生误于书生气

洪钧究竟是个书生，在出使期间，公余以读书治学为唯一爱好。他对蒙古史有特别的兴趣，正好利用这个机会，搜集外国人对蒙古史的研究成果，利用西方的资料，论证中国的历史。这是他的独创。他写的《元史译文证补》共三十卷，“补史之缺，证史之误”，具有相当的学术价值。

光绪十七年(1891 年)，洪钧任满回国，因出使有功，被任命为兵部左侍郎，入值总理各国衙门。就在这时，发生了帕米尔争端，由他参与处理。

帕米尔属中国西部疆域。19 世纪后期，因战略地位重要，英、俄两国对它都有野心，中俄经过谈判，于光绪十年(1884 年)签订《续勘喀什噶尔界约》，确定两国边界走向。根据此约，帕米尔西北部被划入俄境，乌孜别里山口以南形成一段双方未定国界。为了防止沙俄的再次入侵，行使中国主权，中国增兵设卡，巩固边防。这本是正常防务，但沙俄横加指责。总署大臣们在俄国压力下，为避免扩大事端，主张妥协撤兵。洪钧也附和这个意见，说清军在边境增兵是错误的，应当撤回。

然而沙俄并不以此为满足，公然违背《喀什噶尔界约》，大规模入侵帕米尔，强占了两万多平方公里的中国领土。这时，清政府才开始采取强硬方针，洪钧也转变了态度，以总署名义命令新疆地方政府“慎固边防”，并与俄国政府交涉，以探求解决办法。但无结果。

就在这时，北京发生了“帕米尔争界案”。事因当年洪钧出使欧洲时，以“中国图学未精，乏善本”曾从俄国人手中买得《中俄界图》，认为此图较为可靠，便上呈朝廷，以作参考。但中俄帕米尔争端发生后，有人提出这份地图的帕米尔部分有误，故导致边界纠纷，并借此弹劾洪钧。朝廷令总署核查。

总署回复说,这个图本意在供参考,并不是中俄交涉的基准。因此,帕米尔争端"安得归咎此图"。洪钧也连续上奏折进行辩护,还提出沙俄入侵帕米尔的对策。皇上觉得有理,"皆嘉纳"。

按说,皇上都表了态,事情应该说就该结束了。但有的人还是抓住不放,"众言难息"。洪钧为此事很伤脑筋。

原来在这件事的背后,有人借题发挥,泄私愤,图报复,故意夸大其词,使洪钧难堪。这些人的目的果然达到:洪钧受到刺激,一病不起,于光绪十九年(1893年)病逝,时年55岁。

洪钧死后,傅彩云复归烟花,以赛金花的艺名在近代史上演了一出比状元丈夫更精彩、更浪漫的活剧,成为20世纪以来人人尽知的历史人物。

状元部长——张謇

张謇两任部长

1912年1月1日,以孙中山先生为临时大总统的中华民国临时政府在南京成立。孙中山任命前清状元张謇为实业部长。一年以后,袁世凯窃取了临时大总统职位,任命他为农商部长。张謇成了状元中在民国政府部门任部长的第一人,也是最后一人。

张謇,清光绪二十年(1894年)状元,江苏南通人,出身于世代务农的家庭。从小读书聪明好学,12岁时在一个私塾里上学。有天老师见门外有人骑白马而来,即出七字"人骑白马门前过",命张謇对。张謇立刻对道:"我踏金鳌海上来。"老师听了觉得非同一般,说这是中状元的先兆。

但张謇的状元梦并不顺畅。他费了很大的劲考了个秀才,但几次参加乡试,却没考上举人。他到30岁外出谋事,随提督吴长庆去朝鲜平叛,因立有战功,吴长庆与李鸿章商量,准备特别保举他,但他坚持走科举的道路,拒绝保举。

要走科举的路谈何容易，张謇对此记忆深刻。他家世寒微，高曾祖以下没有读书应考的人，按清时惯例叫“冷籍”，是没有考试资格的。张謇父亲望子成龙心切，异想天开地把张謇带到如皋县认一个姓张的本家，让张謇在那边考试，结果考上秀才。但这件事被拆穿后，如皋那边不答应，还引起了一场官司，张謇家花了许多钱也没有疏通好。张謇一气之下向南通州知州孙云锦递了个报告，主动要求取消冒籍如皋考上的秀才，准许他回南通重考。幸好孙云锦是个爱才的官吏，采取一些办法把他调回南通原籍，张謇算是南通的一个秀才，这样才平息了这场风波。不过张謇家为此花了太多的钱，家境贫困下来，他决计出外谋事，又经孙云锦介绍到提督吴长庆府中当秘书。

光绪八年(1882 年)六月，朝鲜发生东学党叛乱，接朝鲜国王求救文书，朝廷派吴长庆渡海东征。张謇随之前往，协办军务。张謇在军中为吴长庆出谋划策，表现出非同一般的才能。朝鲜东学党之乱很快平息，张謇之名也开始为人们所熟悉。但他不愿留在军队里，要回乡读书，去圆他的状元梦。

一心要当资本家

张謇回乡苦读，终于在他 42 岁那年考上头名状元。

按说，他的状元梦经过苦苦奋斗终于实现，下一步，顺理成章地要在仕途上大展宏图，去当大官、居高位了。可是这时他倒冷了下来，决弃仕途，要去办实业，当资本家。

是什么事触动他对人生的选择转向的呢？

张謇考上状元，热闹一番后，被安排在翰林院，暂住北京城。这天他到街上闲逛，突然阴云密布，狂风大作，雷电交加，一场大雨就要来临。他正要转回住处，忽听一阵喝道声由远而近。但见街道两旁行人急忙躲开，躲闪不及的身上早挨了几鞭。原来是慈禧太后从颐和园避暑回宫。慈禧太后的玉辇缓缓过来了，这时，迎接太后圣驾的文武官员纷纷跪在街道两旁，不断高呼：“老佛爷万岁！”谁知偏偏天公不作美，大风夹着大雨，哗哗下个不停，一会儿水就漫过脚背，但见那些跪在地上的大臣，一个个上面淋，下面泡，匍匐在地上头不敢抬，身子不敢动。给张謇留下印象最深的是有两个七八十岁的大臣,跪在水中,浑身发颤,雨水顺着银白色的胡须往下淌,真是可怜之极。

张謇远远立在街沿下,看到这可悲的一幕,想到自己不久也将参加那雨中跪接圣驾的行列,自己暗地里说:“这不是有志之士干的勾当!”于是决绝地告别仕途,重新选择人生。

张謇从状元梦中醒过来后,又坠入另一个实业救国的梦。

甲午战争失败后订立的《马关条约》,允许日本人在中国开工厂。张謇看到日本纱厂在农村以低价收购棉花,用低工资在中国招募工人,纺出的纱,织出的布,却以高价卖给中国老百姓:“利用吾国贱价之原料,低廉之工钱,沥血肥虎。”他感到痛心和屈辱。于是他利用状元的身份及各种关系,到处游说,得到多方支持,在苏州、通州等地开办纱厂,并准备办公司,从事购销业务。

中国历来以读书做官为荣,且有严重的重农抑商思想,“士农工商”名次的排列都是分了先后尊卑的。看到张謇如此热衷于办实业的行为,人们往往投之以讥笑的目光,冷言冷语地说他好容易考上了状元,放着官不做,去做生意,财迷心窍。

初次听了,张謇很气恼,心想开工厂做生意赚钱有什么不光彩?比那些当官受贿刮地皮,比那些溜须拍马去骗去讨去要,不知好到哪儿去了。再说,大家也应看看,国家这么贫弱,原因何在?工业落后,经济落后,乃病根所在,只有实业才能救国,才是强国富民之路。办实业当然要赚钱,可是我赚钱不是为了买田地修别墅讨小老婆!

他本想逢人便解释一番,转而一想觉得没有必要,也没有用。他说他的,自己干自己的,哪怕整个世界不理解,也无所谓。有时遇上实在排遣不开的烦恼,他就一个人跑到黄浦江边,“搔首自叹”一番,然后再以十倍的信心投入工作。

不过说实在话,张謇并不是一个精明的资本家,有个例子很能说明这点:

南通大生纱厂在一战时期,有年结账付给股东的息金,高达百分之五十,真是骇人听闻。他的好友写信对他说:欧美各国股息不过百分之三,上海、无锡各纱厂股息也没有超过百分之十的。你以多付股息为光荣，实际上是一种违背经济规律的风险做法。张謇并不在意。后来果然纱厂赔本了。

不过遇上赔本，他也有他的还账办法。到年终实在拿不出钱还账了，张謇就在上海登报卖字还债。他是状元，字又写得好，卖得起价。于是对联、条幅、扇面、斗方，蜂拥而来，他要两三个月才写得完，还账绰绰有余。

经过十多年，张謇终于挣扎出来了，他办了大型纱厂、电灯厂、炼钢厂、垦牧公司、轮船公司、面粉公司、铁冶公司、铁路公司以及多处银行。他成了有名的状元资本家。与此同时，他出资为工人盖宿舍、办医院，建公园、修图书馆，办了不少职工福利事业。

张謇是状元，读书人出身，对兴办教育有特别的兴致。他创办了我国第一个专门培养教师的学校——通州师范，办了从小学到大学，从工、农、商、医到刺绣、工艺，甚至盲哑等各类专业学校数十所。

直到这时，人们才用另一种眼光审视他，当初那些对他投去蔑视目光的人马上改口说："果然是状元，就是不一样。"张謇一体向他们表示感谢，全不把过去的事放在心上。还是他的好友刘厚生说得好："张謇一生言论与行为，受尽一般官僚，尤其是北洋军阀李鸿章、袁世凯部下大多数官僚之讥笑、轻蔑和侮弄。我以为此讥笑、轻蔑与侮弄，非但丝毫无损于张謇之名誉，而实在可以抬高张謇的人格。"

发现袁世凯

袁世凯，这个被认为是20世纪的怪胎，出卖维新运动人士的叛徒，国民革命的奸贼，做皇帝梦的小丑，至今一提起他人们都深恶痛绝的国贼，他是怎么从历史的缝隙中钻出来的？人们往往都追溯到他"小站练兵"，可是以前呢？是谁发现他并把他推荐出来的呢？

是张謇。

话题回到张謇那次随提督吴长庆应朝鲜国之请东渡朝鲜平叛。在这之前，袁世凯曾带了几十个人主动去找吴长庆，要求从军报国。吴长庆觉得他很冒昧，有些不可理解，但又不好拒绝，就把他留下来，把他带来的人通通打发回去了,每个月给十两银子薪水,也没有正式职务。吴长庆看他年轻,叫他随张謇读书。张謇出了个题,叫他作篇八股文。他熬了几个晚上,交上来一篇狗屁不通的文字,改都无法改。不过,张謇偶尔交给他一些寻常事情,他倒办得井井有条,显得很干练。

有次,张謇与袁世凯闲话,问袁世凯的志愿,他侃侃而谈:

"我在家中有田可耕,有地可种,到这里来不是为了混饭吃,是看到列强对大清欺凌、压迫,我心里难过。你看,法国侵略越南,目标还不是中国。列强还派兵舰到我沿海一带骚扰,如果战事打起来,我们打败,其他美、英、日、德等诸列强一定都跟着来瓜分我们。我当初抱着一片报国的赤诚之心,来投靠吴提督门下,是慕他的英名而来,不料吴公是个温文尔雅的书生,并无为国抗敌之意。既然如此,我也不打算久居于此。"

张謇见他慷慨激昂,颇为感动,就说:"慰亭(袁世凯字),不必失望,我与吴公相处已五年,对他很了解。他是热心爱国的将领。你既然怀有报国之志,将来定有出头之日。"

袁世凯的这通牢骚还确实起了作用。不久,经张謇的推荐,吴长庆便委任他为营务处帮办,月薪增加到 30 两,还派两个勤务兵供他差遣。

光绪八年(1882 年),朝鲜东学党作乱,吴长庆率六营清兵去平叛,有关前敌事务委任张謇办理。张謇又推荐袁世凯为前敌营务处佐理,协助自己工作。

吴长庆率领的远征军渡海东征,由海军提督率舰队护送。因遇大风,他们第五天才抵朝鲜南阳港。吴长庆派某营为先锋,限明日登岸。但该营营长说士兵不习航海,多数已晕船,不能按时登岸。吴长庆大怒,立即撤去该营长职务,命袁世凯代理,并给了令箭,不服者,立即正法。袁世凯接到命令后两小时内一切准备就绪。第二天率先登陆,待吴长庆上岸时,他已安排好一切,骑马在岸边迎候了。吴长庆满意地对张謇说:"慰亭真不错,不负张先生提拔,我向你表示感谢。"

袁世凯得知自己当营长出自张謇的推举,他很感激地对张謇说:"谢谢老师提拔。"

吴长庆率领的队伍住定以后,袁世凯到帐前禀报说:

"有事向大帅报告。"

吴长庆说:"你说吧。"

"禀大帅,我的士兵中有抢掠朝鲜农民鸡鸭菜蔬的事发生……"

还没等袁世凯说完,吴长庆就火了,说:"你为什么不严办?"

袁世凯忙说:"禀告大帅,我查明事实后,当即请出大帅的令箭,正法了七个人。现有七人首级在此呈验。"说罢,命随从将所杀七个士兵的首级呈上。

吴长庆看了连声说:"好孩子,好孩子,你真不愧为将门之子。"

但军中也有对袁世凯连杀七人不服者,写了首诗讽刺道:

本是中州假才子,中书借得不须猜。
今朝大展经纶手,杀得人头七个来。

诗中"中书借得不须猜"一句,是揭露袁世凯假冒"中书"官之事。朝鲜平叛后,北洋大臣保奏袁世凯"由中书科中书,以同知尽先补用",奉旨照准。但后来吏部行文给北洋大臣称:查档案,中书册中并无袁世凯的姓名。原来这是假冒的,后来袁世凯托人向吏部疏通,才补上这个漏洞。但此事已传开,成了袁世凯的一个笑柄。

袁世凯的才干、能力得到展示的机会,加上他也有一套逢迎拍马的本事,得到吴长庆的信任。后来朝鲜叛乱平定,吴长庆奉命班师回朝,留下三营清军由袁世凯统领。从此,袁世凯驻扎朝鲜达12年之久。

如果这12年是平平淡淡、无声无息的12年,袁世凯也不会成为人们注目的中心,那么快飞黄腾达起来。恰恰这段时间内又发生了一件轰动一时的事件,再一次显示了他的才干,也使他的知名度再一次提高,为他以后的发达打下又一块基石。

那是光绪十年(1884年),吴长庆班师回国不久,朝鲜叛乱分子与日本军队勾结,发动暴乱,进攻并占领了王宫。因袁世凯早已得到密报,有所准备,便向日军发动进攻,打死打伤多人,迫使日军狼狈逃窜。袁世凯救了朝鲜国王李熙和他的国家。这是继上次平叛后清军的第二次胜利,其功劳主要归于袁世凯的机智果断。此事传入国中，袁世凯一时成了英雄人物。那年，他才 26 岁。

由以上的介绍可以看出，袁世凯的出人头地，最初完全是因为张謇的极力推荐。但后来因些小事，张謇与他断绝往来十余年。直到维新变法后，二人才又恢复交往，不过这时的袁世凯已非昔日可比，已是大权在握的朝廷重臣了。张謇被袁世凯支持革命的假相所蒙蔽，一直支持他，在他取代孙中山为临时大总统的内阁里任农商部长，还差点当了袁世凯政府的"国务总理"。直到袁世凯摇身一变，成了"洪宪皇帝"，张謇才大梦初醒，赶快离职南归。不过这时他铸成的历史大错已是无从挽回了。

政治找上门来

张謇因见大臣雨中跪拜慈禧的惨状而灰心仕途，倾心实业，后来果然干出一番事业，成了有声望、有实力的人物，地方乃至中央的各级政治机关，或选举或邀聘，请他去支撑门面。他当上了江苏省咨议局议长，北京商部头等顾问，学部一等咨议，后来官至政府部长。不过这时帝制已推翻，臣下见君王的那套繁琐礼仪已取消，不存在跪接圣驾的顾虑了。

被找上门后，张謇的政治热情被引发乃至膨胀起来，干出支持袁世凯的傻事，给他自己也给 20 世纪初的中国历史带来不小的麻烦。

袁世凯因出卖维新志士有功，被慈禧太后提拔到军机大臣的重要位置上，不过慈禧一死，宣统即位，很快就把他罢斥了。袁世凯回到老家河南彰德，闲来无事，栽花种草，静观其变。就在这时，张謇来了。

在南方，张謇是个很有影响的人物，他被朋友鼓动，到北京观察政局。几个志同道合的朋友在武汉会合，取道京汉路北上。在火车上几个都是咨议局议员的朋友分析了形势，认为清政府即将倒台，如果没有一个强有力的人物出来收拾局面，必然引起全国混乱，人民将大遭其殃。找来找去，大家一致认为当此重任者非袁世凯莫属。现在他虽被罢斥在家，然十多万经他一手训练的精兵都在他的掌握之中。找他共商安定时局之策，是再恰当不过的了。大家都晓得张謇对袁世凯有举荐之恩，要他在途经彰德时去见袁世凯。张謇因原来与他有芥蒂，不愿意去。后禁不住几个朋友晓之以大义、动之以真情地劝说，他也就答应了。

车过彰德，张謇下车，到了袁世凯府上。二人谈得投机，一拍即合。袁世凯送张謇出门时，说道："有朝一日，蒙皇上天恩，命世凯出山，我一切当遵从民意而行。也就是说，遵从您的意思而行。但请您转致各方面，希望与我合作。"张謇也为这次的成功会见而高兴，回车上时，笑对朋友们说："慰亭毕竟不错，不枉老夫此行也。"

不过没过多久，张謇就为此行而后悔了，就连同车北上劝他去见袁世凯的朋友们也后悔莫及。其中有位在袁世凯政府中当过农商次长的刘厚生，在他写的《张謇传记》中谈到此事时也说：

"不到半年，謇与世凯一夕之谈竟发生极大效用，并已决定清廷之命运，这决非我们所能预料……但没有想到世凯后来，竟有洪宪的一幕。那末我们在火车上所编的剧本，竟成了洪宪皇帝的劝进表，我们无形之中，竟做了篡窃帝位者的开国功臣，心中的懊丧与愤怒不约而同。哑子吃黄连，说不出的苦，只有相戒不谈。"

试想，如果当初张謇预料到袁世凯后来的变化，他一定宁愿在雨中跪上三天三夜，也不去做那件为中国也为自己再造一个皇帝的傻事的。

袁世凯，这个红极一时却遗臭万年的人物，他是被一个状元"发现"的；最后，也是被一个状元"气"死的。请往下面看。

状元议长——骆成骧

骆成骧险中状元

骆成骧，四川资中人，生于清穆宗同治四年（1865 年）。他幼时家贫，读书甚是用功，下决心要干番事业，便写了副对联自勉：

再穷无非讨口；

不死总要出头！

简简单单12个字，看似顺口说出，但他那种发愤图强、不惜背水一战的精神，实在令人感动。

骆成骧的父亲是个秀才，决心教儿子读书。他把儿子教到17岁考上秀才，觉得自己的本事已用得差不多了，就送他到成都深造。28岁那年，骆成骧考上举人。清德宗光绪二十一年(1895年)，考中状元。

说起骆成骧中状元，中间还有点小小的曲折。

那届主考官是相国徐桐，他已决定了前三名的卷子，可副考官礼部侍郎李若农从薛尚书手中接过一份推荐的试卷说："这篇更好，该点状元。"徐桐很不高兴地拿起来看了看说："这字写得不好，不能点。"李若农说："这字写得健劲，力透纸背，功力很深，起码练写了三千本朝卷。"两人各持己见，互不相让。徐桐冒火说："你争得这么有劲，这卷子莫非是你广东老乡康有为的？"李若农更冒火说："这卷子要是康有为的，把我全家处斩。"当时，以康有为为首的一批参考的举子，正搞了"公车上书"，奏请朝廷变法维新，影响很大，该科康有为也参加了殿试。徐桐故意说来激他。李若农也不相让，两人争持不下。其他副考官从旁调停说放在第三名，点个探花。李若农虽然同意了，但心里还是不服，说："我就是探花出身，这个探花的卷子我差他远了。"这时徐桐说："反正由皇上定夺，明天看圣上怎么定。"李若农说："好嘛。"

第二天，在御座前，徐桐呈上卷子。光绪皇上先看了第一、第二两本，默不作声，看第三本时，又反复看了一次，便对徐桐说："朕想点第三本为状元，可不可以？"徐桐心里虽然不愿意，但皇上说了，还有什么话说？便说："由便圣上。"

就这样，骆成骧被点为状元。

民选议长

骆成骧中状元后，先后在清末民初担任过一些教育行政官员，如在京师大学堂任提调，任山西学司，主持桂林政法学校和四川高等学校等。他任职期间，恪尽职守，作风廉洁，勤恳务实，很受人们爱戴。

如在山西学司任上，他带领一个科员、一个侍从，不论冬夏，经常在穷乡小县间奔走。他不打招呼，微服下乡，了解到许多真实情况，对那些不学无术，工作不负责任，甚至只领俸禄不干事的教育行政官员，该撤的撤，该换的换。他雷厉风行，各县震动。山西重商轻文的风气因此改变了许多。

在成都主持四川高等学校期间，他大量引进西学所长，开设新学科，革除旧学陋习，为四川开教育新风的先例。他作风严谨，清正廉洁。川督陈宧在离开成都时，向他赠金4000元，他分文不取，全数交学校作办学之用。

骆成骧生活在一个风雨飘摇的时代，是他的不幸，也是他的大幸。

19世纪末20世纪初，是世纪交接之际，也是时代交接之际，在这历史的大踏步前进的当头，每个人都面临选择。作为一个旧时代的状元，骆成骧是封建思想文化乳汁养大的。但他在新时代的影响召唤下，能认清大势，看准方向，以国家民族生存大计为重，顺应时代潮流和需要，迅速转变观念，为历史的进步做出贡献。

早在骆成骧的殿试考卷中，就可以看到改革维新思想的萌动。“明治维新”他虽未参加，但在与康有为的交谈中，同意康有为的变法观点，只是主张“渐之勿急”。后来，他又去日本留学，考察宪政，对世界大势有所了解，还翻译了许多国家的宪法给朝廷参考。

1911年辛亥革命爆发时，骆成骧正在山西学司任上。山西官员向朝廷上奏请清帝逊位的表章上，赫然有骆成骧的签名。隆裕太皇看了后意味深长地说：“骆成骧为先帝所识拔，也认为该这样吗？”她站在维护皇权的立场上，是永远也不会理解的。

民国元年（1912年），骆成骧被乡人推选为四川省议会议长。这是一个民选的职务，不是在人民群众中有威望、有影响的人，是难当此任的。当时江苏省议会议长，就是状元实业家、在孙中山临时国民政府里任部长的张謇。骆成骧在议长任职期间，务实肯干，议会每有决议，必事先做好充分准备，故决议快速而准确。主持一个内陆大省的议会，使处于内地的川人初尝民主，是从状元骆成骧开始的。

气死袁世凯

几乎所有的史料都说袁世凯宣布当皇帝后，引起全国一片反对，不到一百天，他就在声讨声中气死了。想那袁世凯敢出卖国家，出卖朋友，是个脸厚心黑的家伙，要气死他，一般骂几句对他是不会起作用的。这中间必有能说会写的高手，击中他的要害，刺中他的痛处，他才会“气”而至“死”。事实果然如此，为气死国贼袁世凯出了份力，立了份功的，就是状元骆成骧。

民国四年(1915 年)袁世凯为自己当皇帝先造舆论说，中国不宜实行民主制度，他的顾问美国人古德诺也说中国不宜共和。于是袁世凯的亲信杨度、严复等便在北京搞了个所谓“以筹一国之治安”的“筹安会”，为袁世凯“登基”造舆论作筹备。这时，成都县知事去找骆成骧，希望他出面担任川、滇、黔三省“筹安会”会长。骆成骧听了大怒，拍桌子把他骂了出去。

在四川任督军的陈宧，本是袁世凯的人，他来四川任职也是袁的派遣，曾参与袁世凯称帝的密谋；陈宧又是骆成骧在北京办京师大学堂时的学生。出于对老师的信赖，他悄悄对骆成骧说道：“老师，学生有一事请教：袁世凯叫我笼络一批外地官员支持他当皇帝，顺从他的意思吧，天下人笑话；拒绝他吧，左右都有袁世凯的人，我会有生命之忧。老师你看该怎么办？”

骆成骧说道：“此事最好这样：你不要公开拒绝，否则你会有危险。从现在的情势看，成都与南京同样重要。南京冯国璋与袁世凯的关系较好，要注意；云南方面蔡锷已率领护国军讨伐袁世凯，可以与他暗中联系，许他在打败袁世凯后推他当大总统。这样袁世凯必倒无疑。”陈宧果然言听计从，按老师的办法行事。

这冯国璋在南京得到陈宧、蔡锷倒袁的消息，又得知蔡锷的护国军在四川泸州与袁世凯的北洋军交火，陈宧部下冯玉祥等已暗中与护国军联络夹击北洋军等情报，他在拥袁倒袁之间犹豫起来。当局面公开化时，他只表示愿意出面调停。袁世凯眼看平时所器重的冯国璋、陈宧靠不住。一向以出卖别人而捞好处的袁世凯发现，自己处于众叛亲离被“出卖”的境地，急得如热锅上的蚂蚁。正在这时，他接连收到来自四川的三封急电。

这三份电报都是骆成骧受四川督军陈宧之托拟定的。这其间，还有些生动的细节。

民国五年（1916年）五月的一天，陈宧派秘书来请骆成骧起草讨伐袁世凯的电报，他高兴至极，拍着书案说：“这下定要气死国贼！”

第一份电报语气比较缓和：劝袁世凯退位。袁世凯回电说要处理“善后”。赖着不退。

第二份电报反驳道：“退位”是一回事，“善后”是另一回事，二者不可混为一谈。请从即日起退位。这次袁世凯未敢回电。

接着，发出第三份电报，宣布四川独立。电报说：

> 自今日始，四川省与袁氏个人，断绝关系。袁氏在任一日，以其政府名义处分川事者，川省皆视为无效。至于地方秩序，宧守土有责，谨当为国家尽力维持。新任大总统选出，即奉土地以听命。

这最后一封电报是5月22日发的。袁世凯是在6月6日“惭愤交加，忧惧而死”的，可见，这封电报对“气”袁世凯致“死”是起了直接作用的。

袁世凯的死讯传来，骆成骧发觉当初发出的“要气死国贼”的预言完全实现，好不欢喜，便写下咏剑诗曰：“聊凭擘电飞三剑，暂取长鲸海不波。”“一条秋水匣中出，万里雄风掌上生。”“愤发人间事不平，气冲牛斗辄先鸣。”他把自己亲拟的三份电文比为连发的三把利剑，取了袁贼性命，为国家人民除一大害。其得意之情，溢于言表。

就在这一年，蔡锷领护国军到了成都。他与骆成骧原在北京相识，了解骆成骧的才能、人品，有意请他出来主持川政。然而这时的骆状元似乎已疲于人生，在成都置下房产，过起“心远地自偏”的清闲生活来。他常与十来个知名文化人在一起饮酒赋诗，纵谈古今。社会上以“五老七贤”相称。他听到后自我调侃说:“啥子五老七贤? 五个老不死,七个讨人嫌。”听者拊掌大笑。

骆成骧也不是完全不问世事,遇到“人间事不平”,他还是忍不住“气冲牛斗”的。有一次,四川有三个爱打仗的军长请他喝酒,他趁酒兴便说:“今天你们三个都在,正好比武分个高低,看谁是英雄。何必劳民伤财派兵来打?”说得三个军长无言以对,只好说:“状元公醉了,状元公醉了。”

晚年,骆状元竟习起武来,撩衣扎袖,打拳射箭,还连任成都武士会会长。可见其兴致之浓。

二十、状元罗曼史

话说前文中谈到的那位叫杜羔的落第考生，本准备回家，读了妻子的那首诗后，决定不回去了，留在京城继续苦读，力争下榜高举。而这时，他又收到妻子寄来的一首诗，上面写道：

长安此去无多路，郁郁葱葱佳气浮。
良人得意正年少，今夜醉眠何处楼？

杜羔妻子的心情是极其复杂的：丈夫久试不第，她脸上无光，叫他不要回来，要想回来，只有趁夜深无人时；若是丈夫考上了，她担心的事更多了，那时“良人得意”，“醉眠青楼”，早把家中的黄脸婆忘得干净，想他回来都不回来了。

杜羔妻子的担心绝不是多余的，考场上的成败荣辱与情场上的悲欢离合紧密相连。状元是大起大落的人物，因而他们的爱情与婚姻往往也就充满着大波折与大悲欢。

酒醉红罗帐

唐时，长安有个平康里，是妓女云集之地。那里的女子虽为娼妓，但多习诗书，吟诗作词还难不倒她们。一些进京赴考的举子多与她们有些交情，但因为一则要准备考试，再者也囊中羞涩，不敢与她们常相聚。然而一旦考场高中，时间也有了，钱也不愁了，便放肆与她们游乐，特别是考中了状元的,更是红粉们心中的白马王子。他们相聚行乐,逢花则饮,通宵达旦,毫无顾忌。据记载,唐懿宗咸通四年(863 年)状元孙龙光,迷恋一位郑姓妓女,如胶似漆,难解难分;咸通十三年(872 年)状元郑昌图与妓女楚儿情意缠绵,生死相依;唐僖宗乾符二年(875 年)状元郑合敬与妓女楚娘、闰娘相好,左拥右抱,信誓旦旦,地久天长。

状元与美女,朝夕相伴,两情依依,自然有不少风流故事。状元是天下写诗的第一把手,当然不会放过这一刻千金得来的灵感;妓女也不甘示弱,同样以诗相回,以显示自己的才华和表白衷情。如郑合敬有首诗写道:

春来无处不闲行,楚闰相看别有情。
好是五更残酒醒,时时闻唤状头声。

过罢考场是情场,满纸的彻底放松,故有这等闲情逸趣写这等消闲的情诗。虽没有什么内容,却也含而不露,艳而不俗。

妓女楚儿在《赠郑昌图》一诗中写道:

应是前生有宿冤,不期今古恶因缘。
蛾眉欲碎巨掌灵,鸡肋难胜子路拳。
只拟赫人佳铁券,未应教我踏青莲。
曲江昨日君相遇,当下遭他数十鞭。

落魄江湖的女子究竟与高中及第的状元心情不一样,她没有兴致和心思咀嚼、回味本应是愉快的男欢女爱,昨日曲江宴上的不期而遇只是了却一桩前生定下的“恶因缘”。与君相遇虽难忘怀,留下的却是一派苦楚与烦恼。

这时的状元,一心想的是眼前的欢乐和今后的仕途,莫说对一个逢场作戏的妓女的悲哀他没有心思、没有情绪去关心理解,就连对家中翘首而望的发妻所思所怨,也无暇去想了。

新科状元平康里挟妓,本是唐代陋习,但当时被文人雅士视为风流。如果说这也算是状元罗曼史中的一章,那只能算是变了调的一个小插曲。

洪钧与赛金花

古人也与现代人一样,对那些变调变味的东西特别感兴趣,于是,状元与妓女的故事在舞台上演了一出又一出,演了一代又一代,其中最著名的要算那台《玉堂春》。王金龙状元及第做了巡按,但不忘前情,对原来真心相爱却身份低贱,而今又蒙冤受屈的妓女苏三不歧视、不变心,倾心相爱,全力相救,为她的冤案平了反,二人重新拜堂,结为正式夫妻。

但这究竟是剧作家的虚构。下面讲的,是一个发生在清朝末年的真实的状元与妓女的故事。

洪钧,苏州人,是清穆宗同治七年(1868 年)状元。他与名妓赛金花的一段姻缘一度被炒红大半个中国,炒红大半个欧洲。赛金花因为与洪状元有这么段情爱史,到了后半生还热力不减,在八国联军侵略中国时,又与联军统帅瓦德西打得火热。这对异国情侣以不同方式揉搓着那段历史,给历史的书页留下许多斑斑点点。

赛金花原名赵彩云,苏州人氏。16 岁时为妓,与洪状元相遇后,两情甚笃,难以割舍。17 岁时与洪钧结婚,正式进入状元府。这年,洪钧刚满 50 岁,已有了两房太太。不过这在当时来说,是平常的事情。

赵彩云真的如一片彩云,刚到状元家不久,状元就走好运,被皇上点为钦差大臣出使俄、德、奥、荷四国,也就是现在通称的大使。大使出国是要带夫人的,洪状元家的两个老婆都是旧式妇女,怕到外国出洋相。赵彩云年纪虽小,因为有段不寻常的经历,善于交际,这大使夫人一角非她莫属。

大使馆设在柏林,闹中取静,幽静豪华。有成群的使女陪伴,还请了专门的教习,教授外语和外交礼仪。彩云经常与洪大使一起参加外交活动,拜会各国君主王后,接受各国大臣大使的回访回拜,参与游乐和宴会,很快她就熟悉了一切。每有聚会,只见她披着孔雀毛的围巾,挽个大髻,插上几朵时新鲜花,把一张圆脸衬映得如一盘满月。她身着有 24 条飘带的湘绫裙,每条飘带上还系上个小银铃,走起路来环佩叮当,清脆悦耳。特别是那双有粉包的宫鞋,每走一步,留下一个粉底鞋印,真是步步生花,洒满一路风韵。而后,她款款走到每位客人面前,用新学的德语极有礼貌地一一握手问好。她把东方女性的特有魅力发挥得淋漓尽致,使那些洋人官员们如醉如痴。这时的洪状元感到特别欢欣和骄傲。

但洪状元是个守旧派,他懒于应酬,成天埋头公务和做学问。不过那时的状元夫人已不是原来的彩云姑娘,更不是以后的赛金花。她行为谨慎,进退有度,夫妻关系十分和美。他们在国外度过了三年神仙般的日子,任满回国时,他们已有一女。

回国后,洪钧升为兵部左侍郎。就在这时,发生了一件意想不到的变故。洪钧因在国外购回一张把帕米尔画在国界以外的地图,俄国人抓住把柄以此要挟中国。于是洪钧受到弹劾,郁郁致疾。病危时,他把彩云叫到床前,留给她五万块钱,以保她今后生活无虑。而后他丢下娇妻,撒手而去。生前,夫妻也算恩爱,洪钧死后,彩云悲伤至极,哭得昏天黑地,神鬼动容。

因为年轻,父母、亲戚都不让她守节,说好把状元灵柩送回老家苏州后便可离去。但到苏州后,五万两银子被本族兄弟侵吞了,女儿又被藏了。在一无亲人、两手空空的情况下,彩云去了上海。状元夫人重新下水,再操旧业,先用赵梦兰的名字挂牌,后到天津改名赛金花。因与一少年男子拜把结为金兰,她为弟,于是又得一新绰号"赛二爷"。后来,八国联军攻占北京,赛金花与联军统帅德国军官瓦德西异地相遇,又生出许多枝节,演出另一些更为精彩的人生活剧,使得她的名字在中国近代史上比她的夫君状元郎洪钧响亮得多。

早在20世纪30年代,戏剧家夏衍所写《赛金花》曾把她抬到爱国主义高度;而后,又有人从反面加以论证,把她与汉奸卖国贼相提并论。人们争了大半个世纪,至今无定评,好像正如她的名字——赵彩云、赵梦兰、赛金花、状元娘子,怎么叫都不错。

有情人终成眷属

味道最醇、情节最奇的状元罗曼史，莫过于《荆钗记》中所写的王十朋与钱玉莲的爱情故事了

王十朋进京赶考，其妻钱玉莲送了一程又一程，至河边才依依惜别。钱玉莲在家勤俭贤惠，孝敬公婆，苦苦盼望丈夫高中归来。但她盼来的却是丈夫高中状元后的一纸休书。这时，地方恶棍、奸相万俟卨的外侄孙汝权前来求婚，玉莲不从。孙公子指使家丁殴打玉莲父母及公婆，两家老人受尽屈辱。面对孙家的逼婚、丈夫的休弃，玉莲感到无路可走，心一横投河自尽了。

原来，王十朋中了状元后，奸相万俟卨要招他为婿。十朋不从，被贬潮州，还安排人把他看管起来。王十朋给妻子所写书信，被孙汝权改为休书，以遂其强娶玉莲的心愿。岂知玉莲见了休书仍不从，竟跳河自尽以明心志。

王十朋中第后久不归家，又写休书逼死媳妇，其母十分气愤。不远千里去潮州寻子。母子见面后，方知十朋被限制自由未能回家的情由。十朋得知家中变故、玉莲自尽的消息，悲痛万分，决定终身不娶。

其实玉莲跳水后并未淹死，被一对打渔夫妇救起，收为义女。玉莲因受到被休和逼婚的打击，看破红尘，入庵当了尼姑。

十年后，王十朋偶到寺中进香，巧遇玉莲，二人苦诉别情，乃真相大白。夫妻再次团圆，恩爱如初。

这是一个比罗密欧与朱丽叶更动人的爱情故事，却是喜剧结局，这反映了中国传统的审美观：以对爱情的忠贞换来忠贞的爱情。好人历经磨难，终得好报。

历史上，王十朋实有其人，他是宋高宗绍兴二十七年（1157 年）状元。历史背景也有依据，万俟卨是南宋有名的奸臣。他依附秦桧，诬告岳飞，罗织莫须有的罪名，置岳飞父子及张宪于死地。他因与秦桧争权被罢黜，秦桧死后，他被昏君高宗任命为宰相，是个什么坏事都干得出来的人。不过从整个故事内容看，虚构的成分还是太重。

寒窑情侣

吕蒙正的爱情故事更具有传奇性，虽然也有不少虚构，但因生活情趣很浓，显得十分生动和真实。

宋代有位刘丞相，其女美丽聪明，长于诗词，欲择一才学出众、学识渊博的青年为婿，久不得。于是刘丞相想出个抛绣球的办法，让女儿自选丈夫。

抛绣球择婿，据说历史上还真有其事。这本是一种很自由、很开放的找对象的方式，不知为什么会在我们这个封建闭塞的古代社会出现，至今未能找到准确答案。

题外话按下不表。且说刘小姐这天在彩楼上，望着下面无数衣冠楚楚的王孙公子、富家子弟，见他们个个搔首弄姿，举止轻浮，感到十分失望。

正在这时，彩楼下传来一阵喧哗。一伙衣着华丽的公子正围着一个布衣书生，取笑他衣履陈旧，像个落汤鸡。那书生也不相争，只昂首吟诗一首："雨打鸡毛湿，红冠不染尘。五更能报晓，惊动世间人。"刘小姐听罢，佩服他的文思敏捷，志向高远，又见他气宇轩昂，一表人才，正是心目中的白马王子，便有意将绣球抛给了他。

这书生名叫吕蒙正，河南洛阳人氏。他得了绣球好不欢喜，便跟随小姐进了相府。

哪知刘丞相是个嫌贫爱富之人，见吕蒙正一身旧衣，贫穷寒酸，顿生悔婚之心。为了找借口，他就以试文才为名，出对联要吕蒙正对。刘丞相先出上联：

狂蝶浪蜂，休想奇葩游上苑

吕蒙正听出其中讥刺之意，也不在乎，对道：

攀龙附凤，要折丹桂步蟾宫

刘丞相听了，很是惊异，又出一对：

娇滴滴一枝丹桂，谁敢高攀？

吕蒙正立即对道：

浪滚滚三汲龙门，吾当独跳！

刘丞相觉得无懈可击，再出一对：

鸣凤在朝阳，凡鸟焉能比翼？

吕蒙正此时文思如涌，毫不在意地对道：

困龙得云雨，污池岂可安身？

刘丞相一听，抓住把柄道："好哇，你视我相府为污池，那我这污池容不得你这蛟龙。"要把吕蒙正赶出相府。吕蒙正明知他是嫌自己家贫，也不示弱，丢下绣球，头不回地跨出门去。刘丞相命小姐重抛绣球，小姐抵死不从，也被父亲赶出相府。

吕蒙正和刘小姐出了相府，直奔郊外吕蒙正住处。因天色已晚，二人便在荒郊野店暂宿一夜。当晚拜了天地，结为夫妻。但第二天刘小姐发觉随身带的细软贵重之物皆被盗，从此一贫如洗。好在夫妻恩爱，相敬如宾，住在离城很远的破窑洞里，靠吕蒙正抄些书卷，刘小姐做点针线，将就糊口。

不觉过了十年，其间吕蒙正三次赴考，皆名落孙山。因有刘小姐的鼓励，尚未气馁，只是日子越发艰难。

这年冬天，大雪纷飞，道路被封，家中断炊，夫妻二人又冷又饥。正在难挨时，忽听钟声悠悠传来，原来是不远处木兰寺施斋饭的钟声。吕蒙正不顾天寒雪大，匆匆赶去，想混碗斋饭吃，顺便带点回家给老婆垫垫饥。不想赶到时,饭已开过。庙里和尚因见吕蒙正常来打扰,又无银子施舍,便改原来的先敲钟后开饭为先开饭后敲钟,故意捉弄他。吕蒙正空跑一趟,甚为气愤,便提笔在墙上题诗一首:

十度逻斋九度空,恼恨和尚饭后钟。

他还想写下去,无奈笔已被冻住,恨恨地把笔一丢,走出庙门。

为了找米下锅,吕蒙正又走了好几处朋友熟人家,终一无所获,不由叹道:“十谒朱门九不开,满头风雪却归来。”回到破窑,已是夕阳西下了,饥肠辘辘,实在难熬。忽然他发现窑前一地足迹,不由一惊;“难道妻子被相府接回?”进得窑门,见妻子好端端睡在炕上,这才放下心来。突然一阵饭香窜进鼻孔,揭开锅一看,好一锅白米干饭。正待拿碗来盛,他却犹豫起来:这饭从何而来?这时刘小姐睡醒,忙给丈夫送饭过来。吕蒙正怀疑地望着她道:“你不把这饭的来历说清楚,我绝不吃。”又把她拉到门外去看那雪地上的足印。对她发表一通“富贵不能淫,贫贱不能移”的宏论。刘小姐便将今日母亲差人送来米面银钱的事对他讲了,这才释去他胸中的疑团,他狼吞虎咽地把一锅饭吃得干干净净。

上面的故事,被后人以“吕蒙正赶斋”“萍雪辨踪”为题,编进书中,搬上舞台,一直流传至今。

过了寒冬,恰逢大比之年,吕蒙正应试,一举高中头名状元,皇上又特赐状元府一座。吕蒙正以隆重的礼仪,将刘小姐从寒窑里接进状元府。这时的刘丞相后悔莫及,羞羞答答认了这个女婿。

查吕蒙正为宋太宗太平兴国二年(977 年)状元,后来官至宰相,不少古代书籍里都谈到他,说他父母异居,从小随母长大,发愤读书,常为父母不睦而哭泣,至“泪满所读书”。后来高中当了大官,他泣跪父母面前望二老“顾复故好”,“父母怜而从之”,但仍然“异室而处”。吕蒙正早晚两处请安问候,从不敢怠慢。

可见,吕蒙正不仅是个忠于爱情的模范丈夫,也是一个恪尽孝道的好儿子。

情诗系情思

王十朋、吕蒙正两个状元的婚爱历史虽动人心扉，但多有虚构，而明代状元杨升庵与黄娥的爱情经历，既委婉曲折，又真实确凿。因为夫妻都是著名诗人，故而“罗曼蒂克”的味儿更为浓烈。

杨升庵，本名慎，四川新都人。明武宗正德六年(1511年)状元。其父在朝廷历任首辅大臣等要职。杨升庵原配王氏早逝，娶兵部尚书女黄娥为继室。黄娥不仅容貌端庄美丽，且胸有文才，被认为是明代著名女诗人。关于她也有不少传说：

某次，黄娥乘小轿外出，恰遇新都县太爷的轿子回衙。因事急，未肃立停轿相让，黄娥叫轿夫绕道而过，不料县太爷眼尖发现了，很是生气：竟然有人敢不把我县太爷放在眼里！

县大爷立即叫衙役挡了黄娥的轿子，要问个明白。黄娥对轿夫说了几句话，让他回禀县太爷。县太爷听后，忙下轿走到黄娥的轿前谢罪。不等他走拢，黄娥的轿子已飞快地被抬走了。原来，轿夫回禀县太爷的是这样一句话：“尚书女，宰相媳，翰林妹子状元妻。黄娥是也。”由此，也看出杨升庵一家之显赫。

但没有几年，杨升庵因与皇上政见不合而遭贬，被削去官职，发配到云南永昌(今保山)充军戍边，一去30年。这其间也回过几次四川老家，但未能得到赦免，至老死边陲。杨升庵与黄娥长期分居，夫妻深情往往用诗词互相表达，这就给文坛留下许多佳句。

杨升庵初去云南，黄娥送至湖北江陵，夫妻分手时，别情依依。杨升庵作《临江仙》一首曰：

楚塞巴山横渡口，行人莫上江楼。征骖去掉两悠悠，相看临远水，独自上独舟。　　却羡多情沙上鸟，双飞双宿河洲。今晓明月为谁留？团团清影好，偏照别离愁。

诉说不尽的离愁别恨,都在这最后一刻倾泻而出。就连无意中瞥见江边沙滩上成双作对嬉戏的飞鸟,也触动对往昔恩爱的无限回味,可惜一轮圆圆的明月,它并未带来团圆,却增加和渲染着离别的苦楚。

黄娥对远在云南边疆的丈夫寄去无限的思恋与牵挂,她在《罗江怨》中写道:

相思相见何年月?泪流襟上血,愁穿心上结,鸳鸯被冷雕鞍热。

短短四句,都是血泪写成,黄娥想念夫君的相思之苦,尽在其中。她又在另一首《双调落梅花》中写道:

春寒峭,春梦多,楼头下,风味佳,峭寒生雨和风乍,不知对春思恋也,背立在,海棠花下。梦见中和他两个,醒来时空床冷被窝,不见你,空留下我。

黄娥较杨升庵小十岁,夫妻别离之时,她正值青春年华,对夫妻情爱的回忆,每每梦中再现。这也是人之常情。黄娥作为一个女性诗人,将自己的切身体会与感受写出来,其情感之真挚坦诚与诗句的精美隽永,可与李清照写给赵明诚的词比美。

黄娥还有首寄杨升庵的著名诗篇《寄外》:

雁飞曾不度衡阳,锦字何由寄永昌?
三春花柳妾薄命,六诏风烟君断肠。
日归日归愁岁暮,其雨其雨怨朝阳。
相闻空有刀环约,何日金鸡下夜郎。

此诗多从古诗词旧句中转引,清照词的风味很浓,但运用贴切,恰当地传达了作者思念远方亲人,欲见不得见的悲伤凄切的心情和企盼“金鸡”鸣晓,良人早归的热切愿望。加上杨升庵的命运为世人所关注,此诗曾传诵一时。

杨升庵与黄娥长期分居两地，天各一方，鸿雁传诗，互诉衷曲，为当时所钦羡，为后世所仰慕。他们死后，人们把杨升庵的《陶情乐府》和黄娥的《杨夫人乐府》合编为《杨升庵夫妇散曲》，广为流布。

招驸马，状元罗曼史最辉煌的一章

既高中状元，又被招为驸马，这当然是状元最美满、最精彩的婚姻。但事实上这种事历史上极少发生，只是在旧小说与戏剧中，状元才有这个福分，比如《铡美案》中的陈世美就遇上这种好事，遗憾的是他的心肠太恶毒，就连在戏里也没享受多久。据史料载，状元成为驸马的为数很少，前面所举宋理宗赵昀准备招状元周震炎为驸马，因公主不同意而作罢。但历史上有皇帝招状元为驸马成功的例子，不过仅仅一例，而且差点没能成功。

唐宣宗皇帝要给自己的女儿万寿公主招驸马，命宰相白敏中为他物色。白敏中推荐武宗会昌二年(842年)状元郑颢。郑颢，河南荥阳人，系原宰相郑因之孙，才貌俱佳，是当时有名的文化人，宣宗皇上甚是满意。但郑颢已订婚，女方是郑州大户之女卢氏；郑颢一心恋着卢氏，因而对向皇上推荐自己当驸马的白敏中十分不满，多次向皇上说他的不是。后来白敏中工作外调，怕郑颢再“中伤”他。宣宗看出他的心思，把郑颢以前告他的材料全交给他本人处理，他才放心地去外地上任。

郑颢虽然难忘卢氏旧情，但皇命难违。加之后来皇上对他恩宠有加，两次任命他为贡院主考官，他选贤与能大公无私，工作很出色，受到各方面好评，官做到礼部尚书。

郑颢与万寿公主也能和睦相处，只是万寿公主出身皇室，有时不免旧性难改，自恃是皇帝的女儿，对郑颢家里的有些人表现不恭。有次，郑颢之弟郑凯得了重病，危在旦夕，一家人都很着急，连皇上都派人来慰问，而万寿公主毫不在意，竟然跑到慈恩寺看戏去了。宣宗知道后大怒说：“怪不得一些士大夫不愿与我结亲家，原来是这么回事。”马上把万寿公主召进宫，叫她立在阶下,训斥道:“郑凯按说是你弟弟,他得了病你不去探望,反倒去看戏。成什么体统!”这件事后,不仅万寿公主小心谨慎了,就连其他皇亲贵戚也都受到教育,严守礼法,不敢拿架子了。

郑颢与万寿公主的婚姻,是状元史上唯一一次状元被招为驸马的婚姻,虽然其中略有遗憾,但仍不失是状元罗曼史上最辉煌的一章。

点了状元又招为驸马,是那些好凑热闹专爱锦上添花的剧作家们故作的惊人之笔,历史上只有郑颢这个绝无仅有的例外。唐代“主婿皆取世勋名臣家”,一般出身低微的状元高攀不上。宋代接受前朝外戚作乱的教训,驸马待遇虽好,但当上了就不能再当朝廷大臣,连地方长官都不准当,还莫说成了皇室的宗亲要受许多条条款款的管束。再说,哪个公主没有点小性子?惹不起躲得起。所以许多状元都无心去当驸马。至于元、明、清诸朝,门阀观念特重,状元就是想当驸马也难。

那状元多与什么样的人结亲呢?一段史籍回答了这个问题。《宋史》载,每当发榜,状元及诸进士打马游街时,“自东华门至期集所,豪家贵邸竞列彩幕,纵观其有少年未有室家者,亦往往于此择婿焉”。什么是“豪家贵邸”?无外乎是朝廷官员、文武大臣之属。比如宋朝,就有好几个状元被当朝宰相招为女婿,其中宋真宗咸平二年(999年)状元孙暨,就被前状元、当朝宰相吕蒙正招为女婿。吕蒙正本身是状元又找了状元当女婿,当然是门当户对了。但更多的是,状元郎们都愿与书香门第的官宦之家的小姐结亲,少与农商之户通婚,这也当然是门当户对的原因了。

根据材料看,状元们的婚姻爱情多数都比较规范,夫妻和睦,互敬互爱,终身相依者多,如唐代的郑颢,宋代的冯京、王昂、张孝祥、邹应龙等。那种高中后就抛弃糟糠,休妻,甚至反目成仇,杀人灭口,如《铡美案》中的陈世美、《义责王魁》中的王魁、《张协状元》中的张协等,只不过是小说家们的杰作,在状元史上,连这些人的名字都找不到。

至于另外一种情况,如《玉堂春》中的王金龙、《绣襦记》中的郑元和,在状元及第后做了高官,不忘前情,对原来真心相爱、身份低贱的妓女苏三、李亚仙,不歧视不变心,补办正式婚仪,堂堂正正娶进家门,在男尊女卑的封建社会确实不易,这充分体现了我们民族知恩图报、富不易妻的传统美德。同时可以看出，在封建思想占统治地位的古代社会，进步文学家们如何运用他们手中的笔，热切地呼唤着美好与崇高。王金龙、郑元和在历代状元花名册上查无此人，但他们在人们心灵的花名册上生了根，他们的生动形象已经在舞台上活跃了好几个世纪。这也正说明了状元在历史上的地位和对民间的吸引力。

二十一、状元与“高分低能”

曾有人写文章说，古代状元都是些没有多大真才实学的人，是“样子货”，并举例说，李白、杜甫不是状元，苏轼、陆游也不是状元。中国四大古典名著的作者，曹雪芹、罗贯中、施耐庵、吴承恩，哪一个是状元？这样的名单还可以列出一长串。有人还作过这样的比较：如唐贞元九年（793年）状元苑论，但同科进士中有柳宗元、刘禹锡；贞元十六年（800年）状元陈权，同科进士有白居易；开成二年（837年）状元李肱，同科进士有李商隐……上列这些状元在历史上属无名之辈，而与他们同科只考上进士的柳宗元、刘禹锡等，却是永垂史册的大作家、大文豪。

于是，就出现了状元与高分低能的问题。

这是一个复杂的问题，但回答起来似乎并不复杂。

李白原来未参考

李白，是我国文学史上最伟大的诗人之一，他生活的年代，正是唐代科举盛行的时候。他与王维同生于公元701年，但他不像王维那样热衷于功名，而是纵情山水，醉饮林泉，豪放不羁。不过他也不是毫无政治热情，只是性情孤高，心抱“平交诸侯”的磊落态度，长期“仗剑去国，辞亲远游”，浪迹江湖。到天宝初年，由道士兼诗人吴筠推荐，李白被唐玄宗李隆基召赴长安。

李白一到长安，贺知章便对他大加赞赏：“此天上谪仙也。”唐玄宗对他也十分看重，亲自赐食、调羹，授他以供奉翰林的头衔，还让他到皇宫里走动，故有“贵妃捧墨，力士脱靴”的佳话流传。不过这时的李隆基已不是当初那个励精图治的皇帝了，他把政务交给奸相李林甫和宦官高力士，自己当“太平天子”。他召李白到长安，只是慕他的才名，让他当个歌功颂德的御用文人，并不需要他辅佐朝政。这与李白应召来长安的想法完全是两码事。李白有自己的抱负和理想，想要在政治上有一番作为。他品格高贵，不愿在皇上和权臣贵戚面前讨好卖乖，“戏万乘若僚友，视俦列如草芥”。他没有把万乘之尊的皇上和那般庙堂上的大臣们放在眼里，因此，遭到高力士等人的谗毁，玄宗皇帝也对他日渐不感兴趣。他已觉察到玄宗无意重用自己，又怕受到群小的诽谤、陷害遭到不测，便自动要求离开长安。玄宗觉得他“非廊庙之器”，便批准了他的请求。从此，他离开住了三年之久的长安，到外地漂泊隐居去了。

从以上介绍看，李白从来没有参加进士考试，他虽有绝代才华，状元也与他无缘。

像李白这样主动放弃考试的有才华的文人还有很多，只是原因不同罢了。

如李贺，就是那位写出“黑云压城城欲摧”著名诗句的诗人，他终身未参加进士考试，其原因如今说起来有些不可理解。原来他父亲名叫李晋肃，因“晋”与“进”同音，为了避讳，他决定不参加进士考试。当时著名“古文运动”创导者韩愈还专门写篇《讳辩》的文章劝他，他还是坚持自己的观点，至死不去参考。不过他只活了 27 岁，年纪轻轻的就死了。如果多活些年，他也许去考场上一试身手，根据他的才学，说不定还真的能考上个状元。

辛弃疾是宋朝与苏轼齐名的爱国词人，他的那首《丑奴儿》“少年不知愁滋味”，早已广为流传。因中原陷落，他组织义军南归，虽然才华横溢，因忙于抗战，未能参加考试，自然当不上状元。

元代大戏剧家、一生写下《窦娥冤》等几十出剧目的关汉卿，与之齐名以《西厢记》在文学史上占据显著地位的王实甫，明代写《三国演义》的罗贯中，清代写《二十年目睹之怪现状》的吴沃尧，写《镜花园》的李汝珍等，都因无心功名而不赴考，状元的头衔对他们并没有吸引力。

还有一种为保全气节而不愿参考的，如明清之际的顾炎武、王夫之，他们都是大学问家。顾炎武的《日知录》、王夫之的《周易外传》等都是传之后世有价值的重要论述。但他们在明亡以后"耻事二君",自称"明遗臣",拒绝参加清朝科举考试。连考试都不参加,还当什么状元?

杜甫参考未考上

伟大诗人杜甫34岁那年到长安参考,由于朝政被李林甫把持,他为了制造"野无遗贤"以讨好玄宗皇上,无一人被录取。杜甫为了谋取出路,还向达官显贵们投过"行卷",以求引进,也无结果。40岁那年,碰到唐玄宗举行祭祀大典,他呈献三大礼赋。玄宗看了很欣赏,叫他到集贤院参考,以备录用。结果又是李林甫从中作梗,考试后永无消息。从此后他就断了考进士当状元的念头。然而,正是仕途不利,生活困苦,他才有了更多的机会接触人民底层生活,写下《丽人行》、"三吏""三别"等大量揭露黑暗现实、反映人民疾苦的诗作,成为我国历史上最伟大的诗人之一。后人把他誉为"诗圣"。

唐代著名诗人,"花间词派"的鼻祖,写下"江上柳如烟,雁飞残月天""未老莫还乡,还乡须断肠"等等佳句的温庭筠,也是数进考场均未上榜的不幸者。连进士都未考上,状元当然更没有指望当了。不过,据说他没考上与他的人品有关。他行为不检,爱和一班贵族无赖子弟出入歌楼妓馆,赌钱喝酒嫖娼宿妓,样样都来,更可笑的是他自己考不上,还爱当"枪手"为别人替考,事发后受到惩处。他名声实在欠佳,影响了功名。

还有那个写"商女不知亡国恨,隔江犹唱后庭花"的杜牧,写"春蚕到死丝方尽,蜡炬成灰泪始干"的李商隐,诗才、文才算是绝顶了,可是在考进士时均屡试不第,后来还投了"行卷",靠达官显贵力荐,才考上进士,但名次都偏后,离状元还远。

更有写《春晓》的著名诗人孟浩然,说起他的考进士经历可笑又可怜。他的诗名当时与王维齐肩。他40岁时游长安,在太学里赋诗,大家交口称赞,但因无人举荐,考进士不第。有一天,他去王维府上玩耍,恰恰这时唐玄宗来了。孟浩然吓得无处回避,一头钻进床底下。唐玄宗发现屋里有不正常响动,便问怎么回事,王维只有如实回奏皇上说:"孟浩然见陛下来了,躲避不及，钻进床底下。请陛下恕罪。”

玄宗一听，觉得好笑，便说：“朕久闻孟浩然其名，尚未见过。你怕什么？快出来。”

孟浩然从床底下爬出来，行了君臣大礼。玄宗问他有什么新作，孟浩然便朗诵起来。也是他命中注定，念着念着，把一句“不才明主弃”顺口念了出来。玄宗听了心里老大不高兴，便说：“你又未来求官，我也没有弃你，为什么诬赖我？”就叫他走了。

于是孟浩然终生未能考上进士。

唐代写《长恨歌》的白居易，伏案苦读十余年，功夫用到“口舌成疮，手肘成胝”、头昏眼花、未老先衰的程度，考进士要求的诗、赋、文章已达到很熟练的境界。他自己还没有信心，又把文章送给权威人士鉴定，看是否达到录取标准，结果考了个第四名。

唐代古文运动倡导者，“唐宋八大家”第一号人物韩愈，三次参加礼部举行的进士考试都未中，后来向知名公卿投了行卷，得到推荐，第四次才考上进士。同榜中状元的贾棱，其才学较韩愈差远了。

像以上所举这类参考而未考上状元，学识远比状元更高的人，还可以举出很多，就拿“唐宋八大家”来说，没有一个是状元，而其中的苏洵，连进士都不是。

明朝著名文学家冯梦龙，他的“三言”（《喻世明言》《警世通言》《醒世恒言》）算是传世之作。他热心功名，还写过一些指导科举的书，结果久试不第，直到57岁才考上个贡生。比起同时期的状元来，他的才学名气不知大到哪里去了。

曹雪芹被取消考试资格

写出中国文学史上不朽巨著《红楼梦》的曹雪芹，也是没有参加进士考试的，其原因是他没有参考资格。

曹雪芹出生于一个显赫的家庭，他的曾祖父曹玺之妻是康熙皇帝的奶妈,他的祖父曹寅做过康熙的“侍读”,他父亲曹頫继祖父任江南织造。整个家族与康熙皇帝关系密切。康熙在位60年,曹家显赫之至。

康熙是个精明的皇帝,但到后期,他的儿子们长大,便开始了分朋树党、争权夺位的斗争。最后,皇四子胤禛用极阴险狡猾的手段取胜,成了雍正皇帝。他上台以后,立刻开展了一场狠治政敌的凶残斗争,不仅治死、囚禁了跟他争权的兄弟,而且清除以前附庸他们的大臣及党羽。就是他父亲康熙的亲信,也属于清除扫荡的对象。

这场皇室内部的争权斗争,发展到牵涉整个朝廷的官宦臣吏。从雍正开始,一直到乾隆时期前后十多年,统治阶级内部搞了次大清洗:罢官、抄家、充军。作为康熙亲信的曹家,就是在这次政治斗争中经过两次抄家而彻底败落下来的。曹雪芹的父亲曹頫落职获罪,作为罪臣之子的曹雪芹就这样被取消了参加考试功名的资格。不让考,本事再大也当不上状元。

不过,从曹雪芹的个性看,恰如他笔下的宝二爷,一贯蔑视仕途经济,气得贾政要打死这个不肖之子。曹雪芹也一再自比为顽石,云“有志归完璞,无才去补天”。功名富贵于他如过眼云烟,不如在晨风柳花下写他的《红楼梦》。虽然他没有当上状元,但一部《红楼梦》十个状元也不敌。

在被取消资格参考的有学问、有才气的文人中,还有那个大名鼎鼎的风流才子唐伯虎,他因为涉嫌科场作弊而被取消了参加进士考试的资格。以江南才子享誉大半个中国的唐伯虎,“唐解元”的名号背了一辈子,连个进士都不是。要不是出现那次问题,唐伯虎是满有信心考上状元的。

陆游被卡了脖子

秦桧,是历史上臭名昭著的大奸臣。他政治上坏,个人品格也坏,心眼窄小,自私自利,妒贤嫉能,唯我独尊。他一心一意想要自己的孙子秦埙当上状元,利用手中权力,疏通各种渠道,为孙子开绿灯。他还排挤打击别人,以扫除障碍。陆游就是被秦桧“卡脖子”的一个。

陆游,就是那位写《卜算子 · 咏梅》写《示儿》,82岁高龄还奔赴战场的宋代伟大爱国文豪,他的学问自不必说。

绍兴二十三年(1153 年)陆游 29 岁时去临安参加省试,这时秦桧的孙子秦埙也来应试。主考官陈子茂根据考卷水平,录取陆游为第一名,秦埙第二。秦桧大怒,命改秦埙为第一,陆游为最末名。第二年礼部考试,主考官又把陆游列在秦埙之前,秦桧更是恼怒,找个理由说陆游卷子中议论恢复中原,干脆把他给"黜落"了。不过秦桧并未达到目的,该科状元皇上乐点了张孝祥,秦埙得了个第三。于是秦桧又把目标对准张孝祥,罗织罪名先把他的父亲关起来,然后再收拾他。幸而秦桧暴病而亡,张孝祥才免除这场灾祸。

秦桧大概因为自己孙子没有当上状元,对状元最为反感。他当宰相时几个状元官员如张九成、汪应辰、赵逵等都受到他的迫害被贬官,甚至几乎被杀害。直到秦桧死后,他们才得以复官。

话说陆游被秦桧多次"卡拿",进士都未考上。秦桧死后他才算出头。孝宗皇帝即位,见他"力学有闻,言论剀切",赐他一个"进士出身"。

这种权臣利用职权"卡"有才学的人的脖子的情况在明代也出现过。

明万历年间宰相张居正,其长子张敬修考试落选,他大怒,竟下令考试停止。为了使自己的儿子学问有长进,便派人去招揽当时的名士汤显祖、沈懋学与儿子相交,并以进士前三名相许。汤显祖是明代著名戏曲家、文学家,他写的《还魂记》《牡丹亭》等戏剧在舞台上演出经久不衰。他又是个品质端方的人,不愿蝇营狗苟,要考功名凭真本事,因而谢绝了张居正的邀请。这沈懋学虽然也是个有学问的人,但品格欠佳,乐于攀附,讨好结交张居正父子。明万历五年(1577 年)科考,拍张居正马屁的沈懋学果然高中状元,张居正的二儿子张嗣修中了二名榜眼,满肚皮学问的汤显祖因得罪了张首辅而名落孙山。

张居正"宰相肚内好行船",不计上次遭汤显祖拒绝的往事,又估计这下他吃了苦头会回心转意,便叫三儿子张懋修主动去结交他。哪晓得汤显祖"不识抬举",又拒绝了。于是下一科考试汤显祖再次落榜,而张懋修中了状元。张居正的长子张敬修也考了个二甲第十三名进士。

直到张居正死后,汤显祖第五次参加考试,才以三甲第二百十一名中进士。论学问功底,汤显祖远在考上状元的张懋修之上,就是考上状元的名士沈懋学,也远不及他。他只是因为不依附权贵,所以屡考不中。要不是张居正死了,进士也难考上。

金圣叹做不来八股文

明清以后,以八股文取士。这种专门为科举设计的文体,形式死板,内容限制在宋朝朱熹《四书集注》等书之内,又不允许发挥,大大禁锢了人们的思想和才能。许多有识之士不愿学,不屑学,因而做起来不合规范,不中考官的意,考试时便被刷了下来。

其中最突出的例子是金圣叹。

金圣叹是明末清初的文学批评家,堪称文坛旷世奇才。他曾多次参加科举考试,因为他为人怪诞,作文又不符合八股要求,屡试屡败,直到"哭庙案"被杀害,也没考出个明堂,戴着一顶明末留下的"诸生"(已入学的生员)帽子含恨而去。

明初就有了资本主义的萌芽。经济的发展,社会的进步,必然带来文化思想的活跃。可是,明清两朝用僵化的八股文作为录用人才的标准,必然引起文化界的反感和抵制。一些有为之士想通过科举一展才华,实现自己的抱负,不得不勉强地去学八股文。这种不是发自内心的文字,当然写起来不顺手,不中考官的意。要是写《聊斋志异》的蒲松龄、写《儒林外史》的吴敬梓、写《官场现形记》的李宝嘉,在考场上把八股文写得"呱呱叫",也不至于考了多少次也没考上,一辈子连个进士也没考上。

明清以八股文为取士准绳,使那些把功夫花在八股以外的著名文学家很难考上状元;而唐宋重视诗赋取士,著名文学家成状元的就不少,可见考试指挥棒的重要。

状元“高分低能”辨

从以上介绍看，自兴科举以来，中国文化界精英中的顶尖人物多数都不是状元，这实在是历史的遗憾，至少说明科举制度的不完善不严密，在选才上存在较大的漏洞。另外，还有许多人为因素造成的不公正、不合理，从而耽误了一些拔尖人才的脱颖而出。

但是，我们也要看到这样的事实：即多数参加进士考试的举子年纪都较轻，在参考时并无多大名气，更大的成就还是以后做出的。点状元究竟不是评“诺贝尔奖”，根据已有的成果大小评定，它只是一次考试；凭一次考试来衡量一生的成就，其准确性必然就要打折扣。而有的读书人，正是在多次考试不第后愤而改弦易辙，埋头著作，成了名家的。

与这种情况相反的是，有的年纪轻轻就考上状元，达到人生追求顶端，有了大成就，得到大荣宠，晋身的红地毯已铺就，锦绣前程有了保证，于是便陶醉在荣誉和成功中，不思进取，故步自封；前面失去了目标，后面失去了动力，其成就在考上状元那一刻封顶，往往后半生碌碌无为，在官场上混到老死。不过这种状元也为数不多。

从前面的介绍看，中国历史上不乏大贡献、闪大光亮的状元，如王维、张九龄、文天祥、陈亮、陈文龙、吕蒙正、杨升庵、张謇、翁同龢、孙家鼐，等等，更多的是在文学创作、学术研究上有贡献的作家、学问家。萧源锦在《状元史话》中统计，文状元有作品传世的有 188 人，占已知文状元人数的近三分之一。还有些状元，琴棋书画样样精通，是名副其实的才子；天文地理无所不知，堪称一代奇才。可以说，绝大多数状元都是博古通今、学富五车的饱学之士。

科举本是一种选官制度，状元在历代王朝中入阁为相的初步统计有四五十人之多，有许多状元还担任皇帝、天子的教师；主持太学、翰林院。至于任尚书、侍郎、御史以及都督、巡抚、府州官的，更是不计其数。他们在为官任上，绝大多数都能做到勤政爱民，廉洁奉公，办事公正，关心民情，不畏权势,刚正无私。在国家民族危亡关头,能保持气节,忠于祖国,在历史上留下好的名声。如果以状元中没有出现像狄仁杰、王安石、包拯、海瑞这样的政治家和贤臣良相,便得出状元们“高分低能”的结论,那未免也太苛刻了。

当然,状元中也出乱臣贼子、贪官污吏、无赖小人,但那只是极少数,我们将在以下的文字中予以阐述。

武状元的“高分低能”现象

以“高分低能”来概括文状元是没有依据的,但如果用来形容武状元,虽然也有些片面,但到底多少有些依据,因为武状元在历史上的功绩实在不显眼。自出现第一个武状元的宋代起,至清末废除武举,找不到一个武状元出身的军事家和著名将领,狄青、岳飞、韩世忠、冯子材、戚继光,都不是武状元。《说岳全传》说岳飞枪挑小梁王夺得武状元,那是小说家的虚构。我们前边介绍的第一个武状元宋神宗时的薛奕为国捐躯、宋宁宗时周虎誓死守城、明世宗时周旋领兵抗倭,以及清代与郑成功作战立有战功的王玉壁、参与金川平叛英勇牺牲的马全、在浙江沿海抗击英军入侵的张从龙等,他们虽然勇敢善战,有的死命沙场,但都是些小规模作战,且军功不显,没有表现出什么军事才能,算不上著名将帅。

因为武状元的资料不全,遗漏在所难免,但总体上看,武状元较之文状元在历史上的作用和影响要小得多,因此,在人们的心目中的地位也低微得多。

武状元为什么会在历史上处于这样一个很不起眼的地位呢?

究其原因主要还在于历代王朝的重文轻武。文状元多数都能较快地得到提拔重用,几年时间往往就可以从州县官升到巡抚、都督、侍郎乃至尚书等高级官位上,“一举首登龙虎榜,十年身到凤凰池”。吕蒙正中状元后“五年擢知制诰,由翰林学士参知大政,仅七年耳。及拜相才十二年”。相比之下,武状元的晋升就难得多了。根据现有资料看,马全的最后官阶最高,当了江南提督。周虎为和州知州,周旋是盐城参将,王玉壁是天津总兵,张从龙为福州副将。至于其他武状元的任职情况,不会比他们再高。在武状元中还没有发现一个是当过兵部尚书或兵马大元帅的。官位和职务在一定程度上限制了他们才能的发挥。

历代王朝重文轻武的另一表现是武官受文官领导和挟制。有本名叫《藤阴杂记》的书里讲了这样一个故事:某富翁有二婿,一婿为守备,一婿为秀才。这富翁看重守备而轻视秀才。后来,这守备女婿升为副将,富翁越发喜爱他了。但这秀才女婿考上了进士,而且被任命为御史来此地巡方阅兵。副将女婿忙着远郊迎接,报名进谒,而后五更开操,恭请御史阅兵。这进士女婿得意非常,在枕上赋诗一首曰:

黄草坡前万甲兵,碧纱帐里一书生。
而今始信文章贵,卧听元戎报五更。

考上武状元的一般都被任命为地方上的低级军官,很难晋升,又在文官统领之下,很难独立发挥才能。

其次,这与武状元的个人经历、学识也有关。从历史上看,凡是著名军事将领多数来自战争实践,或参与指挥大的战役战斗取得奇胜,或在斩关夺隘攻城夺地中建下奇功,或在抗击侵略保土守城中创下奇迹,等等。这些机遇是产生并生活在和平时期的武状元难以碰上的,即使他们有这方面的才能,也没有这种机遇。生活在和平时期的武状元,多数干的是守边、捕盗、巡逻、剿匪之类的事。这种小打小闹是难以锻炼出大军事家和将领的。

最后,还有一点是与武状元的文化素质有关。他们没有留下有影响的军事著作,甚至连练兵习武、布阵行军之类基本知识和浅层次战术探讨的文字也未见流传(即使有也流传不广),因此大多数武状元在历史上无知名度可言。

二十二、龙首蛇尾状元梦

在这本书快要结束时，我们有必要介绍一下状元中的另一类人物：状元中的国贼与奸臣。虽然他们是状元中的人们不齿于谈到的那一小撮，但他们同样经过层层筛选，是在若干万人中跃上龙门荣登金榜第一的状元郎。他们的存在是历史的缺憾。然而一部专谈状元的书，如果没有给他们留下一席之地，那将是更大的缺憾。

我们在前文中分析状元之所以能成为时代精华的主要原因时指出：正因为他们是状元。因为是状元，他们熟读孔孟，中华传统道德中的忠孝节义等纲常名教深植于心，并以此作为安身立命、为人处世的准绳；正因为是状元，他们才更加感受到状元桂冠的来之不易，才更加懂得它的价值和分量，因而才更加珍惜那份荣誉。必要时，他们甚至不惜以生命去捍卫状元之名。

然而，任何事情都有例外，比如在生命、权力、金钱……面前，有的状元价值观移位，做了使自己万劫不复也使历史蒙羞的选择。

崔昭纬：机关算尽反害己

崔昭纬是唐僖宗中和三年（883 年）状元，官至“户部侍郎同中书门下平章事”“累进尚书右仆射”，已是位极人臣的宰相地位了。他生性险刻，手段毒辣，采取“密结中人，外连诸侯，内制天子”的纵横捭阖手法，造成一系列关系网，以巩固自己的权位。他与邠宁节度使王行瑜、同州节度使李茂贞等勾结，派心腹李铤奔走其间，专干些欺上瞒下、杀害忠良的勾当。他们杀了皇上派去镇压凤翔叛乱的将军杜让能，又杀了宰相韦昭度。后来，王行瑜因对抗朝廷被杀，崔昭纬的阴谋随之暴露而被贬官。但是他并不因此而洗心革面，重新做人，反而与各方面拉关系，用重金贿赂亲王大臣，为自己说情，以图东山再起。这时，因为他的奸贼面孔已暴露无遗，亲王大臣们向皇上揭发了他行贿买官的丑行，皇上下诏再贬他为梧州司马。在去梧州的路上，皇上又再次下诏，列出他五项大罪，赐死，被斩于江陵，其同党李铤也同时被诛杀。

张孝杰：贪得无厌被戮尸

张孝杰，辽道宗清宁元年(1055 年)状元。他自幼家贫却机灵好学，当上状元后官运亨通，历任工部侍郎、同知枢密院事，至北府宰相，还被封为陈国公。辽朝是少数民族契丹族占统治地位，作为汉人的张孝杰能当上宰相，是非常难得、非常荣幸的。

张孝杰之所以能步步高升，官居高位，当然与他有本事有才学有关，要是没有本事，又怎能考上状元？但他还有另外的“本事”。

首先是会拍马屁。有次他随道宗皇上外出打猎，当天皇上就射死 30 只鹿。为了庆贺狩猎丰收，道宗大宴随从官员，特召张孝杰坐在御榻边。在酒酣耳热之际，道宗兴起，忽然唱起诗经《黍离》中的诗句来：

知我者谓我心忧，不知我者谓我何求。

张孝杰马上奏道：“今天下太平，陛下有何忧？陛下身为一国之主，富有四海，又有何求？”这马屁拍到点子上了，道宗想：是呀，我贵为天子，富有天下，有什么值得伤感的？立即转忧为喜，当场对张孝杰表扬一番。

由于善于逢迎，张孝杰很得道宗皇上的欢心。有一次在大宴群臣时，道宗说：“先帝用仁先、化葛两位贤相，我现在有孝杰、乙辛，不在他们之下。我算得到两个好帮手。”

其实，张孝杰和耶律乙辛是一丘之貉，是两个极其狡猾的奸贼。他们两个互相吹捧,狼狈为奸。耶律乙辛常在道宗面前说张孝杰好话,吹捧他是难得的人才。加上张孝杰会讨好卖乖,道宗非常信任他,说"孝杰可比唐代名相狄仁杰",还赐名他为"仁杰"。张孝杰则支持乙辛陷害皇太子。因为皇太子比他父亲道宗头脑清醒,对乙辛等奸党的诡诈有所警觉。一旦他继位,乙辛等人的罪行就会暴露,因此与张孝杰合谋陷害皇太子。他们通过收买威胁、刑讯逼供、杀人灭口等手段,居然阴谋得逞。直到道宗目睹朝臣都公开追随乙辛时,他才察觉。于是乙辛被撤职,在关押期间,他又试图逃跑投奔宋朝,被判了死刑。

乙辛既败露,张孝杰自然便被牵了出来,先被贬到外地当节度使。谁知道这张孝杰财迷心窍,竟做起私盐买卖发起横财来,事发后再次被贬。

张孝杰为相,贪得无厌,敛财无数。他曾公开对人说:"无百万两黄金,不足为宰相家。"他死后几年,辽朝再次对他议罪,剖棺戳尸,将其家产全部没收。

传说张孝杰在参考科举前庙里拜菩萨求保佑,忽然一阵风吹来,将他头上的帽子吹落在地撞破了。庙中一老和尚说:"此人将来必然陡然富贵,但不得好死。"竟不幸言中。

留梦炎:卖国求荣臭千古

南宋末年,与文天祥同为状元宰相的留梦炎,是理宗宝祐四年(1244 年)状元,官至右丞相兼枢密使。在南宋的最后年月,他曾任左丞相,都督诸路军。在国家存亡关头,他胆小保命,谋划如何投降,甚至阻止文天祥的勤王军去临安。元军三面围临安,作为主帅和宰相,他却临阵脱逃,跑到衢州。当元军进攻衢州时,他开门出降,元朝任命他为翰林学士承旨的高官。后来,文天祥抗元被俘,押往大都后第一个来向文天祥劝降的就是他。

留梦炎奉元世祖之命厚着脸皮来到关押文天祥的监狱,刚开口吞吞吐吐说句话,就被文天祥义正词严一顿臭骂撵了出去。之后,文天祥写了一首《为或人赋》,其中曰:

悠悠成败百年中，笑看柯山曲未终。
金马胜游成旧雨，铜驼遗恨付西风。
黑头尔自夸江总，冷齿人能说褚公。
龙首黄扉真一梦，梦回何面见江东。

这首诗对留梦炎过去奔走于“金马”宦门求得荣宠，而今却学在几个朝代做官没有气节的江总和褚公。试问，荣耀一时的龙头状元和在宫里办公的宰相，而今有何面目去见江东父老呢?

留梦炎不仅无耻，而且狠毒。文天祥在大都被关押了三年，至死不降元。当时有十来个降元的宋臣准备向元世祖建议，把文天祥释放了让他去当道士。可是留梦炎坚决反对，他说:“天祥出，复号召江南，置吾十人于何地!”大家便不好再说。后来文天祥被杀害，留梦炎不能说没起一点作用。

命是保住了，官也保住了，可卖国奸臣留梦炎的臭名永留人间。他家乡浙江的人说:“两浙有梦炎，两浙之羞也。”明朝以后几百年间，凡是姓留的人去赴考，都要具个结，说明“并非留梦炎子孙”，方准入试。

留梦炎以宋朝状元宰相的身份降元后，当了高官，成了一只“带头羊”，帮助元朝统治者招降了一批宋臣，对新建立的大元帝国算上个有“功”之臣。可是，元朝官修的《宋史》中没有他的传记，相反，给文天祥立了传，赞扬他是宋进士中的“伟人”。可见，就是敌人，对那些背叛祖国的人也是看不起的。

周延儒：专权误国上绞架

周延儒，明朝人，20 岁时以会试、殿试皆第一于神宗万历四十一年(1613 年)中状元。曾任礼部尚书、吏部尚书、东阁大学士、中极殿大学士，还两度为首辅大臣。崇祯对他十分信任，曾说:“朕以天下听先生。”

崇祯为什么对他这么信任呢?

《明史》说周延儒“性警敏，善伺意指”。崇祯元年(1626 年)冬，驻锦州的士兵闹事，督师袁崇焕请朝廷发饷。在讨论这件事时，大臣们都说赶快拨款发饷,以平息事态。唯有周延儒揣摩皇上的意思说:“养兵本是为了防敌,现在却要防兵。过去宁远士兵闹事,赶紧发饷;现在锦州士兵闹事,又赶紧发饷。如各地竞相效扰,怎么办?”皇上问道:“你认为怎么办?”周延儒说:“事情紧迫时,不得不发,但总得想个长远之计才行。”皇上点头称是,下旨把众大臣指责了一通。

崇祯还记着周延儒说的那个“长远之计”,便单独召来问道:“关于锦州士兵哗变闹饷的事你看怎么办好?”周延儒奏道:“臣以为,军饷问题最严重的是粮食,但他们那里并不缺粮,缺的是银子。看来,这些士兵哗变,其中定有隐情,依臣之想,是不是有骄横的兵弁在威胁袁崇焕呢?”经过这么一提醒,崇祯才想到,莫非是袁宗焕有意要挟?

袁崇焕本是明朝末年有名的军事家,几次打败清军。清太祖努尔哈赤就是在与他交战时击伤致死的,清太宗皇太极也是他手下败将。为保卫明朝江山,袁崇焕立下不朽功勋。可是到后来,崇祯中了敌人的反间计,以反叛罪将他杀了。崇祯为什么那么容易相信袁崇焕会叛变?也许周延儒的那番话还起了点铺垫作用。

周延儒为官口碑不好,但崇祯为他的假相所蒙蔽,非要提拔他。朝中许多大臣举出许多不宜重用周延儒的事实向崇祯力谏,但都不起作用,崇祯硬把他提到首辅高位上,以致他与温体仁同时为相。

果然,一旦窃取高位,大权在握,他便肆无忌惮地干起徇私舞弊、结党营私、贪污受贿、任人唯亲的种种坏事来。他通过关系,让连襟陈于泰当上崇祯四年(1631年)的状元;把亲信张廷拱、孙元化提拔当巡抚大员;他的兄弟、子弟、家人,当总兵、受千户,红极乡里。一人得道,鸡犬皆官。时人莫不侧目。

明朝末年的宰相很不好当,内忧外患,接踵而至,加上皇上无能,群臣内讧,麻烦事一桩接着一桩,都要宰相过问。而作为宰辅的周延儒又私心太重,权欲熏心,御史们常抓住他任用私人、接受贿赂等问题向皇上告状。加上同时为相的温体仁,表面上对他曲意奉承,背地常借机踹他一脚。周延儒一心整人,却未防备平时对自己恭维备至的温体仁。而当把温体仁的面目看清时,他已无法在“首辅”的位置上再干下去,只有打报告“引疾乞归”。皇上批准他的报告派人为他送行时，温体仁已稳稳坐在“首辅”的交椅上了。

周延儒是个不甘寂寞的人，乡居期间，他与东林党人交往，东林党人对他说：“如果你再能为相，改弦易辙，还是可以得到好声誉的。”几年后他果然又被起用，再次担任首辅大臣，又兼任太子太师、吏部尚书等一串显要职务。

东林党人的意见对周延儒还起了些作用，他上台后，对温体仁的弊政加以改革：对民间的欠粮欠税，该免的免，该减的减；因兵祸荒芜的土地，无偿交百姓耕种，两年不收税；把一些犯人遣返回家，与家人团聚；对一些贬谪的官员，重新起用；又任用一批有能力的人担任朝廷要员。一扫温体仁当政时的昏沉。于是周延儒声誉大震，“中外翕然称贤”。

然而，正如古话所说：江山易改，本性难移。过了没多久，周延儒贪婪险恶的本性复现，贪污纳贿、培植亲信的勾当又重演，一时间朝臣对他的弹劾不断，但都未能动摇他的地位。最后，动摇他地位的竟是他自己。

周延儒靠结党营私不断巩固和扩大自己的势力，稳坐相位。但恰恰因为结党营私、培植亲信他被“亲信”从宰辅位子上掀翻下来，并被送上了绞刑架。

骆养性，是周延儒一手提拔起来的亲信，在锦衣卫任职。锦衣卫是明朝专司侦察的特务组织，这骆养性职业癖好难改，与太监勾结，广泛搜集周延儒的“阴事”。

崇祯十六年(1643年)，即崇祯煤山上吊的头一年，清兵来犯，京城告急。周延儒鉴于过去在李自成、张宪忠造反作乱自己拿不出主张而受弹动的教训，这次他自告奋勇“自请视师”。崇祯见他临危主动请命，很是高兴，对他大大嘉奖一番。周延儒本意不过为了做做样子，没想到被当了真，硬着头皮带兵到了通州，但他紧闭城门，不敢出战，整日饮酒作乐，拖延时日，还编造些假战报，向崇祯报捷。这崇祯住在深宫大院里，哪知就里，一个劲地加以奖励，赐金银蟒袍，又荫子封妻，让他得了许多好处。这时，骆养性和太监将前线真实战况，及周延儒为欺骗皇上炮制假胜利的种种罪行向崇祯作了报告。

崇祯听了大怒，下旨“令从公察议”。察议结果认为应当重处。周延儒自觉罪责难逃，愿接受处分“自请戍边”。这崇祯为了体现皇恩浩荡，以周延儒“功多罪寡”为由,从宽处理,让他回家养老,还“赐路费百金”,以示体恤。

以前,惧于周延儒的威势,许多人不敢讲话。这下他被罢官离开朝廷,对他的弹劾奏章如雪片般飞向崇祯的御案。有人揭发他“赃私巨万”,有人检举他徇私舞弊,更有人列举他十大罪状,要求朝廷“除奸”。这时,骆养性又拿出许多搜集到的“钢鞭材料”,对周延儒进行揭露。在群情沸扬声中,崇祯下旨“尽削其职”,立即“逮入京师”。

当周延儒被关在正阳门外的古庙中时,他才感到情势真的不妙了。他怀着一线希望向崇祯“上疏乞哀”,又请原先的朋友亲信疏通求情。崇祯一概不准,下旨让他自尽,并抄家籍没全部财产。

从1613年中状元,到1643年被赐死,周延儒费尽心机、绞尽脑汁,苦心经营了30年。论地位,位极人臣;论金钱,难以数计。但他心术不正,得意忘形,把当年苦读所学的忠君爱民、仁义礼信等全都搁置脑后,走了另一条路,最后人财两空,只“收获”了一片历史的骂声。

附录

二十三、状元名册

文状元名单(604人)

|唐代|

孙伏伽　宋守节　郑　益　许　且　吴师道　陈伯玉　贺知章
张九龄　姚仲豫　常无名　李　昂　范宗凯　王　维　杜　绾
严　迪　李　嶷　虞　咸　王正卿　徐　徵　李　琚　贾　至
崔　曙　王　阅　刘　单　赵　岳　杨　护　扬　誉　李巨卿
扬　儇　扬　诊　常　衮　卢　庚　洪　源　杨栖梧　萧　遘
齐　映　李　搏　王　淑　张　式　杨　凭　丁　泽　黎　逢
杨　凝　王　储　崔元翰　薛　展　郑全济　张正甫　牛锡庶
卢　顼　尹　枢　贾　稜　苑　论　陈　讽　李　程　郑巨源
李　随　封孟绅　陈　权　班　肃　徐　晦　武翊黄　王源中
柳公权　韦　璀　李顾行　李固言　尹　极　张又新　郑　澥
独孤樟　韦　谌　卢　储　贾　悚　郑　冠　李　群　柳　璟
裴　俅　李　郃　韦　筹　李　远　宋　邧　杜　陟　李　珪
李　余　陈　宽　郑　确　李　肱　裴思谦　崔　□　李从实
雀　岘　郑　颢　卢　肇　郑　言　易　重　狄慎思　顾　标
卢　深　于　珪　张温琪　李　郜　于　玙　颜　标　崔　铏
李　化　孔　纬　刘　蒙　于　环　裴延鲁　薛　迈　孙龙光

韩　衮　郑洪业　赵　竣　归仁绍　李　筠　郑昌国　孔　纁
归仁泽　郑合敬　孔　缄　孙　偓　郑　蔼　崔昭纬　许佑孙
陆　扆　郑贻矩　李　翰　扬赞禹　崔昭矩　归　黯　崔　膠
苏　检　赵观文　崔　谔　杨赞图　羊绍素　卢文焕　裴　格
归　佾　归　係　裴　说　崔　詹　孔敏行　孔　拯　孔　振
颜康成

|后梁|

崔　邈　陈　逖

|后唐|

崔光表　王　徹　王归朴　黄仁颖　郭　晙　卢　华

|后晋|

寇　湘

|后汉|

王　溥　王　朴

|后周|

扈　载

|后蜀|

费黄裳

|南汉|

简文会　梁　嵩

|南唐|

何　乔

宋代

杨砺　张去华　马适　苏德祥　李景阳　刘察　李肃
刘蒙叟　柴成务　安德裕　张拱　刘寅　安守亮　宋准
王嗣宗　吕蒙正　胡旦　苏易简　王世则　梁颢　程宿
陈尧叟　孙何　孙僅　孙暨　陈尧咨　王曾　李迪
姚晔　梁固　张师德　徐奭　张观　蔡齐　王整
宋郊　王尧臣　王拱辰　张唐卿　吕溱　杨寘　贾黯
冯京　郑獬　章衡　刘辉　王俊民　许将　彭汝砺
许安世　叶祖洽　余中　徐铎　时彦　黄裳　焦蹈
李常宁　马涓　毕渐　何昌言　李釜　霍端友　蔡薿
贾安宅　莫俦　何栗　王昂　何涣　沈晦　李易
张九成　汪应辰　黄公度　陈诚之　刘章　王佐　赵逵
张孝祥　王十朋　梁克家　木待问　萧国梁　郑侨　黄定
詹骙　姚颖　黄由　卫泾　王容　余復　陈亮
邹应龙　曾从龙　傅行简　毛自知　郑自成　赵建夫　袁甫
吴潜　刘渭　蒋重珍　王会龙　黄朴　徐元杰　吴叔告
周坦　徐俨夫　留梦炎　张渊微　方逢辰　姚勉　文天祥
周震炎　方山京　阮登柄　陈文龙　张镇孙　王龙泽

辽代

高正　郑云从　石用中　王熙载　吕德懋　王用极　张俭
陈鼎　杨文立　初锡　南承保　邢祥　李可封　杨佶
史克忠　刘二宜　高承颜　史简　鲜于茂昭　张用行　孙杰
张克恭　张仲举　张渐　李炯　张昱　张宥　张仁纪
刘真　刘师贞　冯立　邢彭年　王实　王裳　张孝杰
梁援　王鼎　张臻　赵廷睦　刘瓘　李君裕　张毂
文充　寇尊文　陈衡哲　康秉俭　马恭回　李石　刘祯
韩昉　王翠　李宝信　李球　边贯道

金代

胡砺　石琚　王彦潜　孙用康　刘仲渊　吕忠翰　赵建中
郑子聃　常大荣　任忠杰　孟宗献　徒单镒　张行简　赵秉元
王泽　杨云翼　纳兰胡鲁喇　李俊民　李演　张本
李献能　斡勒业德　富珠哩察罕　王鹗　卢亚　李塘
刘文龙　元堪

元代

噜呼图克岱尔　张起严　身图克贷尔　霍希贤　达噜噶　宋本
巴拉　张益　阿恰齐　李黼　笃列图　王文煜　同同
李齐　拜殊　陈祖仁　普颜不花　张士坚　阿噜木特穆尔
王宗哲　图列图　文允中　薛朝晤　牛朝志　悦徵　王宗嗣
边珠　魏元礼　宝宝　杨輗　哈喇布哈　张栋

明代

吴伯宗　丁显　任亨泰　黄观　张信　陈邦　韩克忠
胡靖　曾启　林环　萧时中　马铎　陈循　李骐
曾鹤龄　邢宽　马愉　林震　曹鼐　周旋　施槃
刘俨　高辂　彭时　柯潜　孙贤　黎淳　王一夔
彭教　罗伦　张升　吴宽　谢迁　曾彦　王华
李旻　费宏　钱福　毛澄　朱希周　伦文叙　康海
顾鼎臣　吕柟　杨慎　唐皋　舒芬　杨维聪　姚涞
龚用卿　罗洪先　林大钦　韩应龙　茅瓒　沈坤　秦鸣雷
李春芳　唐汝楫　陈谨　诸大绶　丁士美　徐时行　范应期
罗万化　张元汴　孙继皋　沈懋学　张懋修　朱国祚　唐文献
焦竑　翁正春　朱之蕃　赵秉忠　张以诚　杨守勤　黄士俊
韩敬　周延儒　钱士升　庄际昌　文震孟　余煌　刘若宰
陈于泰　刘理顺　刘同升　魏藻德　杨廷鉴

大西国

龚济民

清代

傅以渐	吕　宫	刘子壮	邹忠倚	麻勒吉	史大成	图尔宸
孙承恩	徐元文	马世俊	严我斯	缪　彤	蔡启僔	韩　菼
彭定求	归允肃	蔡升元	陆肯堂	沈廷文	戴有祺	胡任舆
李　蟠	汪　绎	王式丹	王云锦	赵熊诏	王世琛	王敬铭
徐陶璋	汪应铨	邓钟岳	于　振	陈德华	彭启丰	周　露
陈　倓	金德瑛	于敏中	庄有恭	金　甡	钱惟城	梁国治
吴　鸿	秦大士	庄培因	蔡以台	毕　沅	王　杰	秦大成
张书勋	陈初哲	黄　轩	金　榜	吴锡龄	戴衢亨	汪如洋
钱　棨	茹　芬	史致光	胡长龄	石韫玉	潘世恩	王以衔
赵文楷	姚文田	顾　皋	吴延琛	彭　竣	吴信中	洪　莹
蒋立镛	龙汝言	吴其濬	陈　沆	陈继昌	戴兰芬	林召棠
朱昌颐	李振钧	吴钟骏	汪鸣相	刘　铎	林鸿年	钮福保
李承霖	龙启瑞	孙毓桂	萧锦忠	张之万	陆增强	章　鋆
孙如懂	翁同龢	孙家鼐	钟骏声	徐　郙	翁曾源	崇　绮
洪　钧	梁耀枢	陆润痒	曹鸿勋	王仁堪	黄思永	陈　冕
赵以炯	张建勋	吴　鲁	刘福姚	张　謇	骆成骧	夏同和
王寿彭	刘春霖					

太平天国

武立勋　傅善祥　吴容宽　刘闳忠

武状元名单（174人）

|宋代|

薛　奕　徐　遂　柯　熙　汤　鹭　赵梦熊　樊仁远　陈　鳌
蔡必胜　赵　鼎　林宗臣　蒋　介　江伯虎　林　螺　黄裒然
历仲祥　林　管　周　虎　陈良彪　叶　濛　郑公佩　周　师
林汝浃　刘必方　朱嗣宗　陈正大　杜幼节　方　枢　端平年
朱　熠　刘必成　赵国华　项桂发　张梦飞　陈亿子　程鸣凤
章宗德　朱应举　俞　葵　蔡起辛　王　国　俞仲鳌　林时中
翁　枵

|金代|

温赫特额珠

|明代|

周　嶶　陈　彦　陈大猷　顾凤翔　庄安世　方仪凤　郑维城
王来聘　文　武　黄赓材　孙　堪　尹　凤　王世科　许　泰
安　国　王　佐

|大西国|

张大受

|清代|

郭士衡　金抱一　王玉璧　于国柱　刘　炎　林本植　霍维鼎
吴三畏　秦蕃信　张英奇　郎天祚　苟国樑　罗　淇　王继先
徐宪武　王应统　张文焕　曹日玮　缴煜章　马会伯　曹维城

杨　谦	田　诊	李显光	李如柏	元赛都	封荣九	林德镛
李　琰	苗国琮	王元浩	齐大勇	孙宗夏	马负书	哈攀龙
朱秋魁	贾廷诏	董　孟	张兆璠	张大经	哈延栋	元顾麟
李国粱	马　全	段飞龙	元德灏	白成龙	钱治平	林天滮
李威光	王懋赏	刑敦行	黄　瑞	刘　双	刘荣庆	马兆瑞
刘国庆	玉　福	徐殿飏	邸飞虎	黄仁勇	李云龙	姚大宁
李白玉	张联元	徐清华	汪道诚	马殿甲	丁殿宁	武凤来
徐开业	昌伊苏	张云亭	张从龙	李相清	吴　钺	牛凤山
波启善	王　瑞	李广金	郝光甲	赵云鹏	元德庆	张殿华
吴德新	李　信	彭阳春	田在田	温常涌	王世清	韩金甲
马鸿图	史天祥	黄大元	张蜀锦	陈桂芬	丁锦堂	张凤鸣
宋鸿图	佟在堂	黄培松	杨廷弼	宋占魁	李梦说	张宽周
卞　赓	张鸿翥	武国栋	张三甲	岳庆德	国　栋	王宗夏

|太平天国|

刘元合　覃贵福

（以上共计有姓名的文武状元共 778 人）

二十四、状元诗词精品选读

陈子昂　唐，睿宗文明元年(684年)状元

登幽州台歌

前不见古人，后不见来者。
念天地之悠悠，独怆然而涕下。

贺知章　唐，武后证圣元年(695年)状元

回乡偶书二首[①]

其一
少小离家老大回，乡音无改鬓毛衰[②]。
儿童相见不相识，笑问客从何处来。
其二
离别家乡岁月多，近来人事半销磨[③]。
惟有门前镜湖水[④]，春风不改旧时波。

【注释】①偶书：偶有所感写下的诗文。　②乡音：家乡口音。鬓毛：两耳旁的头发，亦指头发。衰(cuī)：稀疏。　③销磨：逐渐消耗。　④镜湖：在今浙江绍兴会稽山。

张九龄 唐,玄宗开元元年(713年)状元

望月怀远[①]

海上生明月,天涯共此时[②]。
情人怨遥夜[③],竟夕起相思[④]。
灭烛怜光满,披衣觉露滋。
不堪盈手赠[⑤],还寝梦佳期。

【注释】①怀远:思念远方亲人。 ②天涯:很远很大的地方。 ③遥夜:长夜。 ④竟夕:终夜。 ⑤盈手:满手。

湖口望庐山瀑布水[①]

万丈红泉落,迢迢半紫氛[②]。
奔飞下杂树,洒落出重云。
日照虹霓似,天清风雨闻。
灵山多秀色,空水共氤氲[③]。

【注释】①湖口:在今江西省九江市。 ②红泉:瀑布在日光照耀下放射灿烂的光彩。紫氛:高空。 ③灵山:仙山,指庐山。氤氲:气盛。

王维 唐,玄宗开元十九年(731年)状元

相思

红豆生南国[①],春来发几枝[②]?
愿君多采撷[③],此物最相思。

【注释】①红豆:草本而木质,结实鲜红,可作装饰物,又名相思子。南国:我国南方。 ②发:长出。 ③愿:希望。采撷:摘取。

送元二使安西[1]

渭城朝雨浥轻尘，客舍青青柳色新[2]，
劝君更尽一杯酒，西出阳关无故人[3]。

【注释】①元二：名字不详。安西：按安西都护府，在今新疆库车。②渭城：今陕西西安市西北。浥：湿。客舍：驿馆。 ③阳关：在今甘肃敦煌市西南。故人：老朋友。

老将行[1]

少年十五二十时，步行夺得胡马骑[2]。
射杀山中白额虎[3]，肯数邺下黄须儿[4]。
一身转战三千里，一剑曾当百万师。
汉兵奋迅如霹雳，虏骑崩腾畏蒺藜[5]。
卫青不败由天幸，李广无功缘数奇[7]。
自从弃置便衰朽[8]，世事蹉跎成白首[9]。
昔时飞箭无全目[10]，今日垂杨生左肘[11]。
路傍时卖故侯瓜[12]，门前学种先生柳[13]。
苍茫古木连穷巷，寥落寒山对虚牖。
誓令疏勒出飞泉[14]，不似颍川空使酒[15]。
贺兰山下阵如云[16]，羽檄交驰日夕闻[17]。
节使三河募年少[18]，诏书五道出将军[19]。
试拂铁衣如雪色，聊持宝剑动星文[20]。
愿得燕弓射天将，耻令越甲鸣吾君[21]。
莫嫌旧日云中守[22]，犹堪一战取功勋[23]。

【注释】①老将行：系“新乐府辞”。 ②夺得胡马骑：据《史记·李将军列传》，汉名将李广，兵败被匈奴骑兵所擒，置之卧于马上。当时李广已受伤，便装死。途中，见一胡兵骑马来，靠近时，一跃而上，将胡兵推下马，夺了弓箭武器,策马而归。 ③射杀白额虎:白额虎传说是虎中最凶猛的一种。李广曾多次射杀猛虎。晋名将周处也曾入南山射白额虎。 ④肯数:怎肯让,即不让。邺下:曹操封魏王时,建都于邺。黄须儿:指曹操次子曹彰。⑤虏骑(jì):敌骑。崩腾:溃乱,互相践踏。铁蒺藜:铁制的多角钉,布于路上以阻止敌军。此句的意思是:敌军遇上铁蒺藜,自相践踏,乱了阵营。⑥卫青:汉武帝皇后卫子夫之弟,因征战匈奴有功官至大将军。卫青的外甥霍去病,也是有名的武将,战斗中未曾受困,被称"有天幸"。诗中借霍去病的事,指卫青。 ⑦数奇(jī):命运不济。 ⑧弃置:抛弃不用。衰朽:衰老无用。 ⑨蹉跎:岁月虚度。 ⑩飞箭全无目:指老将射术精绝,能射中雀之一目,使之双目不全。 ⑪垂杨生左肘:老将被弃置多年,久未习武,手肘如杨木不能弯曲自如。 ⑫故侯瓜:《史记·萧相国世家》记载:"邵平者,故秦东陵侯,秦破,为布衣,贫,种瓜于长安东。瓜美,故世俗为之东陵瓜。"⑬先生柳:晋陶渊明弃官后写有《五柳先生传》云:"先生不知何许人也,亦不详其姓字,宅边有五柳树,因以为号焉。" ⑭疏勒出飞泉:《后汉书·耿拿传》载,东汉名将耿恭兵驻疏勒(今新疆境内),匈奴断水源,耿恭命士兵在城内挖井,深15丈,仍不见水。士兵渴极,饮马粪汁。耿恭仰天长叹道:"闻昔二师将军(李广)拔刀刺山,飞泉涌出,今汉德神明,岂有穷哉?"说毕向井祝拜,不久水便涌出。士卒山呼"万岁"。耿恭令士兵扬水让匈奴看,匈奴以为有神助,遂退去。 ⑮颍川空使酒:《史记》记,汉将灌夫,颍川人,性刚直,不喜攀权贵,又好使酒性。后被人杀。 ⑯阵如云:驻扎的军人又多又密。⑰羽檄(xí):调兵的紧急公文。交驰:来往奔驰。闻:传报。 ⑱节使:持有朝廷符节的使臣。三河:汉称河南、河东、河内为三河,即今河南、山西一带。⑲诏书:皇帝下达的命令。五道出将军:将军们五路出兵迎敌。 ⑳铁衣:铠甲。聊持:且持,试一试。星文:宝剑上的七星花纹。 ㉑燕弓:燕即今河北一带,此地产好弓。越甲鸣吾君:《说苑·主节篇》里有这样一个故事:越国军人侵入齐国,雍门子狄请死。齐王奇怪地问道:"还没有交战,你怎么请死?"他回答说:以前有位车夫因车毂的响声惊动了君王而自杀谢罪。今天越国兵入侵,使您震惊的程度有过之而无不及。车夫因毂响而自杀,难道我不该为越兵的入侵而自刎?说罢抽剑自刎而死。 ㉒云中守:指汉文帝时的云中太守魏尚。云中在今内蒙古托克托西北。 ㉓犹堪：还能。

李嶷 唐，玄宗开元十年(727 年)状元

林园秋夜作

林卧避残暑，白云长在天。
赏心既如此，对酒非徒然。
月色遍秋露，竹声兼夜泉。
凉风怀袖里，兹意与谁传。

崔曙 唐，玄宗开元二十六年(738 年)状元

途中晓发

晓霁长风里，劳歌赴远期。
云轻归海疾，月满下山迟。
旅望因高尽，乡心遇物悲。
故林遥不见，况在落花时。

李远 唐，文宗大和三年(829 年)状元

送人入蜀

蜀客本多愁，君今是胜游[①]。
碧藏云外树，红露驿边楼。
杜魄呼名语[②]，巴江学字流[③]。
不知烟雨夜，何处梦刀州[④]。

【注释】①胜游：畅游。 ②杜魄：此处借指杜鹃。 ③字流：曲折如字。 ④刀州：即今四川。

卢肇 唐,武宗会昌三年(843 年)状元

牧 童

谁人得似牧童心,牛上横眠秋听深[①]。
时复往来吹一曲,何愁南北不知音[②]。

【注释】①秋听深:听深秋时节的风声。 ②"何愁"句:不愁北方听不懂南方的曲调。

黄裳 宋,神宗元丰五年(1082 年)状元

减字木兰花[①]

竞波红旗高举,飞出深深杨柳渚[②]。击鼓春雷,直破烟波远远回。 吹声震地,惊退万人争战气。金碧楼西,衔得锦标第一[③]。

【注释】①减字木兰花:词牌名,简称"减兰"。宋词《木兰花》减字改韵而成。 ②渚:水中小洲。 ③金碧楼:装饰得金碧辉煌的楼台。衔:夺,龙舟龙头昂首张口,故称夺为衔。

张孝祥 宋,高宗绍兴二十四年(1154 年)状元

水调歌头·闻采石战胜[①]

雪洗虏尘净,风约楚云留[②]。何人为写悲壮,吹角古城楼。湖海平生豪气,关塞如今风景,剪烛看吴钩[③]。剩喜然犀处,骇浪与天浮[④]。 忆当年,周与谢,富春秋[⑤]。小乔初嫁,香囊未解,勋业故优游[⑥]。赤壁矶头落照,肥水桥边衰草,渺渺唤人愁[⑦]。我欲乘风去,击楫誓中流[⑧]。

【注释】①采石战胜:南宋绍兴三十一年(1161 年)十一月,虞允文击败金主完颜亮于采石矶。采石矶位于安徽马鞍山市牛渚山下的江中。 ②风约楚云流:楚云为风所阻而留住,作者当时在属于楚地的抚州做官,未能做抗金前线,故以此句自比。 ③关塞如今风景:《世说新语》记载,西晋末年,

五湖作乱,中原人士过江避难,相聚哀叹道:“风景不殊,正自有山河之异。”说罢相对而泣。王导却说:“共戮力王室,克服神州,后主作楚囚相对!”此处引用此典,说关塞风景依旧,然而河山易主,当立图恢复。吴钩:宝刀名,相传为吴王制作。 ④剩喜:极喜。然犀处:《晋书·温峤传》载,温峤奉命平乱,至牛渚山下采石矶,人说此处水下多怪,温峤点燃犀角照之,见水中果有奇形怪物。此处用怪物比金兵,以燃犀照妖比对金兵作战的胜利。 ⑤周与谢:指三国时吴国的周瑜和东晋的谢幺。周瑜34岁时赤壁之战大破曹兵,谢玄41岁时淝水之战败前秦大军。富春秋:年富力强。 ⑥小乔:三国时乔公之次女,嫁周瑜为妻。香囊未解:《晋书·谢玄传》载,谢玄年少时爱佩紫罗香囊。勋业故优游:从容不迫地建立了功勋。优游,闲散自得。 ⑦赤壁矶:赤壁之战的战场,在今湖北嘉鱼县长江南岸。肥水:即淝水,指淝水之战古战场,在今安徽寿县一带。 ⑧击楫誓中流:东晋祖逖北伐渡江,击楫而誓:“如不能清中原,有如大江。”楫,划船短桨。

西江月·题漂阳三塔寺[①]

问讯湖边春色[②],重来又是三年。东风吹我过湖船,杨柳丝丝拂面。

世路如今已惯,此处到处悠然[③]。寒光亭下水连天[④],飞起沙鸥一片。

【注释】①漂阳三塔寺:漂阳县在今江苏省。三塔寺在漂阳县西三塔湖。 ②问讯:打访。 ③世路:人世之路。此两句意为,坎坷的人生道路今已习惯,无论到哪里我都悠然坦荡。 ④寒光亭:在三塔寺内。

陈亮 宋,光宗绍熙四年(1193年)状元

水调歌头·送章德茂大卿使虏[①]

不见南师久,漫说北群空[②]。当场只手,毕竟还我万夫雄[③]。自笑堂堂汉使,得似洋洋河水,依旧只流东[④]?且复穹庐拜,会向藁街逢[⑤]。 尧之都,舜之壤,禹之封[⑥]。于中应有,一个半个耻臣戎[⑦]。万里腥膻如许,千古英灵安在,磅礴几时通[⑧]?胡运何须问,赫日自当中[⑨]。

【注释】①送章德茂大卿使虏:章德茂,四川广汉人,绍兴五年(1135年)进士,在孝宗淳熙十一年(1184年)使金。章德茂曾为侍郎,故称大卿。②南师:南宋的军队。漫说:休说。北群空:韩愈一篇文章中说:"伯乐一过冀北之野,而马群遂空。"原意指没有良马,此处借喻没有人才。③只手:单人独马,一人支撑。万夫雄:能当万夫之雄。④洋洋:形容水大。依旧只流东:难道如河水般永世东流。你身为万夫雄的堂堂汉使,岂能如河水东流那样屈辱在金庭阶下?⑤穹庐:北方少数民族住的圆形毡帐。现在称为蒙古包。藁街:西汉首都长安街名,是外国使节居住之地。两句意思是:姑且再去金廷拜贺一次,总有一天会把敌酋的首级取来挂在藁街上。⑥尧之都,舜之壤,禹之封:中原地区乃尧的故都,舜的土地,禹的疆域。⑦戎:古代对西北少数民族的鄙称,这里指金统治者。⑧万里腥膻如许:万里疆土被金人的腥膻之气糟蹋成这个样子。千古英灵:泛指古代中华英雄。磅礴:浩然正气。⑨胡运:金朝的气数。赫日:火红的太阳,喻宋朝定会如红日普照天下。

鹧鸪天·怀王道甫[①]

落魄行歌记昔游[②]。头颅如许尚何求[③],心肝吐尽无余事,口腹安然岂远谋[④]。才怕暑,又伤秋。天涯梦断有书不[⑤]。大都眼孔新来浅,羡尔微官作计周[⑥]。

【注释】①王道甫:浙江人,宋孝宗淳熙五年(1178年)登进士第,官止于分水县令。他"少负奇气,自立崖岸"。陈亮与他少年时就很有交情。②落魄:失意的样子。③头颅如许:头发苍白已经如这般了。④心肝吐尽:相互倾吐报国壮志。口腹安然:温饱无忧。⑤有书不:书信少。⑥眼孔新来浅:近来眼眶变小了,指目光短浅了。羡尔微官:羡慕你安作小官为口腹之计真是考虑得周密。这是反语,有嘲讽之意。

文天祥 宋，理宗宝祐四年(1256年)状元

沁园春·题潮阳张许二公庙[①]

为子死孝，为臣死忠，死又何妨？自光岳气分[②]，士无全节；君臣义缺，谁负刚肠？骂贼睢阳，看君许远。留得声名万古香[③]。后来者，无二公之操，百炼之钢。　　人生翕欻云亡，好烈烈轰轰做一场[④]。使当时卖国。甘心降虏，受以唾骂，安得留芳？古庙幽沉、仪容俨雅，枯木寒鸦几夕阳[⑤]。邮亭下，有奸雄过此，仔细思量[⑥]。

【注释】①潮阳张许二公庙：潮阳，广东潮阳县(今广东省汕头市潮阳区)。唐韩愈曾贬官至此，他撰文表彰张巡、许远的忠烈，潮阳人在东效山麓建张、许二公庙以纪念。　②光岳气分：指国土分裂，即亡国。光，指日月星三光。岳，即五岳。　③骂贼睢阳：睢阳城里，张巡痛骂叛贼。　④翕(xī)：瞬间，迅速。云亡：死去，“云”语助词，无义。　⑤古庙：即张、许二公庙。仪容：张、许二公的塑像。　⑥邮亭：古代为公家传递文书及方便旅客休息设的馆舍。最后三句是对奸臣宋琳投降卖国的警告。

正气歌

天地有正气，杂然赋流形[①]。
下则为河狱，上则为日星。
于人曰浩然，沛乎塞苍冥。
皇路当清夷[②]，含和吐明庭[③]，
时穷节乃见，一一垂丹青：
在齐太史简[④]，在晋董狐笔[⑤]。
在秦张良椎[⑥]，在汪苏武节；
为严将军头[⑦]，为嵇侍中血[⑧]，
为张睢阳齿[⑨]，为颜常山舌[⑩]；
或为辽东帽[⑪]，清操厉冰雪；
或为《出师表》[⑫]，鬼神泣壮烈；

或为渡江楫，慷慨吞胡羯；
或为击贼笏[13]。逆竖头破裂。
是气所旁薄。凛烈万古存；
当其贯日月，生死安足论！
地维赖以立[14]，天柱赖以尊[15]；
三纲实系命，道义为之根。
嗟余遘阳九[16]，隶也实不力。
楚囚缨其冠，传车送穷北。
鼎镬甘如饴[17]，求之不可得。
阴房阒鬼火[18]，春院闷天黑[19]。
牛骥同一皂，鸡栖凤凰食。
一朝蒙雾露，分作沟中瘠。
如此再寒暑，百沴自辟易[20]。
哀哉沮洳场[21]，为我安乐国，
岂有他缪巧，阴阳不能贼。
顾此耿耿在，仰视浮云白[22]。
悠悠我心悲，苍天曷有极！
哲人日已远，典型在夙昔。
风檐展书读，古道照颜色。

【注释】①流形：各种物体。 ②皇路：国家的政治局势。清夷：清明太平。 ③含和：和谐。明庭：好的朝廷。 ④太史简：春秋时，齐国大夫崔杼杀国君齐庄公，立景公，自己做宰相。齐太史把崔杼杀君的事记下来，崔杼杀了太史；命太史的两个弟弟继续写，他们仍照实写，又被杀。最后另一个弟弟还是这样写，崔杼不敢再杀。 ⑤董狐：春秋时晋国的史官，以直书其事受到历史的称赞。 ⑥张良：战国时韩国人，秦始皇灭韩后，他收买了一个大力士，乘始皇出巡向他狙击。 ⑦严将军：即三国时巴郡守将严颜，刘备入蜀，严颜失败被俘，要他投降，他说："有断头将军，无投降将军。" ⑧嵇侍中：晋惠帝嵇绍任侍中，晋皇室内部争斗，他以身体护卫惠帝至死。血溅到惠帝衣服上。事后有人要把那件衣服洗干净，惠帝说："上面有嵇侍中的血，不要洗。" ⑨张睢阳：即张巡，安禄山叛军攻睢阳，他与许远坚守，至死不降。 ⑩颜常山：即颜杲卿，唐常山太守，安禄山反，他起兵与之战，兵败被俘，他大骂安禄山，被剪掉舌头，然后杀害。 ⑪辽东帽：三国时魏人管宁隐居辽东，喜戴白帽子，表示不与黑暗势力妥协。 ⑫出师表：三国时诸葛亮伐魏前，给蜀后主写的《前出师表》和《后出师表》。 ⑬击贼笏：唐朱谋反，朝廷派段秀实与他谈判，谈判中，段秀实怒不可遏，用笏击朱头，并唾面大骂，被杀。笏，古代大臣上朝用的手板。 ⑭地维：古代人以为天圆地方，地四角有四根支柱，称四维。 ⑮天柱：古代人认为天有根柱支撑。 ⑯遘阳九：遭遇。阳九，古指灾难或厄运。 ⑰鼎镬（huò）：古代大锅，一种烹人的酷刑。饴：糖浆。 ⑱阒（qù）：寂静。 ⑲閟（bì）：闭门，关闭。 ⑳沴（lì）：恶气。辟易：退避。 ㉑沮洳（rù）：低湿的地方。 ㉒浮云白：语出《论语》："不义而富且贵，于我如浮云。"不值放在心上。

曾棨 明，成祖永乐二年（1404 年）状元

维扬怀古①

广陵城里昔繁华②，炀帝行宫接紫霞。
玉树歌残犹有曲，锦帆归去已无家。
楼台处处迷芳草，风雨年年怨落花。
最是多情汴堤柳③，春来依旧带栖鸦。

【注释】①维扬：旧扬州府别称。 ②广陵：秦县名，治所为今杨州。西汉置广陵国，治所在广陵，亦今扬州市，东汉时改为郡。 ③汴堤：汴，水名。隋开通济渠，蒙阳至开封一段为原来的汴水。

杨升庵 明，武宗正德六年（1511 年）状元

临江仙

滚滚长江东逝水，浪花淘尽英雄。是非成败转头空①。青山依旧在，几

度夕阳红。　白发渔樵江渚上[②]，惯看秋月春风。一壶浊酒喜相逢。古今多少事，都付笑谈中。

【注释】①转头空：转瞬间就过去了。　②江渚：水中小块陆地。

竹枝词之八[①]

上峡舟航风浪多，送郎行去为郎歌。
白盐红锦多多载，危石高滩稳稳过。

【注释】①竹枝词：本四川东部民歌，唐以后诗人根据其形式改作新词，保留民歌风味。

军次书感

凭高一望倍凄然，日暮乌啼生野烟。
天地侧身孤旅外，江湖短发乱兵前。
屈平憔悴渔翁向[①]，韩信栖迟漂母怜[②]。
何事穷愁无伴侣，东风独坐感流年。

【注释】①屈平：即屈原，战国时楚国人，曾辅佐楚怀王，做过左徒、三间大夫等官，因同反动贵族子兰等作斗争，被罢官放逐，后投汨罗江而死。其诗作《离骚》等对后世有巨大影响。是我国最早的大诗人。　②韩信：汉高祖刘邦大将。封楚王。后有人告他谋叛，降为淮阴侯，最后被吕后所杀。

戴有祺　清，康熙三十年(1691年)状元

贫　甚

对镜俄惊雪满颜，鹑衣席帽久萧然[①]。
天将风雨消长日，人在牢愁度小年。
僦舍为家真是旅[②]，休官学稼却无田。
惭他圯上学黄石[③]，辟谷仙兼忍辱仙[④]。

【注释】①鹑衣：鹑鸟尾秃，像古时敝衣短结，用以形容破旧的衣服。②僦(jiù)舍：租赁来的房子。　③圯(yí)上：一说圯水之上；另说为圯桥。在今江苏睢宁县。相传秦末张良遇黄石公于圯上。黄石公，又称圯上老人，曾授张良《太公兵法》。　④辟谷：气功修炼到一定程度后，可以不吃饭，称辟谷。

汪绎　清，康熙三十九年(1700年)状元

柳枝词[①]

一种风流得自持，水村天与好腰支[②]。
月残风晓无穷意[③]，说与桃花总不知。

【注释】①柳枝词：汉乐府有《折杨柳》曲，似七言绝句。　②好腰支：形容摇曳的姿态。　③月残风晓：由柳永“扬柳岸，晓风残月”转意而来。

田家乐

短篱矮屋板桥西，十亩桑阴接稻畦[①]。
满眼儿孙满檐日，饭香时节午鸡啼。

【注释】①畦：田无中分成的小块。

孙家鼐　清，咸丰九年(1859年)状元

题王致和酱园[①]

致君美味传千里，和我天机养寸心。
酱配龙蟠调芍药，园开鸡跖钟芙蓉。

【注释】①传说安徽举人王致和进京赶考，屡试不第，迫于生计，开豆腐坊为业，无意间发明了臭豆腐。慈禧太后品尝后十分满意，命状元孙家鼐题词褒奖。故有此藏头诗句。

张謇 清,光绪二十年(1894年)状元

罗敷媚[1]·菊会

秋花艳向秋风冷,羞斗春秾[2],爱为霜容[3],根性天生众不同。同时都道芙蓉好。脂粉嫌浓,罗绮嫌重[4],相称瑶台月下逢。

【注释】①罗敷媚:词牌名。 ②羞斗春秾:羞于春光中与百花争艳。 ③爱为霜容:喜爱在风霜中显露姿容。 ④脂粉嫌浓,罗绮嫌重:芙蓉的颜色过于娇艳,不如菊花那样不事粉饰,朴实无华。

二十五、状元考卷欣赏

状元，科考文章第一把手。他们的文章写了些什么？有哪些与众不同之处？特别是能使他当上状元的那篇文章是什么样子，有什么见解，有什么高招？以下，我们介绍几篇让大家欣赏，但都是用古文写成，读起来有些费劲；不过只要你耐心读，就能读出许多滋味来。

一诗定状元

唐代以诗赋取士。唐玄宗开元二十六年（738 年）的殿试试题为《明堂火珠》。参考举子崔曙以《奉试明堂火珠》考了第一，点为状元，其诗曰：

正位开重屋，凌天出火珠。
夜来双月合，曙后一星孤。
天净光难灭，云生望欲无。
还知圣明代，国宝在名都。

可以说，这是一首“太阳颂”：日出中天，一派光明，天净如洗，万里无云；哪怕是夜里，月亮和星星都沾它的余晖。自然景观的描写当然只是一种比喻，一种衬托，是虚写；而实写的是坐在京城的重重高屋宝殿里的圣代明君。像这样寓意好的歌功颂德的诗，皇上看了自然高兴，遂点为状元。

不过，据资料记载，这首诗竟然预示了作者崔曙的不幸。崔曙考中状元的第二年就病死，留下唯一的女儿名“星星”。这不正应了“曙后一星孤”那句诗吗？

唐文宗开成二年(837 年)进士科考试，出诗题《霓裳羽衣曲诗》，是科状元李肱是这样写的：

开元太平时，万国贺丰岁。
梨园献旧曲，玉座流新制。
凤管递参差，霞衣竞摇曳。
宴罢水殿空，辇余春草细。
蓬壶事已久，仙乐功无替。
讵肯听遗音，圣明知善继。

据唐史记载，这首诗的题目是文宗皇帝亲自出的。文宗喜欢雅乐。有位叫尉迟璋的乐官，善习古乐，技艺精到，献上《霓裳羽衣曲》，文宗皇上命朝廷三品以上官员都来听。皇上听得入神，忘乎所以，对左右说："真是好音乐呀，听得我不知在天上还是在地下了。"马上指着管考试的贡院官员说，今年就以此乐为进士考题。

对李肱的这首诗，主考官高锴向皇上启奏时是这样说的："进士李肱《霓裳羽衣曲诗》一首，最为迥出，更无其比。词韵既好，人才俱美，臣前后吟咏近三五十遍，虽使何逊复生，亦不能过。兼是宗枝，臣与状头第一人，以奖其能。"文宗采纳了他的建议，点李肱为状元。

从这段文字看，李肱能当上状元与他的长相，与他是李氏王朝宗亲都有些关系，但最主要的还是他的这首诗被主考官看上了。

丁泽看好《日观赋》

丁泽，唐代宗大历十年(775 年)状元。那年所出赋的考题为《日观赋》。丁泽写道：

日之升也，浴海而丽天；岳之峻也，切汉而临边。登高者以致九霄之上，爱景者欲在万人之先。其所惟一，其仞惟千。伊风灵之有载，彼日观之存焉。夫其夜刻未终，曙色犹昧，彼穷高之极远，此有进而无退。未辨昏明，斯分覆载。屡闻鸣雁，犹阴沉而不睹。忽听晨鸡，即曈眬而可爱。于是渐出旸谷，将离地维，岩峦既秀，草树生姿，气则赫艳，人皆仰之。其望也如烛，其照也无私。昔者帝王御宇，立极垂统，封禅及此成功，巡狩应其春仲。莫不登兹绝顶，遐烛大明。思煦妪之义，穷造化之精。以为日象一人之德，岳是三公之名。信王侯之设险，俾夷狄之来平。方今一德无为，三光有象，动植昭泰，神祇肸蚃。千岩瑞色，思效祉以爰升；万壑春云，欲入封而空上。客有才，乏羽仪，心思骞翥，每积聚萤之志，难登望日之处。引领终夕，含情达曙。知照烛之有期，故踌躇而不去。重曰：日有观兮，绝代独立。登之望兮，无远不及。何太阳之至精，莫不专于出入。

这篇赋写得有气势、有风采还很有情致：登高于九霄之上，看景必在万人之先。那一轮红日将出未出之时，海天欲明欲昏，隐隐约约的千沟万壑，模模糊糊的山光水色，又不时传来几声雁鸣鸡啼，更衬托出一种难以言尽的朦胧之美。及至日出，光华普照大地，千种色彩，万种风情，江山明媚，草木生辉。接着点入正题，由对太阳的赞美转向对人君帝王的歌颂。最后畅抒胸臆，以明心志。

赋，是汉时兴起的一种文体，讲求文辞华美，对仗工整，想象丰富，气势博大，故有“赋者，铺也”之说。也就是说，赋在写作上可以笔意纵横，尽情铺张，汪洋恣肆，无所限制。从这篇赋看，声光色彩，天地风情，过去未来，历史兴衰，无不收罗笔底，又符合统治者的要求，也显示了作者的才华。状元当然非他莫属了。

吴师道的五篇“状元论文”

吴师道是唐武则天当政垂拱元年(685年)点的状元。是年进士考试,出了五道策论题:第一题关于治国安邦,第二题关于求贤纳士,第三题关于风俗教化,第四题关于天人学说,第五题关于历史经验。每道题都以皇帝的口吻提问,就国家大事征求意见,言词谦虚恳切。如第一道问题:

欲使吏洁冰霜,俗忘贪鄙,家给人足,礼备乐和;庠序交兴,农桑竞劝。善师期于不阵,上将先于伐谋。未待干戈,遽清金庭之祲;无劳转运,长销玉塞之尘。利国安边,伫闻良算。明言政要,朕将亲览。

用现在的话说,其意思是:要想吏治清廉、民风淳净、丰衣足食、安居乐业、普及教育、提高民众素质、文官有治理之才、武将有安边之策,你看有什么好办法,简单回答,我将亲自批阅。

吴师道在答卷中对曰:“臣闻栖培楼者,不睹嵩、泰之于云;游泞涝者,讵识沧溟之沃日。臣蒿莱弱质,衡泌鲰生,未识广厦之居,安知太牢之味。……”用现在的话说就是:臣下身居陋地,少见寡闻,见识肤浅,只是根据太宗、高宗先皇的治国经验,谈些个人见解。我以为如果能做到举贤良,远谗邪,听忠言;多办学校,礼乐为先;表扬好学之士,奖励勤苦之人,让百姓懂得谦让,安于农桑;家家都富裕,人人讲文明;对外乐善和睦,教化四夷,就一定能国泰民安,四方来朝。我中华自然也就会更加繁荣强大起来。

虽然都是些治国平天下的泛泛议论,但文通理顺,见解确实,全面详细,滴水不漏。

再如第五题问道:

朕以紫极暇景,青史散怀,砂寻开辟之源,遐览帝王之道。或载纪遥邈,无其处而有其名;或坟籍丧亡,有其号而无其事。将求故实,以伫多闻……欲令历选前圣，远稽上德，采文质之令猷，求损益之折衷。何君可以为师范，何代可以取规绳？迟尔昌言，以沃虚想。

此时武则天亲政，从这个考题可以看出她虚心好学、求贤若渴的心情。她希望通过考生的答卷获得历代君王治理国家的知识经验，以先贤明君为师，以先朝好的治国之策为准绳，以改进自己的统治。

吴师道在论文中写道：

臣闻一剖为三，始鸿蒙于太易；九变于七，渐茫昧于无为。既分清浊之仪，乃列君臣之位。则有天皇首出，瞰桂州而宅土；地皇革命，俯刑马以开都。年匪异于万八千，号稍殊于七十二。既云木德，亦曰火行。开于天地之初，录自帝皇之纪，至若石楼远界，穷桑延壤，非万邦之土中，为二代之天邑。斯乃时犹饕饮，道尚鹑居，谁知风雨之均，能建皇王之宅。亦分长于九域，岂独立于偏方。乃观象垂衣，化穆羲、轩之代；翦商伐扈，人浇周、夏之年。而皇蒋方隆，未弭战争之患；王道才著，复存韬偃之日。是则怀柔伐叛，取乱侮亡，虽钟大道之行，终伫胜残之战。是故劣于太古，非事优于中代。陛下选芳列辟，垂范千年，王化既平，能事斯毕。亦何必损益今辰之政，师谟往帝之规。抚和琴而促柱，御夷途而止辙，因循勿失，臣谓其宜。谨对。

从这篇文章看，吴师道不愧是个做文章的高手，他先撒个“拦天大网”，从开天辟地说起。混沌初开，始有天地，既有天地，必有君臣。历经一万八千年，七十二朝代，著名的帝王莫过于伏羲、轩辕，最兴盛的朝代要算周、夏。然而，他们的“皇德”“王道”也未能使天下太平。而当今陛下所建功业堪称“垂范千古”，远远超过古代帝王，何必放弃现今的良策去走旧路呢？

尽管这篇文章有“拍马屁”的嫌疑，但讲的也是实话。过去的政策适合过去的情况，不必去照搬，实在还有点辩证唯物主义的味道。

对其他三题，吴师道都一一作答，引经据典，侃侃而谈，说得头头是道。

从这五篇“状元论文”看,古代读书人也真不轻松,要上知天文,下通地理,政治、经济、文化、教育,样样都得熟悉乃至精通,而且还要有自己独到的见解。如果吴师道脑袋不开窍,根据皇上的考题,给她开个向古代君王学习的名单,他的状元准保砸锅。

王十朋对策议论精辟

王十朋是宋高宗绍兴二十七年(1157 年)状元。据宋史载,王十朋参考的前一年,奸相秦桧死了,朝廷上下都舒了口气。高宗有鉴于秦桧专权造成的恶果,开始有些觉悟,他亲自主持殿试,出题考进士,并交待考官,发现有“陈朝政切直者”的好卷子立刻呈上来。考官将王十朋专门议论“权”的试卷呈上。考卷上写道:

> 揽权者非欲。衡石程书,如秦皇;传餐听政,如隋文;强明自任,不任宰相,如唐德宗;精于吏事,以察为明,如唐宣宗。盖欲陛下惩既往而戒未然,威福一出,于上而已。尝有铺翠之禁,而以翠羽为首饰者自若是。岂法令不可禁乎?抑宫中服,瀚濯之化,衣不曳地之风未形于外乎?法之至公者,莫如选士;名器之至重者,莫如科第。往岁权臣子孙门客,类窃巍科,有司以国家名器为媚。权臣之具而欲得人可否?愿陛下正身以为本,任贤以为助。博采兼听,以收其效。

以上所举,只是王十朋廷试时关于“权”的论文的一小部分。原文近万言,洋洋洒洒,畅抒己见,毫无顾忌。以上这段引文,从古代君王对待“权”使用“权”的例证,说明皇权的重要和威严。接着回到眼下说:我朝过去往往政令不通,有令不行,主要是上面不能带头执行,即使是衣着、装饰方面的一些小事,皇宫里都不能做出表率,所以要纠正下面,也就困难了。至于一些大事,如科举选士,这是最需要公正无私的权力保障的。但在以前,一些朝中权臣的子孙门客,倚仗权势,却能得以高中,司法部门不但不过问,反而把国家的法律拿去讨好做人情。这样能选出真正的人才吗？我愿皇上能以身作则，遵守国法，任用贤人，广泛听取意见和建议。这样，自然会收到好的效果。

这篇关于“权”的议论，大胆尖锐，言之凿凿，句句说到点子上。比如其中说：“往岁权臣子孙门客，类窃巍科，有司以国家名器为媚。”就是针对秦桧和他的亲信说的。

据古籍《齐东野语》等书记载，秦桧为相时，专横跋扈，陷害忠良不说，还利用手中权力，把持科举，用以结党营私，大搞顺我者及第扬名、逆我者名落孙山，士子们敢怒不敢言。

秦桧孙儿秦埙想当状元，秦桧传话递条子，一一做了安排。凡是不听话的考官，立即撤换，秦埙果然考得顺利，基层考试都拿第一。在礼部复试和皇上廷试前，秦桧又精心安排一番，一定要让孙儿当上状元。高宗皇上虽然高高在上，对秦桧所为也有所闻，觉得他太过分，但又不便马上发作。

廷试后，考官呈上试卷，高宗故意不理睬他们的推荐，把张孝祥的卷子看上了，说他的卷子内容丰富，字也写得好，便点了他为状元。其中当然有故意打一下秦桧嚣张气焰的意思。

王十朋的策论，引起高宗皇上的一番回忆，觉得他说得好，也给自己出了口闷气，亲批“经学淹通，议论醇正”八个字，点他为状元。文章传到民间，“习者争传诵之”。

陈亮《廷对应制诗》志向高远

陈亮是宋光宗绍熙四年(1193 年)状元。光宗廷试时出题策问进士们的“治国之道”。陈亮在试卷开头就写道：“天下大势之所趋，天地鬼神不能易，而易之者人也。”开门见山地指出，治国之道，实际上就是治人之道。他提出“君道”“师道”的见解。所谓“君道”就是当皇帝的办法；所谓“师道”，就是如何处理好君臣、军民、父子之间的关系的办法。这些关系理顺了，国家自然就治理得好。陈亮说得头头是道，警策有力，光宗看了也很感奋。

陈亮在廷试时,还根据要求写了首《廷对应制诗》。诗曰:

皇朝锐气急英贤,虏据中原七十年。
际遇风云凡事别,积功日月壮心愆。

陈亮这首短短的诗,写的却是不短的一截屈辱历史。

宋徽宗靖康二年(1127年)四月,金兵攻破开封,把徽、钦二帝和后妃、皇子、皇女及宗室贵戚等三千多人掠走。徽宗第九子赵构因在外组织兵马而幸免,被拥立为帝,为宋高宗。朝廷几经辗转,定都杭州,史书称南宋。从此,在南宋朝廷内部就产生了收复失地的"主战派"与苟安妥协的"投降派"的斗争。

陈亮是主战派。他在这首廷试诗中回顾七十年"虏据中原"的可悲历史,歌颂(实际上是催促和激发)皇上收复失地、统一全国的决心和锐气;希望皇上坚持这一正确立场,抓紧时间,整顿军威,洗雪国耻;他自己也一定要在这一伟大斗争中建功立业,以弥补未能在收复失地、重建大宋王朝的事业中做出更大贡献的过错。

偏安一隅的南宋小朝廷的历代皇帝,多数胸无大志,怕对北方用兵,但口头上又不能不高喊抗金。陈亮的诗,虽是呼吁抗战收复失地洗雪国耻之类,并不罕见,但对仗工整,激情满怀,立志高远,写得很不错。当然,更主要是他的策论,那番"君道""师道"的见解很投皇上欢心,便把考官推荐的第三改为第一,把状元点在他头上。

武状元姚大宁的对策卷

武状元的试卷多有散失,难于找到。下面介绍清仁宗嘉庆六年(1801年)武状元姚大宁的殿试策卷一篇。

臣对:臣闻慎固封守者,先事之防;敉宁武功者,保邦之大。古帝王丕基寅绍,儆戒无虞。既文德之诞敷,亦武卫之克奋。故六师平国,九伐正邦,武臣状元老之猷师,中蕃丈人之言。《易》曰:“容民畜聚。”《书》曰:“乞诘戎兵”,诚守邦之要也。钦惟皇帝陛下,大宝缵膺,崇纲振饬,仁符帝范,义式王铁。武烈绥靖平四方,濯征允奏于二捷。工畝允塞宇内为昭,夫同遐迩清宁,中处祇福,乃复选臣等于廷而策之,以内修外,怀训练整饬之至计。臣之梼昧何足以裨高深。惟愿治益求治,安益求安。舞干羽于两阶,垂休嘉于奕祀。永怀七德,时叙九功。我国家亿万年有道之长在此矣!臣草茅新进,罔识忌讳,干宸严,不胜战栗陨越之至。臣谨对。

这篇武状元的策试论文说了这么几层意思:开头几句说国防武功对保卫国家的重要,接着举古代帝王登基以后,既要修文德以安内,又要重武功以御外,并引用古书典籍警语以说明巩固国防与国计民生的关系。而后转入正题,歌颂当朝嘉庆皇帝乃仁义之君,是历来帝王的楷模典范,把我们国家治理得井井有条,内外安宁,这是天下最大的幸福。紧接着,作者自谦道,自己水平很低,见识浅陋。只愿我们国家在皇上的英明治理下,更加平安,人民长享幸福。最后,作者再次表示自己是个刚踏入生活不懂事的草民,在这里胡乱发表意见,怕有冒犯忌讳之处,因而感到心虚胆战,不胜惶恐,请皇上恕罪。

很明显,这是一篇空话连篇、毫无见解的文章。全篇没有提出一点关于如何巩固国防、增强国力、提高军事水平、加强军队战斗力的具体建议;更没有在行军布阵等军事理论方面发表任何见解,全是应景式的泛泛而谈,空洞无物的赞美和颂扬。如果与文状元的文章相比,远不止差十万八千里。但是,作为一个成天弄枪使棒的武人,能写得如此顺畅也不容易。再说,据介绍,这篇文章的书法刚劲圆润,布局匀称,疏密有致,有二王余韵,而且是在殿试时间紧迫时写出的,自有其可贵之处。

状元殿试卷

文天祥状元殿试卷

宋理宗宝祐四年(1256年)殿试御试策

盖闻道之大原出于天。超乎无极太极之妙。而实不离乎日用事物之常。根乎阴阳五行之赜。而实不外乎仁义礼智。刚柔善恶之际。天以澄著。地以靖谧。人极以昭明。何莫由斯道也。圣圣相传。同此一道。由修身而治人。由致知而齐家治国平天下。本之精神心术。达之礼乐刑政。其体甚微。其用则广。历千万世而不可易。然功化有浅深。证效有迟速者。何欤。朕以寡味临政。愿治于兹。历年志愈勤。道愈远。窅乎其未朕也。朕心疑焉。子大夫明先圣之术。咸造在廷。必有切至之论。朕将虚己以听。三坟而上。大道难名。五典以来。常道始著。日月星辰顺乎上。鸟兽草木若于下。九功惟叙。四夷来王。百工熙哉。庶事康哉。非圣神功化之验欤。然人心道心。寂寥片语。其诡微精一之妙。不可以言既欤。誓何为而畔。会何为而疑。俗何以不若结绳。治何以不若画像。以政凝民。以礼凝士。以天保采薇治内外。忧勤危惧。仅克有济。何帝王劳逸之殊欤。抑随时损益。道不同欤。及夫六典建官。盖为民极。则不过曰治。曰教。曰礼。曰政。曰刑。曰事而已。岂道之外。又有法欤。自时厥后。以理欲之消长。验世道窅隆。阴浊之日常多。阳明之日常少。刑名杂霸。佛老异端。无一毫几乎。道驳乎无以议为然。务德化者。不能无上郡雁门之警。施仁义者。不能无末年轮台之悔。甚而无积仁累德之素。纪纲制度。为足维持凭藉者。又何欤。朕上嘉下乐。夙兴夜寐。靡遑康宁。道久而示洽。化久而未成。天变洊臻。民生寡遂。人才乏而士习浮。国计殚而兵力弱。符泽未清。边备孔棘。岂道不足以御世欤,抑化裁推行有未至欤。夫不息则久。久则证。今胡为而未证欤。变则通。通则久。今其可以屡更欤。子大夫熟之复之。勿激勿泛。以副朕详延之意。宝祐四年五月八日。

文天祥殿试卷答卷

臣对。恭惟皇帝陛下。处常之久,当奉之交。以二帝三王之道会诸心。将三纪于此矣。臣等鼓舞于鸢飞鱼跳之天。皆道体流行中之一物。不自意得旅进于陛下之庭。而陛下且嘉之论道。道之不行也久矣。陛下之言及此。天地神人之福也。然臣所未解者。今日已当道久化成时。道洽政治之候。而方歉焉有志勤道远之疑。岂望道而未之见耶。臣请淅太极动静之根。推圣神功化之验。就以圣问中不息一语。为陛下勉。幸陛下试垂听焉。臣闻天地。与道同一不息。圣人之心。与天地同一不息。上下四方之宇。往古来今之宙。其间百千万变之消息盈虚。百千万事之转移阖辟。何莫非道。所谓道者。一不息而已矣。道之隐于浑沦。藏于未雕未琢之天。当是时。无极太极之体也。自太极分而阴阳。则阴阳不息。道亦不息。阴阳散而五行。则五行不息。道亦不息。自五行又散而为人心之仁义无礼智。刚柔善恶。列乾道成男。坤道成女。穹壤间生生化化之不息。而道亦与之相为不息。然则道一不息。天地亦一不息。天地之不息。固道之不息者为之。圣人出。而为天地立心。为生民立命。为往圣继绝学。为万世开太平。亦不过以一不息之心充之。充之而修身治人。此一不息也。充之而致知。以至齐家治国平天下。此一不息也。充之而自精神心术。以至于礼乐刑政。亦此一不息也。自有三坟五典以来。以至于太平六典之世。帝之所以帝。王之所以王。皆自其一念之不息者始。秦汉以降。而道始离。非道之离也。知道者之鲜也。虽然。其间英君谊辟。固有号为稍稍知道矣。而又沮于行道之不力。知务德化矣。而不能不尼之以黄老。知施仁义矣。而不能不遏之以多欲。知四年行仁矣。而不能不画之以近效。上下二三千年间。牵补过时。架漏度日。毋怪夫驳乎无以议为也,独惟我朝。式克至于今日休。陛下传列圣之心。以会艺祖之心。会艺祖之心。以参帝王之心。参天地之心。三十三年间。臣知陛下不贰以二。不参以三。茫乎天连。窅尔神化。此心之天。混兮辟兮。其无穷也。然临御浸叉。持循浸熟。而算计见效。犹未有以大快圣心者。上而天变不能以尽无。下而民生不能以尽遂。人才士习之未甚纯。国计兵力之未甚充。以至盗贼兵戈之警。所以贻宵旰之忧者。尤所不免。然则行道者。殆无验也邪,臣则以为道非无验之物也。道之功化甚深也。而不可以为迂。道之证效甚迟也。而不可以为速维天之命。于穆不已。天地之所以为天地也。之德之纯。纯亦不已。圣人之所以为圣人也。为治顾力行何如耳。焉有行道于岁月之暂。而遽责其验之为迂且远邪。臣之所望于陛下者。法天地之不息而已。姑以近事言。则责躬之言方发。而阴雨旋霁。是天变未尝不以道而弥也。赈饥之典方举。而都民欢呼。是民生未尝不以道而安也。论辩建明之诏一颁。而人才士习。稍稍浑厚。招填条具之旨一下。而国计兵力。稍稍充实。安吉庆元庆之小获,维扬泸水之隽功。无非忧勤于道之明验也。然以道之极功论之。则此浅效耳。速效耳。指浅效速效。而遽以为道之极功。则汉唐诸君之用心是也。陛下行帝而帝。行王而王。而肯袭汉唐事邪。此臣所以赞陛下之不息也,陛下倘自其不息者而充之。则与阴阳同其化。与五行同其运。与乾坤生生化化之理。同其无穷。虽充而为三纪之风移俗易。可也。虽充而为四十年圄空刑措。可也。虽充而为百年德洽于天下。可也。虽充而为十世过历亿万年敬天之休。可也。岂止如圣问八者之事。可徐就理而已哉。臣谨昧死上愚对。臣伏读圣策曰。盖闻道之大原出于天。超乎无极太极之妙。而实不离乎日用事物之常。根乎阴阳五行之赜。而实不外仁义礼智。刚柔善恶之际。天以澄著。地以靖谧,人极以昭明。何莫由斯道也。圣圣相传同此一道。由修身而治人。由致知而齐家治国平天下。本之于精神心术。达之于礼乐刑政。其体甚微。其用由广。历千万世而不可易。然功化有浅深。证效有迟速。何欤。朕以寡昧。临政愿治。于兹历年。志愈勤。道愈远。窅乎其未朕也。朕心疑焉。子大夫明先王之术。咸造在庭。治有切至之论。朕将虚己以听。臣有以见陛下溯道之本原。求道之功效。且疑而质之臣等也。臣闻圣人之心。天地之心也。天地之道。圣人之道也。分而言之。则道自道。天地自天地。圣人自圣人。合而言之。则道。一不息也。天地。一不息也。圣人。亦一不息也。臣请溯其本原言之。茫茫堪舆。块圠无垠。浑浑元气。变化无端。人心仁义礼智之性。未赋也。人心刚柔善恶之气。未禀也。当是时。未有人心。先有五行。未有五行。先有阴阳。未有阴阳。先有无极太级。未有无极太极。则太虚无形。冲漠无朕。而先有此道。未有物之先。而道具焉。道之体也。既有物之后。而道行焉。道之用也。其体则微。其用甚广。即人心而道在人心。即五行而道在五行。即阴阳而道在阴阳。即无极太极而道在无极太极。贯显微。兼费隐。包小大。通物我。道何以若此哉。道之在天下。犹水之在地中。地中无往而非水。天下无往而非道。水一不息之流也。道一不息之用也。天以澄著。列日月星辰循其经。地以靖谧。则田川草木顺其常。人极以昭明。则君臣父子安其伦。流行古今。纲纪造化。何莫由斯道也。一日而道息焉。虽三才不能以自立。道之不息。功用固如此夫。圣人体天地之不息者也。天地以此道而不息。圣人亦以此道而不息。圣人立不息之体。则敛于修身。推不息之用。则散于治人。立不息之体。则寓于致知以下之工夫。推不息之用。则显于齐家治国平天下之效验。立不息之体。则本之精神心术之微。推不息之用。则达之礼乐刑政之著。圣人之所以为圣人者。犹天地之所以为天地也。道之在天地间者。常久而不息。圣人之于道。其可以顷刻息邪。言不息之理者。莫如大易。莫如中庸。大易之道。至于乾道变化。各正性命。保合太和。而圣人之论法天。乃归之自强不息。中庸之道。至天才溥博渊泉。上天之载。无声无臭。而圣人之论配天地。乃归之不息则久。岂非乾之所以刚健中正纯粹精也者。一不息之道耳。是以法天者。亦以一不息。中庸之所以高明博厚悠久无疆者。一不息之道耳。是以配天地者。亦以一不息。以不息之心。行不息之道。圣人即不息之天地也。陛下临政愿治。于兹历年。前此不息之岁月。犹日之自朝而午。今此不息之岁月。犹日之至午而中。此正勉强行道。大有功之日也。陛下勿谓数十年间。我之所以担当宇宙。把握天地。未尝不以此道。至于今日。而此道之验如此。其迂且远矣。以臣观之。道犹百里之途也。今日则适六七十之候也。进于道者。不可以中道而废。游于途者。不可以中途而画。孜孜矻矻。而不自已焉。则适六七十里者。固所以为至百里之阶也。不然。自止于六七十里之间。则百里虽近。焉能以一武到哉。道无浅功化。行道者何可以深为迂。道无速证效。行道者何可以迟为远。惟不息。则能极道之功化。惟不息。则能极道之证效。气机动荡于三极之间。神采灌注于万有之表。要自陛下此一心始。臣不暇远举。请以仁宗皇帝事。为陛下陈之。仁祖一不息之天地也。康定之诏曰。祇勤抑畏。庆历之诏曰。不敢荒宁。皇佑之诏曰。缅念为君之难。深惟履位之重。庆历不息之心。即康定不息之心也。皇佑不息之心。即庆历不息之心也。当时仁祖以道德感天心。以福禄胜人力。国家绥静。边鄙宁谧。若可以已矣。而犹未也。至和元年。仁祖之三十三年也。方且露立仰天。以畏天变。碎通天犀。以救民生。处贾黯吏铨之职。擢公弼殿柱之名。以厚人才,以昌士习。纳景初减用之言。听范镇新兵之谏。以裕国计。以强兵力。以至讲周礼。薄征缓刑。而拳拳以盗贼为忧。选将帅。明纪律。而汲汲以西戎北虏为虑。仁祖之心。至此而不息。则与天地同其悠久矣。陛下之心。仁祖之心也。范祖禹有言。欲法尧舜。惟法仁祖。臣亦曰。欲法帝王。惟法仁祖。法仁祖。则可至天德。愿加圣心焉。臣伏读圣策曰。三填以上云云。岂道之外。又有法欤。臣有以见陛下慕帝王之功化证效。而亦意其各有浅深迟速也。臣闻帝王行道之心。一不息而已矣。尧之兢兢。舜去业业。禹之孜孜。汤之慄慄文王之不已。武王之无贰。成王之无逸。皆是物也。三坟远矣。五典犹有可论者。臣尝以五典所载之事推之。当是时。日月星辰之顺。以道而顺也。鸟兽草木之若。以道而若也。九功惟叙。以道而叙也。四夷来王。以道而来王也。百工以道而熙。庶事以道而康。光天之下。至于海隅苍生。盖无一而无不拜帝道之赐矣。垂衣拱手。以自逸子土皆岩廊之上。夫谁曰不可。而尧舜不然也。方且考绩之法。重于三岁。无岁而敢息也。授历之命。严于四时。无月而敢息也。凛凛乎一日二日之戒。无日而敢息也。此犹可也。授受之际。而尧之命舜。乃曰。允执厥中。夫谓之执者。战兢保持。而不敢少放之谓也。味斯语也。则尧之不息。可见矣。河图出矣。洛书见矣。执中之说。未闻也。而尧独言之。尧之言赘矣。而舜之命禹。乃复益之以人心惟危。道心惟微。惟精惟一之三言。夫致察于危微精一之间。则其战兢保持之念。又有胜于尧者。舜之心其不息。又何如哉。是以尧之道化。不惟验于七十年在位之日。舜之道化。不惟验于五十年视阜之时。读万世永赖之语。则詹虞而下。敷千百年间。天得以为天。地得以为地。人得以为人者。皆尧舜之赐也。然则功化抑何其深。证效抑何其迟欤。降是而王。非固劳于帝者也。太朴日散。风气日开。人心之机械日益巧。世变之乘除不息。而圣人之所以纲维世变者。亦与之相为不息焉。俗非结绳之淳也。治非画象之古也。师不得不誓。侯不得不会。民不得不凝之以政。士不得不凝之以礼。内外异治。不得不以采薇天保之治治之。以至六典建官。其所以曰治。曰政。曰礼。曰教。曰刑。曰事者。亦无非扶世道而不使之穷耳。以势而论之。则夏之治。不如唐虞。商之治。又不如夏。周之治。又不如商。帝之所以帝者何其逸。王之所以王者何其劳。慄慄危惧。不如非心黄屋者之为适也。始于忧勤。不如恭己南面者之为安也。然以心而观。则舜之业业。即尧之兢兢。禹之孜孜。即舜之业业。汤之慄慄。即禹之孜孜。文王之不已。武王之无贰。成王之无逸。何莫非兢兢业业。孜孜慄慄之推也。道之散于宇宙间者。无一日息。帝王之所以行道者。亦无一日息。帝王之心。天地之心也。尚可以帝者之为逸。而王者之为劳耶。臣愿陛下求帝王之道。必求帝王之心。则今日之功化证效。或可与帝王一视矣。臣伏读圣策曰。自时厥后云云。亦足以维持凭藉者。何欤。臣有以见陛下陋汉唐之功化证效。而且为汉唐世道。发一慨也。臣闻不息则天。息则人。不息则理。息则欲。不息则阳明。息则阴浊。汉唐诸君。天资敏。地位高。使稍有进道之心。则六五帝。四三王。亦未有难能者。奈何天不足以制人。而天反为人所制。理不足以御欲。而理反为欲所御。阳明不足以胜阴浊。而阳明反为阴浊所胜。是以勇于进道者少。沮于求道者多。汉唐之所以不唐虞三代也欤。虽然。是为不知道者言也。其间亦有号为知道者矣。汉之文帝。武帝。唐之太宗。亦不可谓非知道者。然而亦有议焉。先儒尝论汉唐诸君。以公私义利分数多少为治乱。三君之心。往往不纯乎天。不纯乎人。而出入于天人之间。不纯乎理。不纯乎欲。而出入乎理欲之间。不纯乎阳明。不纯乎阴浊。而出入乎阳明阴浊之间。是以专务德化。虽足以陶后元泰和之风。然而尼之以黄老。则雁门上郡之警不能无。外施仁义。虽足以致建元富庶之盛。然而遏之以多欲。则轮台末年之悔不能免。四年行仁。虽足以开贞观升平之治。然而画之以近效。则纪纲制度。曾不足为再世之凭藉。盖有一分之道心者。固足以就一分之事功。有一分之人心者。亦足以召一分之事变。世道于隆之分数。亦系于理欲消长之分数而已。然臣尝思之。汉唐以来。为道之累者。其大有二。一曰杂伯。二曰异端。时君世主。有志于求道者。不陷于此。则陷于彼。姑就三君而言。则文帝之心。异端累之也。武帝太宗之心。杂伯累之也。武帝无得于道。宪章六经。统一圣真。不足以胜其神仙土木之私。干戈刑罚之惨。其心也荒。太宗全不知道。阖门之耻。将相之夸。末年辽东一行。终不能以克其血气之暴。其心也骄。杂伯一念:幢幢往来。是固不足以语常久不息之事者。若文帝。稍有帝王之天资。稍有帝王之地步。一以君子长者之道待天下。而晁错辈刑名之说。未尝一其心。是不累于杂伯矣。使其以二三十年恭俭之心。而移之以求道。则后元气象。且将骎骎乎商周。进进乎唐虞。奈何帝之纯心。又间于黄老之清净。是以文帝仅得为汉唐之令主。而不得一侪于帝王。呜呼。武帝太宗。累于杂伯。君子固不敢以帝王事望之。文帝不为杂伯所累。而不能不累于异端。是则重可惜已。臣愿陛下监汉唐之迹。必监汉唐之心。则今日之功化证效。将超汉唐数等矣。臣伏读圣策曰。朕上嘉下乐云云。抑化裁推行。有未至欤。臣有以见陛下念今日八者之务。而甚有望乎为道之验矣。臣闻天变之来。民怨招之也。人才之乏。士习蛊之也。兵力之弱。国计屈之也。虏寇之警。盗贼因之也。夫陛下以上嘉下乐之勤。夙兴夜寐之劳。帐岁月之愉迈。亦欲以少见吾道之验耳。俯视一世。未能差强人意。八者之弊。臣知陛下为此不满也。陛下分而以八事问。臣合而以四事对。请得以熟数之于前。何谓天变之来。民怨招之也。天视自我民视。天听自我民听。天明威自我民明威。人心之休戚。天心所因以为喜怒者也。熙宁间大旱。是时河陕流民入京师。监门郑侠。画流民图以献。且曰。陛下南征北伐。皆以胜捷之图来上。料无一人。以父母妻子。迁移困顿。皇皇不给之状。为图以进者。览臣之图。行臣之言。十日不雨。乞正欺君之罪。上为之罢新法十八事。京师大雨八日。天人之交。间不容发。载在经史。此类甚多。陛下以为今之民生何如邪。今之民生困矣。自琼林大盈。积于私贮。而民困。自建章通天。频于营缮。而民困。自献助累见于豪家巨室。而民困。自和籴不间于闾阎下户。而民困。自所至贪官暴吏。视吾民如家鸡圈豕。惟所咀啖。而民困。呜呼。东南民力竭矣。书曰。怨岂在明。不见是图。今尚可谓之不见乎。书曰。怨不在大。亦不在小。今尚可谓之小乎。生斯世。为斯民。仰事俯育。亦欲各遂其父母妻子之乐。而操斧斤。淬锋锷。日夜思所以斩伐其命脉者。滔滔皆是。然则腊雪新瑞。蛰雷愆斯。月犯于木。星殒为石。以至土雨地震之变。无怪夫屡书不一书也。臣愿陛下持不息之心。急求所以为安民之道。则民生既和。天变或于是而弭矣。何谓人才之乏。士习蛊之也。臣闻穷之所养。达之所施。幼之所学。壮之所行。今日之修于家。他日之行于天子之庭者也。国初诸老。尝以厚士习为先务。宁收落韵之李迪。不取凿说之贾边。宁收直言之苏辙。不取险怪之刘几。建学校。则必欲崇经术。复乡举。则必欲参行艺。其后国子监。取湖学法。建经学治道边防水利等齐。使学者因其名以求其实。当时如程颐徐积吕希哲。皆出其中。呜呼。此元祐人物之所从出也。士习厚薄。最关人才。从古以来。其语如此。陛下以为今之士习何如邪。今之士大夫之家。有子而教之。方其幼也。则授其句读。择其不戾于时好。不震于有司者。俾熟复焉。及其长也。细书为工。累牍为富。持试于乡校者。以是。较艺于科举者。以是。取青紫而得车马也。以是。父兄之所教诏。师友之所讲明。利而已矣。其能卓然自拔于流俗者。几何人哉。心术既坏于未仕之前。则气节可想于既仕之后。以之领郡邑。如之何责其为卓茂黄霸。以之镇一路。如之何责其为苏章何武。以之曳朝绅。如之何责其为汲黯望之。奔竞于势要之路者。无怪也。趋附于权贵之门者。无怪也。牛维马絷。狗苟蝇营。患得患失。无所不至者。无怪也。悠悠风尘。靡靡媮俗。清芬消歇。浊滓横流。惟皇降衷秉彝之懿萌。蘖于牛羊斧斤相寻之冲者。其有几哉。厚今之人才。臣以为变今之士习。而后可也。臣愿陛下持不息之心。急求所以为淑士之道。则士风一淳。人才或于是而可得矣。何谓兵力之弱。国计屈之也。谨按国史。治平间。遣使募京畿淮南兵。司马光言。边臣之请兵无穷朝。廷之募兵无已。仓库之粟帛有限。百姓之膏血有涯。愿能招禁军。训练旧有之兵。自可备御。臣闻古今天下。能免于弱者。必不能免于贫。能免于贫者。必不能免于弱。一利之兴。一害之伏。未有交受其害者。今之兵财。则交受其害矣。自东海城筑。而调淮兵以防海。则雨淮之兵不足。自襄樊复归。而并荆兵以城襄。则荆湖之兵不足。自腥气染于汉水。冤血溅于宝峰。而正军忠义。空于死徙者过半。则川蜀之兵又不足。江淮之兵。又抽而入蜀。又抽而实荆。则下流之兵。愈不足矣。荆湖之兵。又分而策应。分而镇抚。则上流之兵。愈不足矣。夫国之所持以自卫者。兵也。而今之兵。不足如此。国安得而不弱哉。扶其弱而归之强。则招兵之策。今日直有所不得已者。然召募方新。调度转急。问之大农。大农无财。问之版曹。版曹无财。问之饷司。饷司无财。自岁币银绢外。未闻有划一策为军食计者。是则弱矣。而又未免于贫也,睦下自肝鬲。近又创一安边太平库。专一供军。此艺祖积缣帛以易贼首之心也。仁宗皇帝。出钱帛以助兵革之心也。转易之间。风采立异。前日之弱者。可强矣。然飞刍辀粟。给饷饨粮。费于兵者几何。而琳宫梵宇。照耀湖山。土木之费。则漏卮也。列灶云屯。樵苏后爨。费于兵者几何。而霓裳羽衣。靡金饰翠。宫庭之费。则尾闾也。生熟口券。月给衣粮。费尽兵者几何。而量珠辇玉。幸宠希恩。戚畹之费。则滥觞也。盖天下之财。专以供军,则财未有不足者。第重之以浮费。重之以冗费。则财始瓶罄而累耻耻矣。如此。则虽欲足兵。其何以给兵耶。臣愿陛下。持不息之心。急求所以为节财之道。则财计以充。兵力或于是而可强矣。何谓虏寇之警。盗贼因之也。谨按国史。绍兴间。杨么寇洞庭。连跨数郡。大将王瓌不能制。时伪齐挟虏使李成寇襄汉。么与交通。朝廷患之。始命岳飞。措置上流。已而逐李成。擒杨么。而荆湖平。臣闻外之虏寇。不能为中国患。而其来也。必待内之变。内之盗贼亦不能为中国患。而其起也。必将纳外之侮。盗贼而至于通虏寇。则腹心之大患也已。今之所谓虏者。固可畏矣。然而逼我蜀。则蜀帅策沪水之勋,窥我淮。则淮帅奏维扬之凯。狼子野心。固不可以一捷止之。然使之无得乘去。则中国之技。未为尽出其下。彼亦犹畏中国之有其人也。独惟旧海。在天一隅。逆雏冗之者。数年于兹。飓风瞬息。一苇可航。彼未必不朝夕为趁浙计。然而未能焉。短于舟。疏于水。惧吾唐岛之有李宝在耳。然洞庭之湖。烟水沉寂。而浙右之湖。涛澜沸惊。区区妖孽。且谓有杨么之渐矣。得之京师之耆老。皆以为此寇。出没倏闪。往来翕霍。驾舟如飞。运棹如神。而我之舟师不及焉。夫东南之长技。莫如舟师。我之胜兀术于金山者以此。我之毙逆亮于采石者以此。而今此曹。反挟之以制我。不武甚矣。万一或出于杨么之计。则前日李成之不得志于荆者。未必今日之不得志于浙也。曩闻山东荐饥。有司贪市榷之利。空苏湖根本以资之。廷绅犹谓互易。安知无为其乡道者。一夫登岸。万事瓦裂。又闻魏村江湾福山三寨水军。兴贩盐课。以资逆雏。廷绅犹谓是。以扞卫之师。为商贾之事。以防拓之卒。开乡道之门。忧时识治之见。往往如此。肘腋之蜂虿。怀袖之蛇蝎。是其可以忽乎哉。陛下近者。命发运兼宪。合兵财而一其权。是将为减此朝食之图矣。然屯海道者非无军。控海道者非无将。徒有王瓌数年之劳。未闻岳飞八日之捷。子太叔平符泽之盗。恐不如此。长此不已。臣惧为李成开道地也。臣愿陛下持不息之心。求所以弭寇之道。则寇难一清。边备或于是而可宽矣。臣伏读圣策曰。夫不息则久。久则征。今胡为而未征欤。变则通。通则久。今其可以屡更欤。臣有以见陛下久于其道。而甚者有感乎中庸大易之格言也。臣闻天久而不坠也以运。地久而不聩也以转。水久而不腐也以流。日月星辰而常新也以行。天下之凡不息者。皆以久也。中庸之不息。即所以为大易之变通。大易之变通。即所以验中庸之不息。变通者之久。因肇于不息者之久也。盖不息者其心。变通者其迹。其心不息。故其迹亦不息。游乎六合之内。而纵论乎六合之外。生乎百世之下。而追想乎百世之上。神化天造。天运无端。发微不可见。充周不可穷。天地之所以变通。固自其不息者为之。圣人之久于其道。亦法天地而已矣。天地以不息而久。圣人亦以不息而久。外不息而言久焉。皆非所以久也。臣尝读无逸一书。见其享国之久者。有四君焉。而其间三君为最久。臣求其所以久者。中宗之心。严恭寅畏也。高宗之心。不敢荒宁也。文王之心。无淫于逸。无游于畋也。是三君者。皆无逸而已矣。彼之无逸。臣之所谓不息也。一无逸而其效如此。然则不息者。非所以久欤。陛下之行道。盖非一朝夕之暂矣。宝绍以来。则涵养此道。端平以来。则发挥此道。嘉熙以来。则把握此道。嘉熙而淳佑。淳佑而宝佑。十馀年间。无非持循此道之岁月。陛下处此也。庭燎未辉。臣知其宵衣以待。日中至昃。臣知其玉食弗遑。夜漏已下。臣知其丙枕无寐。圣人之运。亦不可谓不息矣。然既往之不息者易。

方来之不息者难。久而不息者易。愈久而愈不息者难。昕临大庭。百辟星布。陛下之心。此时固不息矣。暗室屋漏之隐。试一警省。则亦能不息否乎。日御经筵。学士云集。陛下之心。此时固不息矣。宦官女子之近。试一循察。则亦能不息否乎。不息于外者。固不能保其不息于内。不息于此者。固不能保其不息于彼。乍勤乍怠。乍作乍辍。则不息之纯心间矣。如此。则陛下虽欲久则证。臣知中庸九经之治。未可以朝夕见也。虽欲通则久。臣知系辞十三卦之功。未可以岁月计也。渊蛸蠖濩之中。虚明应物之地。此全在陛下自斟酌。自执持。顷刻之力不纰。则悠久之功俱废矣。可不戒哉。可不惧哉。陛下之所以策臣者。悉矣。臣之所以忠于陛下者。亦既略陈于前矣。而陛下策之篇终复曰。子大夫熟之复之。勿激勿泛。以副朕详延之意。臣伏读圣策至此。陛下所谓详延之意。盖可识已。夫陛下自即位以来。未赏以直言罪士。不惟不罪之以直言。而且导之以直言。臣等尝恨无由以至天子之庭以吐其素所蓄积。幸见录于有司。得以借玉阶方寸地。此正臣等披露肺肝之日也。方将明目张胆。謇謇谔谔。言天下事。陛下乃戒之以勿激勿泛。夫泛固不切矣。若夫激者。忠之所发也。陛下胡并与激者之言而厌之邪。厌激者之言。则是将胥臣等而为容客唯唯之归邪。然则臣将为激者欤。将为泛者欤。抑将迁就陛下之说。而姑为不激不乏者欤。虽然。奉对大庭。而不激不泛者。固有之矣。臣于汉得一人焉。曰董仲舒。方武帝之策仲舒也。慨然以欲闻大道之要为问。帝之求道。其心盖甚锐矣。然道以大言。帝将求之虚无渺冥之乡也。使仲舒于此。过言之则激。浅言之则泛。仲舒不激不泛。得一说曰正心。武帝方将求之虚无渺冥之乡。仲舒乃告之以真实浅近之理。兹陛下所谓切至之论也。奈何武帝。自恃其区区英明之资。超伟之识。谓其自足以凌跨六合。笼驾八表。而愿如此语忽焉。仲舒以江都去。而武审所与论道者。他有人矣。臣固尝为武帝惜也。堂堂天朝。固非汉比。而臣之贤。亦万不及仲舒。然亦不敢激。不敢泛。切于圣问之所谓道者。而得二说焉。以为陛下献。陛下试采览焉。一曰重宰相。以开公道之门。臣闻公道在天地间。不可一日壅闭。所以照苏而滁决之者。宰相责也。然扶公道者。宰相之责。而主公道者。天子之事。天子而侵宰相之权。则公道已矣。三省枢密。谓之朝廷。天子所与谋大政。出大令之地也。政令不出于中书。昔人谓之斜封墨力。非盛世事。国初。三省纪纲甚正。中书造命。门下神覆。尚书奉行。宫府之事。无一不统于宰相。是以李沆犹得以焚立妃之诏。王旦犹得以沮节度之除。韩琦毙得出空头力。以逐内侍。杜衍犹得封内降。以裁侥幸。盖宰相之权尊。则公道始有所依而立也。今陛下之所以为公道计者。非不悉矣。以夤缘戒外戚。是以公道责外戚也。以裁制戒内司。是以公道责内司也。以舍法用例戒群臣。是以公道责外廷也。雷霆发蔀。星日烛幽。天下于此咸服陛下之明。然或谓比年以来。大庭除授。于义有所未安。于法有所未便者。悉以圣旨行之。不惟诸司升补。上渎震奎。而统帅躐籍。阁职超迁。亦以夤缘而得恩泽矣。不惟奸赃湔洗。上劳涣汗。而选人通籍。奸胥逭刑。亦以赞刺。而拜宠命矣。甚至闾阎琐屑之斗讼。皂录猥贱之干求。悉达内庭。尽由中降。此何等虮虱事。而陛下以身亲之。大臣几于为奉承风旨之官。三省几于为奉行文书之府。臣恐天下公道。自此壅矣。景佑间。罢内降。凡诏令皆出中书枢密院。仁祖之所以主张公道者如此。今进言者。犹以事当间出睿断为说。呜呼。此亦韩绛告仁祖之辞也。朕固不惮自有处分。不如先尽大臣之虑而行之。仁祖之所以谕绛者。何说也。奈何复以绛之说启人主。以夺中书之权。是何心哉。宣靖间。创御笔之令。蔡京坐东廊。专以奉行御笔为职。其后童贯梁师成用事。而天地为之分裂者数世。是可鉴矣。臣愿陛下。重宰相之权。正中书之体。凡内批。必经由中书抠密院。如先朝故事。则天下幸甚。宗社幸甚。二曰收君子。以寿直道之脉。臣闻直道在天地间。不可一日颓靡。所以光明而张主之者。君子责也。然挟直道者。君子之责。而主直道者。人君之事。人君而至于沮君子之气。则直道已矣。夫不直则道不见。君子者。直道之倡也。直道一倡于君子。昔人谓之凤鸣朝阳。以为清朝贺。国朝君子。气节大振。有鱼头参政。有鹘击台谏。有铁面御史。军国之事。无一不得言于君子。是以司马光。犹得以殛守忠之奸。刘挚犹得以折李宪之横。范祖禹犹得以罪宋用臣。张震犹得以击龙太渊曾觌。盖君子之气伸。则直道始有所附而行也。今陛下之所以为直道计者。非不至矣。月有供课。是以直道望谏官也。日有轮札。是以直道望廷臣也。有转对。有请对。有非时召对。是以直道望公卿百执事也。江海纳汙。山薮藏疾。天下于此。咸服陛下之量。然或谓比年以来。外廷议论。于己有所未协。于情有所未忍者。悉以圣意断之。不惟言及乘舆。上勤节贴。而小小予夺。小小废置。亦且寝罢不报矣。不惟事关廊庙。上烦调停。而小小抨弹。小小纠劾。亦且宣谕不已矣。甚者。意涉区区之貂珰。论侵琐琐之姻娅。不恤公议。反出谏臣。此何等狐鼠辈。而陛下以身庇之。御史至于来和事之讥。台吏至于重乞了之报。臣恐天下之直道。自此沮矣。康定间。欧阳修以言事出。未几即召以谏院。至和间。唐介以言事贬。未几即除以谏官。仁祖之所以主直道者。如此。今进言者。犹以台谏之势日横为疑。呜呼。兹非富弼忠于仁祖之意也。弼倾身下士。宁以宰相受台谏风旨。弼之自处。何如也。奈何不知弼之意。反启人君以厌君子之言。是何心哉。元符间。置看详理诉所。而士大夫得罪者。八百余家。其后邹浩陈瓘去国。无一人敢为天下伸一喙者。是可鉴已。臣愿陛下壮正人之气。养公论之锋。凡以直言去者。悉召之于霜台乌府中。如先朝故事。则天下幸甚。宗社幸甚。盖大道之行。天下为公。周道如砥。其直如矢。自古帝王行道者。无先于此也。臣来自山林。有怀欲吐。陛下帐然疑吾道之迂远。且概论乎古今功化之浅深。证效之迟速。而若有大不满于今日者。臣则以为非行道之罪也。公道不在中书。直道不在台谏。是以陛下行道。用力处虽劳。而未遽食道之报耳。果使中书得以公道总政要。台谏得以直道纠官邪。则陛下虽端冕凝旒于穆清之上。所谓功化证效。可以主见。何至积三十馀年之工力。而志勤道远。渺焉未有际邪。臣始以不息二字为陛下勉。终以公道直道为陛下献。陛下万几之暇。倘于是而加三思。则跻帝王。轶汉唐。由此其阶也已。臣赋性疏愚。不识忌讳。握笔至此。不自知其言之过于激。亦不自知其言之过于泛。冒犯天威。罪在不赦。惟陛下留神。臣谨对。

孙家鼐状元殿试卷

清咸丰九年(1859年)殿试御试策

奉天承运,皇帝制曰:"朕寅绍丕基,诞膺洪祚,荷上苍之申佑,承列圣之诒谋，劼毖深宫，日慎一日，勉思传心典学之谟，课吏训诫之治，励品崇儒之要，诘戎讲武之经，冀与中外臣工，致上理于大同，登斯民于衽席。兹当临轩发策，博采周谘，尔多士其敬听之：圣学之原，在于存诚主敬，唐虞传心尚矣。所谓危微者何辨？精一者何解？执中者何在？禹曰：'女止几康。'汤曰：'圣敬日跻。'而即继之曰：'丕应徯志。'曰：'式于九围。'能申明其义欤？文王克厥宅心，武王不泄不忘，其道本无异同。见诸《诗》《书》者孰切？成、康以后，历汉、唐、宋迄于元、明，英君谊辟，岂无一言一行与唐虞三代相符合者，能指其实欤？朱子谓格致诚正以至修齐治平，始终不外乎敬；中和位育极之圣神功化，枢纽不外乎诚。真德秀《大学衍义》，于诚意正心之要，立为二目；明邱濬复补以审几微一节。心法即治法之原也，昔圣微言，曩哲粹语，有可与经传相发明者，其紬绎而细陈之。唐虞官人，首言载采；成周分职，重戒惟勤；八法八成，六叙六计，载在《周官》。能晰言之欤？汉史言综核名实，吏称其职。然上求实效，而下务虚名；徒以拘守绳墨为慎，以奉行条律为勤；岂董正治官之本意欤？夫询在事，考在言，而克知三有宅，灼见三有俊，则皆课之于心意者，事与言固必矢以一诚，而后足称忠荩欤？汉扬雄著二十五《官箴》，马融著《忠经》，宋真德秀著《政经》，其言亦有可采者欤？朕权衡黜陟，一秉至公，上以诚待下，则下当以诚事上；内外大小臣工，岂徒以奉令承教，遂为无忝厥职欤？士也者民之坊也，董仲舒曰：'正其谊不谋其利，明其道不计其功。'列士林者非以砥厉廉隅为本务乎？古者宾兴贤能，郑注谓兴贤若今举孝廉兴能功也。三代以后，兵民初分，汉置材官于郡国，而京师有南北军屯；唐初设府兵，一变而为彍骑，再变而为方镇；宋兵有禁厢蕃乡之目；元立五卫；明设京兵边兵；其制孰为尽善？至于训练之法，汉有都肄，唐有讲武，宋有大阅。明戚继光《练兵纪实》一书，为切于实用，所称一练伍法、二练胆气、三练耳目、四练手足、五练营阵、六练将者，能阐其义欤？夫一兵必期得一兵之用，其何以选精锐、汰老弱、简器械、申纪律，使三军之士，皆足以备干城之选，而迅奏肤功哉？凡兹四事，迪德以端宸极，课绩以励官箴，植品以正儒修，整师以肃戎政；经邦要道，莫切于斯。尔多士拜献先资，毋泛毋隐，朕将亲览焉。"

孙家鼐殿试卷答卷

臣对。臣闻建极者敛福之原，知人者安民之本，学古者入官之要，整军者制胜之资。载稽往籍，《易》占进德，《书》纪奋庸，《礼》重上贤，《诗》歌整旅。古帝王握镜临宸，执枢斟化，以勤念典，则逊敏昭也；以励赞襄，则明良会也；以宏乐育，则陶淑周也；以诘戎兵，则承平奏也。莫不本宵旰勤劳之实，以握天人交应之符。用是无怠无荒，圣功裕焉；若时若采，庶绩熙焉；灼知灼见，英才奋焉；有严有翼，军政修焉。渊乎铄哉！所由萝图集瑞，松栋延厘，颂咸登而跻仁寿者此也。钦惟皇帝陛下，道昭圜矩，治肃堂廉；隆雅化以作新，播威声于挞伐；固已三无敬奉，而一德文孚；八恺偕升，而六师允饬矣。乃圣怀冲挹，葑菲无遗，深惟久治之规，弥切迩言之察，进臣等于廷而策以修己、用人、举贤、肄武诸大端。臣之愚昧，何足以赞高深。顾念泰山峻极，不辞土壤之微；沧海渊深，尚纳涓流之细；敢不勉就平日所诵习者，以效先资之拜献乎。

伏读制策有曰："圣学之原，在于存诚主敬。"因备及夫唐虞三代心法之传，此诚继天立极之隆轨也。臣案尧舜传心，皆言允执，而危微精一，命禹加详；盖以人心生于形气之私，危殆而不安；道心原于性命之正，微妙而难见；必察之以精，守之以一，而后执中之治以成。然精一之功，统于诚敬，尧之文思安安，而冠以钦明；钦即敬也。舜之睿哲文明，而归于允塞；塞即诚也。文命敷四海，而祗承于帝，早括《禹谟》；帝命式九围，而圣敬日跻，足赅《汤颂》。四诗首及文王，实贯以缉熙敬止；九畴访于武王，莫要于皇极居中；以至成曰敬之，康曰敬忌；虽安勉不同，考之诗书，若合符节。三代而下，若汉光武之通《尚书》，唐太宗之撰《帝范》，宋理宗之制《道统赞》，元仁宗、明孝宗之留心《大学衍义》，尤为好古。朱子以《大学》始终不外乎敬，《中庸》枢纽不外乎诚，真德秀《大学衍义》以诚正为二目，明邱濬复补以《审几微》一节。存养之功，完天理之本体；省察之力，遏人欲于将萌；所以发明圣学者至矣。皇上宥密殚心，时几敕命，所以醇洪畅之德，而丰茂世之规也。

制策又以权衡黜陟一秉至公，因详求夫询事考言之法，此诚董正治宫之至意也。臣案唐虞官人，成周分职，其世虽异，其道则同。八法治官府，即虞书之六府允治也；八成经邦治，即虞书之百工允厘也；六叙正群吏，六计弊群吏，即虞书之百揆时叙，三德日宣也。古来圣主贤臣，千载一遇，朝廷正而百官正，岂以苛察为明哉，亦相待以诚而已。自后世务为文法，以拘守绳墨为慎，以奉行条律为勤，若汉宣帝好尚刑名，综核名实，虽一时吏治之盛，如黄霸治颍川，龚遂治渤海，赵广汉治京兆，尹翁归治扶风，皆能各称其职；然而群邪未去，卒至诛戮韩、杨、赵、盖诸贤，择术不审，功过相半，吕祖谦论之详矣。汉扬雄二十五《官箴》，偕《法言》并著；马融十八章《忠经》，仿《孝经》而成；宋真德秀采辑经史为《政经》一卷，与《心经》表里；以雄之仕新莽，融之诬李固；视德秀人品悬殊，然其言皆有可采。要之元首股肱，联为一体。上以诚待下，下当以诚事上，非可徒求之奉令承教间也。皇上恭己垂裳，抚辰凝绩，大小臣工，孰不谨官常以襄郅治哉。

制策又以士者民之坊。当以砥厉廉隅为本务，而因总论夫取士之法，以期拔擢真才。臣案《周礼》大司徒，以三物教民而宾兴之，乡大夫考其德行道艺，而献贤能之书，由是论定后官，俊乂升焉；盖教之于未用之先，始用之于既教之后。是以人才盛而吏治隆也。至汉文帝始举孝廉，武帝始举茂才，其后又定辟召之法，与科举并行，犹有乡举里选遗意。唐之取士，其科有六。惟明经进士二科独盛；利禄之途既开，徼幸之心斯起，不逮两汉远甚。宋初设制举科，真宗增为六科，仁宗增为十科，后司马光请立十科，朱子请立七科，皆建议未行。宋之得人以进士为最，其由策论诗赋登第为名臣者不可胜数；善夫宋太宗之言曰，科举所以待士，非可容走吏冒进，窃取功名也。夫儒行有亏，未有能官箴恪守者。自选举变而为辟召。辟召变而为诗赋，别居之谣，虚车之诮，积习相沿，议者遂欲复成周之法。不知得人之道，在于知人；知人之道，在于责实；诚使道德一而学校修，黜陟明而官方叙，即谓科举之法与成周比隆可也。圣世辟门吁俊，稽古右文；运大钧而开元模，固已教思广被矣。

制策又以兵所以威天下，实所以安天下，而因论夫整军经武保大定功之制。臣案古者寓兵于农，三代以后，兵民初分，汉置材官于郡国，而京师有南北军之屯，犹有井田遗意。唐分天下为十道，始置府兵，无事则督以力耕，不烦召募，与汉制同，最为近古。其后改为召募，名曰彍骑，而府兵之法坏；其后京师徒有虚额，强兵悍将，分布天下，而方镇之势成。宋惩藩镇之失，制兵之目有四：宿卫曰禁兵，州镇曰厢兵，内属部落曰蕃兵。士民应募曰乡兵。无事而食，其费甚巨。元立五卫以总宿卫，明立京兵以卫京城，边兵以卫各边。其后军政不修，兵皆不振。此历代兵制所以不及两汉也。然兵制盛衰，视乎训练之勤惰，若汉之都肄，唐之讲武，宋之近郊大阅，立法之密同，玩法之弊亦同。惟戚继光《练兵纪实》一书，练伍、练胆、练耳目、练手足、练营阵、练将诸法，行之无弊。诚使命将得人，精锐选而老弱汰；器械简而纪律申；有使臂使指之形，有同泽同袍之志；师中协吉，元老壮猷，于以展鹰扬之才，奋虎贲之勇，何难迅奏肤公哉。

圣朝文德诞敷，武功震叠，天威雷奋，露布风驰，洵绥怀盛绩也。若此者，本身以作其则，考绩以亮其功，劝学以储其才，教战以娴其律。仁圣之事既赅，而帝王之道备矣。臣尤伏愿皇上天行不息，日进无疆，本励精图治之诚，臻锡羡延洪之庆。性量已纯，而更深兢业；官常已懋，而更示激扬；胶庠已盛，而更树风声；韬略已颁，而更精简阅。于以迓鸿庥、扬骏烈，星辉云烂，赓复旦之光华；镜清砥平，巩无疆之宝祚；则我国家亿万年有道之长基此矣。臣末学新进，罔识忌讳，于冒宸严，不胜战慄陨越之至。臣谨对。

后　记

1995年,我们编写的《中华状元奇闻大观》出版,2002年修订后以《状元趣谈》书名再版。大概因为这是一本注重知识性、趣味性的普及性读物,市场走势尚好。这些年,常有读者朋友向我打听这本书,我便萌生了找机会再版的念头。

机会不期而至。因去寿县老家祭祖,与自花、全球等宗亲相遇。因老祖宗孙家鼐是状元,我们谈起再版这本书时一拍即合,只是因为分手后天各一方,一直拖着。月前,我们相约在上海见面,又约孙方维、孙以安等诸位老先生共议,此书再版的事终于敲定。作为编著者,对这本书在相隔十几年后能再版,自是十分欣慰。特向以上支持帮助此书顺利再版的先生们深表感谢,更向在纸质读物市场疲软情况下欣然接受再版此书的黄山书社编辑诸君表示敬意。

此书主要根据《中华状元奇闻大观》略作增删修订而成,考虑到与全书内容风格更为契合,故易名为《中华状元逸趣》。

此书在修订过程中,郭平、孙建二位协助做了许多工作,特表谢忱。

孙自筠、孙迅于四川内江师院

2017.8.1